〈2판〉

생애주기상담학

방기연 저

교육과학사

2판 머리말

생애주기상담학 2판을 출간하게 되어 매우 기쁩니다. 이 책은 고려사이버 대학교 [성인학습 및 상담]이라는 과목의 교재로 사용하기 위해 쓰여졌습니다. 그 동안 수업을 수강하고 피드백을 제공해 주신 고려사이버대 학생들에게 특별히 감사의 마음을 전합니다.

이 책은 성인 초기 내담자부터 노년기 내담자가 완수해야 하는 성인기 발달 과제를 소개하고 있어, 성인 독자는 이 책을 자신의 삶을 점검하는 자료로 활용하면 좋겠습니다. 어린 시절에는 나이를 먹으면 자연스럽게 성숙해지는 줄 알았습니다. 지금은 성숙하는 데는 많은 노력이 필요함을 알고, 이러한 노력이 삶을 마감하는 순간까지 필요함을 알게 되었습니다. 책을 읽으며 이미 완수한 발달 과제에는 자신을 칭찬하고, 조금 미흡한 발달 과제에는 조금 더 노력을 기울여 봅시다.

상담자인 독자에게는 이 책의 내용이 내담자에게 제안하는 상담 회기의 주제로 활용되기를 바랍니다. 성인상담도 국가 바우처 사업으로 제공받을 수 있어, 점점 더 많은 성인들이 상담의 수혜자가 되고 있습니다. 자발적인 성인 내담자는 자신의 어려움을 호소하기 때문에 그 주제에 도움을 주어야 합니다. 동시에 상담자는 내담자가 호소하는 어려움뿐만 아니라 성인 내담자의 발달 과제들을 사정할 필요가 있습니다. 예를 들면 대인관계의 어려움을 호소하는 내담자를 돕기 위해 생애주기별 대인관계 관점에서 상황을 점검하고, 내담자의 대인 동기와 신념이 현실적이고 균형 잡힌 것인지 검토할 필요가 있습니다. 그리고 이 내담자의 직업활동과 재정적 독립 정도, 그리고 어떤 삶의 철학(죽음관)을 가지고 있는지도 고려해야 합니다.

2판은 1판과 같은 구성으로, 1부는 경제적으로 독립하기, 2부는 사람들과 더불어 살아가기, 3부는 가족과 더불어 살아가기, 그리고 4부는 삶의 의미 찾기입니다. 그리고 지난 5년간 수업 교재로 사용하면서 아쉬웠던 부분들을 보충하였습니다.

3부 가족과 더불어 살아가기에 가장 많은 내용이 보충되었습니다. 9강 부부관계 개선하기에는 부부의 안정애착 형성하기를 보충하였는데, 원가족에서의 애착경험을 이해하면 현재 부부관계 개선을 촉진할 수 있기 때문입니다. 10장 이혼과 재혼에는 한부모가족의 내용을 추가하였습니다. 이혼율이 증가한 만큼 한부모가족을 경험하는 성인과 자녀들이 증가할 것이며 그 상황을 우리가 보다 잘 이해하고 도울 수 있기를 바랍니다. 11장 부모-자녀관계에는 정서발달과 부모의 역할을 추가하였습니다. 부모세대는 정서에 초점이 맞추어진 양육을 받지 않았는데, 자녀세대는 부모에게 공감해주기를 요구하기 때문입니다.

4부 삶의 의미 찾기에서는 14장 죽음 준비에 전통장례뿐만 아니라 불교장례와 기독교장례를 보충하였습니다. 장례라는 의식은 종교라는 특성을 포함하기도 하지만, 삶의 마지막이 어떻게 다루어지기를 바라는가를 통해 삶에 대한 철학을 확인할 필요가 있습니다.

1판에 대한 개정작업은 교재로 활용하면서 느끼는 아쉬움으로 시작되었고, 2판에 대한 아쉬움으로 종결하였습니다. 이 아쉬움이 3판에서 보완되기를 기대해 봅니다. 그리고 부족하지만 이 책이 성인, 성인 내담자, 그리고 상담자에게 도움이 되기를 기대해 봅니다. 끝으로 이 책이 나오기까지 도움을 주신 교육과학사에도 감사드립니다.

2026년 1월

미금심리상담센터에서

방기연

1판 머리말

이 책은 성인기 내담자가 성인초기부터 노년기까지의 연령대를 거치는 동안 꼭 거쳐야 하는 발달과제들에 대한 상담 개입을 기술하였다. 고등학교 혹은 대학을 졸업하는 시기에서부터, 가정을 이루고 장년에 이르며, 후에 주변인의 죽음을 경험하고 자신의 죽음을 준비해야 하는 노년기까지 고민해야 하는 삶의 과제들을 다루었다. 삶의 과제들은 어떤 것들이 있고, 당면하지 않은 과제는 어떻게 준비해야 하는지, 그리고 이미 완수한 발달과제에 대해서도 재평가하는 시간을 제공하였다. 또한 삶의 과제들 속에서 어떤 것들에 더 초점을 맞추면서 살면 스트레스를 줄이고 정신건강을 유지하며 살 수 있는지 살펴보고자 하였다.

이 책은 성인기 삶의 과제를 중심으로 네 영역으로 구성되어 있다. 1부는 경제적으로 독립하기로, 1장 직업선택과 자기 이해, 2장 직업적응, 3장 재정관리로 구성하였다. 1부는 성인기 내담자의 삶에 가장 많은 영향을 미치는 삶의 과제이면서 또 가장 이야기하기 어려운 주제인 재정관리와 그를 가능하게 하는 직업선택과 적응을 다루었다. 상담자는 성인 내담자가 자기개발 혹은 자아실현이라는 이상적 목표를 가지고 상담에 참여하더라도, 경제적 자립이라는 주제가 삶의 맥락이라는 점을 기억할 필요가 있다.

2부는 사람들과 더불어 살아가기로, 4장 인간관계, 5장 대인 동기, 신념, 기술, 6장 대인 지각, 사고, 감정, 행동, 7장 연애와 사랑으로 구성하였다. 성인기의 발달과제는 친밀감을 형성하는 것이고, 상담에서 가장 많이 호소되는 문제는 대인관계의 어려움이다. 보다 만족스러운 대인관계를 형성하기 위해서는 인간관계와 관련된 심리학적 요인들을 이해할 필요가 있다. 2부의 내용은 대인관계에 대해 새로운 관점을 제시할 것이다.

3부는 가족과 더불어 살아가기로, 8장 결혼과 가족, 9장 부부관계 개선하기, 10장 이혼과 재혼, 11장 부모·자녀 관계로 구성하였다. 가족만큼 개인에게 많은 영향력을 끼치는 존재는 없다. 하지만 가족만큼 개인적인 유사성이 적은 사람들의 공동체도 없다. 3부를 읽으며 당연하게 여겼던 가족관계에 대해 노력해야 한다는 관점으로 시각이 바뀌었으면 한다.

4부는 삶의 의미 찾기로 12장 여가, 13장 사별과 애도, 14장 죽음 준비로 구성하였다. 성취지향적이고 경쟁적인 사회에서 자기결정에 의한 활동인 여가의 의미는 중요하다. 죽음과 애도를 삶의 의미 찾기에 넣은 이유는, 죽음을 인정할 때 삶에 대한 진정한 의미를 부여할 수 있기 때문이다.

책을 다 읽고 나면, 한평생을 다 살아본 것 같은 느낌이 들 것이다. 삶의 과제를 수행하는 것이 버겁게 느껴질 수도 있지만, 인생의 과제를 대면하는 용기를 내어보자. 책을 다 쓰고 보니 '선택'이라는 주제가 가장 크게 다가온다. 삶을 선택의 연속으로 정의하고 매 순간 준비된 그리고 보다 나은 선택을 하기 위해 노력하자.

2021년 9월

21세기행복연구소에서

차례

2부 사람들과 더불어 살아가기

4부 삶의 의미 찾기

1부

경제적으로 독립하기

1장

직업선택과 자기 이해

1장의 주제는 [직업선택과 자기 이해]이다. 성인기가 청소년기와 구분되는 가장 큰 차이점은 부모로부터의 독립이다. 심리적 독립도 중요하지만, '물리적으로 그리고 경제적으로도 독립할 수 있는가?'라는 질문이 성인기를 시작하게 한다. 경제적 독립을 위해서, 한 사람의 사회인으로서 살아가는 준비를 하는 것이 성인기의 발달과제이다. 경제적 독립을 위해서는 직업활동을 하여야 하고, 자기 이해에 근거해서 직업을 선택하면 훨씬 더 긍정적인 방향으로 진로 여정을 계획하고 수행할 수 있다. 1장을 읽고 직업 결정의 과정을 설명할 수 있고, 자기 자신에 대해 보다 깊이 있게 이해할 수 있기를 바란다.

1. 직업 결정 과정

1) 바람직한 선택을 위하여

삶은 끊임없는 선택이며, 우리 모두는 바람직한 선택을 하기 원한다. 하지만 생각보다 바람직하지 않은 선택을 많이 한다. 대학에서 수강신청을 할 때 자신이 정말로 관심 있는 분야의 과목을 신청하는 경우도 있지만, 학점이 잘 나온다고 해서, 또는 다른 사람이 적극적으로 추천하기 때문에 신청하는 경우도 있다. 전공영역 중 어느 분야에 초점을 둘 것인지 그리고 졸업 이후의 진로 계획 속에서 이 과목이 어떤 도움이 될지를 고려하는 것이 좋다.

바람직한 선택을 하기 위해서 고려해야 할 첫 번째 점은 선택의 과정으로서의 삶이다. 살면서 매 순간 선택하고 있음을 망각할 때가 많다. 사람들의 대화를 자세히 들어보면, 타인이 요구해서, 혹은 타인이 원해서 무언가를 하게 되었다는 말을 많이 한다. 타인이 강압적으로 요구하는 경우도 있다. 하지만 '타인이 원해서'라고 말하지만 궁극적으로 '타인의 인정을 원해서' 자신이 선택한 경우가 많다. 그래서 자신이 얼마나 주체적으로 선택하고 있는지, 그리고 선택한 것에 대해서는 얼마나 책임을 지고 있는지 생각해 보아야 한다.

직업을 선택할 때에는 자기 이해와 직업정보를 검토한 후에 결정하여야 한다. 우리나라 진로교육은 현실적이지 않다. 대학입시를 준비하는 일반 고등학교, 자기 전공을 고등학교 때 이미 결정해서 교육을 받는 특성화 고등학교, 국제 고등학교 모두 직업이나 진로에 대해서 구체적인 그림이 아닌 추상적인 그림을 그린다.

대학의 학과를 선택할 때에도 전공보다는 학교의 수준을 고려한다. 우리나라 대학은 서열화되어 있다. 내신등급 혹은 수능점수로 갈 수 있는 학교를 결정한다. 전공을 생각하기보다는 사회적 평가가 높은 대학을 가려는 경향이 있다. 그렇게 대학을 선택하면 대학에 대한 만족도가 생각보다 낮다. 아주 좋은 대학에 가서 그 학교 이름을 말했을 때 "아, 좋은 대학 다니네요"라고 들을 정도의 대학이 아니라면, 대학에 대한 만족도는 공부하는 전공과 전공 후 취업률에 따라 좌우된다.

한국 사회는 교육에 많은 가치를 부여한다. 자녀가 초등학교에 입학하는 순간 혹은 유치원 때부터 공부를 시켜야 하는 것이 아닐까 고민하기 시작한다. 우리나라에만 있는 독특한 현상이다. 공부를 잘하고 좋은 대학을 나와야 사회에서 자리매김을 하면서 살아갈 수 있다고 생각한다. 하지만 주변을 돌아보면 독특한 방법으로 그 자리에 있는 사람들이 많다. 말 그대로 고등학교, 대학교 성적순으로 삶이 살아지는 게 아니라는 것을 발견한다. 그래서 자신의 직업에 대한 관념이 현실적인지를 검토할 필요가 있다.

진로 결정에 있어서 직업을 먼저 선택하고, 그 직업을 가지기 위해서 학과를 선택하고, 그 학과를 잘 운영하고 있는 대학을 선택해야 한다. 현재 우리는 대학을 먼저 선택하고, 그리고 학과를 선택한다. 그리고 졸업을 준비하면서 직업을 선택한다.

직업을 먼저 선택하고 다음 행보를 선택한 사례는 다음과 같다. 게임 개발자가 되고자 했던 중학생은 디지털 고등학교에 입학했다. 디지털 고등학교에 다니는 동안 게임 개발 대회에서 수상한 경력으로 고3 때 게임 회사의 인턴생활을 했고, 졸업 전에 취업하였다. 취업해서 1년 정도 회사원으로 생활하다 군대를 갔다. 그 회사는 입사 후 군대를 가면, 군대를 마치고 다시 복직할 수 있다. 군대를 다녀와서 이 사람은 선취업 후진학 전형으로 대학에 갈 계획이다. 전공은 무엇을 할 것 같은가? 디자인이나 컴퓨터 프로그램을 예상하는가? 이 사람은 게임 캐릭터를 잘 개발하기 위해서 철학과에 가서 신화를 공부하거나, 40대 이후 관리자가 되기 위해서 경영학과를 갈 계획이다. 물론 군대를 다녀와서 다른 길을 갈 수도 있지만, 취준생이 많은 지금 시대에 신선한 진로 행보이다.

또 다른 학생은 중·고등학교 시절 성적은 그리 좋지 않았지만, 역사를 좋아해서 역사책을 끼고 살았다. 전쟁사도 좋아하는 분야였다. 이 학생은 우리가 소위 말하는 학벌로는 그렇게 좋은 대학은 아닐 수 있는 대학의 사학과에 진학했다. 그리고 ROTC(학사장교)가 되어 졸업 후 장교로 군대를 갔으며, 현재는 교육장교가 되어 전쟁사를 가르치고 있다.

좋아하고 잘하는 분야에 주의를 기울이고, 조금만 창의적으로 생각하면 이처럼 좋은 성적으로 좋은 대학을 가지 않고도 자신이 좋아하는 일을 하면서 생업을 유지할 수 있는 진로를 선택할 수 있다.

직업을 통해 자아실현을 해야 한다는 말을 많이 한다. 자아실현이 삶의 궁극적인 목표이기도 하다. 상담에서 자기 이해를 깊이 있게 하는 것도 자아실현을 돕기 위한 방법이다. 자아실현이 강조되는 반면에 생업으로서의 직업관과 사회적 기여로서의 직업관에 대해서는 간과하는 경우가 많다.

생업으로서의 직업관을 가진 경우 지금 직업이 생업으로서 살아가는 데 필요한 재원을 제공하고 또 사회적 구조를 제공하지만, 자아실현이 잘 안 된다고 생각되면 만족도가 낮은 경우가 많다. 그러나 직업은 기본적으로 개인이 사회적으로 생존할 수 있도록 도와야 한다. 자신의 직업이 심리적으로 만족도가 좀 낮을지라도 생업으로서 훌륭하다면 그것 자체로서의 의미를 인지하는 태도가 필요하다(이영대, 2004). 심리적 만족은 직업 외 다른 영역에서 추구할 수도 있다.

직업은 사회적 기여로서의 의미도 가진다. 어떤 직업이라도 사회가 유지되는 데 도움을 준다. 자신이 하고 있는 일이 더 큰 그림 안에서 사회적으로 어떤 위치를 차지하고 있는지를 볼 수 있어야 한다. 이 직종이 없을 때, 자신이 이 일에서 유능하지 않거나 불성실했을 때 사회 전체에 끼치는 영향은 무엇인지 생각해 보는 게 중요하다.

자아실현은 궁극적으로 추구하는 목표이지만 그것만이 직업관의 전부는 아니라는 것을 기억하면 좋겠다. 상담을 전공하는 경우에 자아실현에는 도움이 될 수 있지만 생업으로서 충분한 재원을 제공하지 못하는 경우가 있다.

또 사회적 기여 측면에서 볼 때 상담을 공부한다고 해서 꼭 상담자로서 일해야지만 사회적으로 기여할 수 있는 것은 아니다. 전문상담자가 되어 내담자를 효율적으로 돕는다면 사회적으로 기여하는 것이다. 하지만 내담자에게 궁극적으로 도움이 되지 못하는 경우에는 사회적 기여 측면에서는 부정적인 영향을 미치는 경우가 있고, 더 나아가서는 상담 분야에 대한 사회의 평가를 낮게 만들 수 있다. 상담을 공부하고 상담자로 일하지 않더라도, 자기 자신에게 그리고 주변인에게 좋은 영향을 끼칠 수도 있고, 타인이 심리적인 문제로 힘들어할 때 상담을 권유하는 것만으로도 사회적으로 기여할 수 있다.

자아실현을 추상적으로 생각하는 경우가 많은데, 자신에게 주어진 일을 성공적으로 완수하면서 유능감을 느낄 수 있을 때 자아가 실현되었다고 할 수 있다. 대학교를 졸업할 때쯤에 자아실현을 추구하는 직업을 찾으면 직장을 찾기가 어렵다. 기업체 생산라인에서 일하는데, 보수가 좋고 안정적인 생활을 영유할 수 있지만 이 일을 평생 할 수 있을지 의문이 들어 사이버 대학에서 공부를 시작하는 경우가 있다. 그런 경우에는 직장이 있기 때문에 공부를 좀 더 여유 있게 할 수 있다. 심리적 만족도가 낮아 이직을 생각할 때도 생업과 사회적 기여 측면을 고려하고, 구체적인 대안을 마련하고 이직하는 것이 바람직하다.

2) 직업 결정 과정

성인 초기는 직업정체감을 확립해야 하는 시기이다. 직업 결정의 과제를 인식하면서 구체적이고 실제적인 직업에 관심을 두고, 이를 위한 탐색의 과정을 거쳐, 준비하고 실행에 이를 수 있어야 한다. 직업 결정은 앞으로의 생애 전체에 영향을 미치는 중요한 선택의 문제인 만큼 직업 결정에 앞서 자기 이해와 직업 세계에 대한 이해가 우선되어야 하며, 이를 바탕으로 하여 자신에게 가장 적합한 직업을 합리적으로 선택해야 한다.

직업을 결정할 때 어떻게 결정하는가? 구체적인 의사결정 과정보다 우연히 결정하는 경우가 있다. 이를 우연 효과라 한다(손은령, 2012). 우연적 사건을 경험하면서 진로를 선택할 때에도, 그때 내가 만난 사람이 이런 사람이었는데 그 사람이 이런 정보를 주어 그 과를 갔다거나 혹은 공고를 보고 지원하게 되었다는 이야기 등을 들을 수 있다. 하지만 기회가 찾아와서 그 진로로 가게 되었다 해도, 자신 스스로가 주어진 기회를 선택한 것으로 보아야 한다.

결정에는 항상 선택과 책임이 따른다. 그래서 직업 결정의 과정에서 가장 먼저 해야 할 일은 자기 이해이다. 자기에 대한 이해란 자신의 적성과 흥미를 구체적이고 객관적으로 파악하는 것이며, 나아가 성격, 가치관, 능력, 학력, 신체적 조건, 가족의 영향 등 자신의 삶에 대해 전반적으로 이해하는 것이다.

두 번째로 필요한 것은 직업 세계의 이해이다. 자기 이해를 바탕으로 자신에게 적합한 몇 개의 직업을 선택하여 그 직업에 대한 구체적인 정보를 파악해야 한다. 직업의 직무 내용과 근로조건, 근무환경, 입직을 위한 자격이나 학력 사항, 진로 유형, 고용의 기회 등에 관한 구체적인 정보를 파악할 필요가 있으며(노동부 워크넷(www.work.go.kr)에서 직업정보란을 이용하면 정확하고 상세한 정보를 얻을 수 있다), 보다 자세한 정보를 얻기 위해서는 실제로 그 직업에 종사하고 있는 직업인을 통하거나 직접 직업현장을 방문하여 자료를 얻는 것이 효과적이다.

직업 세계는 계속해서 변화한다. 우리가 체험하고 있지만 간과하고 있는 부분이 변화이다. 직업 세계가 계속 변화하고 있기 때문에, 직업을 선택할 때는 예측력이 필요하다. 그리고 변화된 세상에 적응하는 노력이 필요하다. 직업 활동에 참여하고 있는 사람들이 직업 세계에 대해서 많이 이해하고 지금의 직업을 선택했는지 보면 꼭 그렇지는 않다. 또 한편으로는 직장생활을 시작하기 전에는 정보수집이라는 것에 한계가 있기 마련이다. 시작 전에 아무리 많은 정보를 수집하고 확인했다 해도, 실제 경험과는 다를 수 있다.

자기 이해와 직업 세계 이해를 바탕으로 하여 자신에게 가장 적합한 직업을 선택해야 한다. 의사결정 과정에서부터 장점과 단점(혹은 비용)을 비교한다. 수강신청을 할 때도 A라는 과목과 B라는 과목, 학과를 선택할 때도 A라는 학과와 B라는 학과, 혹은 직장에 있어서도 A라는 직장, 혹은 B라는 직장이 있을 때 무엇을 얻을 수 있는지와 어떤 노력을 해야 하는지, 또 그것 때문에 잃게 되는 것은 무엇인지 등을 구체적으로 기술해 본 후에 결정해야 한다.

2. 홀랜드 흥미 탐색 검사

1) 홀랜드 흥미 탐색 검사

사람들은 자기 이해를 높이기 위해 심리검사를 활용한다. 많은 사람들이 진로 선택을 위해서 진로검사에 의존하고, 그 결과를 절대적인 것으로 여기고 심리 검사 결과에 따라 진로를 정하는 경우가 있다. 심리검사는 유용한 정보를 주는 효과적인 도구이지만, 잘못 사용되면 득보다 실이 더 많을 수 있다. 자기 자신을 좀 더 잘 이해하기 위해 심리검사를 활용해 보는 것도 도움이 되지만, 정말 중요한 것은 결과를 어떻게 해석하느냐이다. 따라서 심리검사를 활용하게 된다면 반드시 검증된 전문가에게 검사결과 해석과 상담을 받을 것을 권한다(최정윤, 2002).

홀랜드(Holland) 흥미 탐색 검사는 진로적성을 확인할 때 가장 많이 활용되는 검사도구이다. 오래전에 개발된 검사이지만, 이론과 실행 절차가 간단하기 때문에 진로교육에서 가장 많이 활용된다(황매향, 2005).

진로심리학자인 홀랜드는 여러 직업에 종사하는 사람들에 관한 정보와 다양한 직업환경에 관한 정보들을 통합하여 직업적 성격 유형론을 제시하였다. 이 이론에 입각하여 제작된 홀랜드 흥미 탐색 검사는 각 개인의 독특한 생활

방식(lifestyle)을 찾아내는 검사로, 일이나 활동 및 직업에 대한 흥미, 일이나 활동에 대한 능력의 정도로서의 유능감, 그리고 성격 특성 등에서 나타나는 직업적 성격유형을 찾아내는 검사이다. 검사의 결과로 나타나는 진로 유형은 전공학과의 선택이나 직업의 선택, 여가선택 등과 같은 사람의 성격적 특성에 적합한 환경을 선택하는 지표가 될 수 있다(안창규, 2003).

홀랜드는 사람이 진로를 선택하는 걸 보면 자기 성격을 잘 표현해 준다고 보았다. 개인의 직업 성격을 6개의 유형으로 나눌 수 있다고 가정하였다. 사람들 간에는 유사한 특징이 있는데 유사한 특징들을 모아서 큰 집단으로 만들 때 6개의 직업 성격 유형이 나타난다고 가정하였다. 직업군도 마찬가지로 6개의 유형으로 나눌 수 있다고 생각하였다. 직업 유형을 선택할 때 사람들은 무의식중에라도 자기 성격과 가장 유사한 유형의 직업군을 선택한다고 보았다.

홀랜드가 제시한 6가지 직업적 성격유형의 특징과 직업군은 실재형, 탐구형, 예술형, 사회형, 기업형, 관습형으로 구분된다. [그림 1-1]은 이 6가지 성격 유형을 육각형으로 모형화한 것이다.

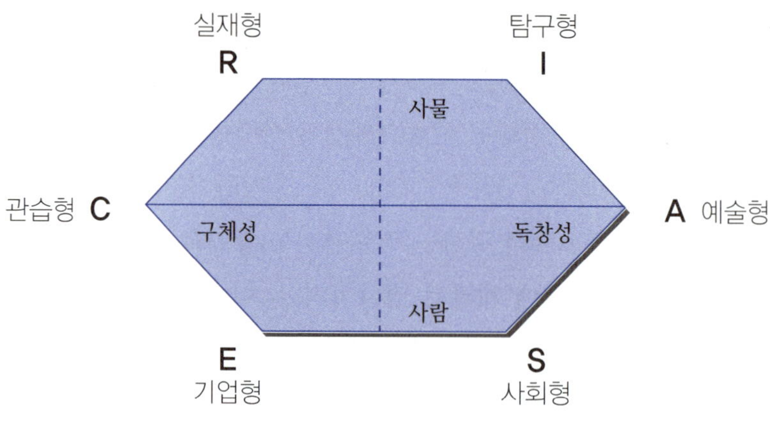

[그림 1-1] 홀랜드의 육각형

- 실재형(Realistic)은 솔직하고 성실하고 단순하고 신체적으로 건강하며 말수가 적다. 몸으로 활동하는 걸 선호하는 성격이다. 사고가 경직되고 통찰력이 부족할 수 있다. 선호하는 직업군은 기술자, 항공조종사, 정비사, 운동선수, 목수, 농부 등이다.
- 탐구형(Investigative)은 지적 호기심이 많고 논리적이고 분석적이고 비판적이다. 신중하고, 독립적이며, 호기심이 강하다. 신중한 만큼 추진력은 부족하다. 선호하는 직업군은 과학자, 인류학자, 의사, 연구원 등이다.
- 예술형(Artistic)은 비체계적이고, 독창성, 창의성, 상상력, 감수성, 자유분방, 개성, 감성적, 비실용적 성격 특징을 보인다. 선호하는 직업군으로는 예술가, 작곡가, 소설가, 디자이너, 영화감독, 무용가 등이 있다.
- 사회형(Social) 성격은 사람들과 어울리는 것과 봉사하는 것을 좋아하고, 인간관계를 잘 맺는다. 임기응변에 강하고, 협동적이고, 친근하며, 인내심이 있고 관대한 편이다. 선호하는 직업으로는 사회복지사, 교육자, 상담자, 성직자 등이 있다.
- 기업형(Enterprising)은 지도력, 설득력, 통솔력이 높고, 외향적, 열성적인 성격 특성이 있다. 자신감 있게 말을 잘하고, 야심찬 편이다. 선호하는 직업군으로 보면 경영인, 정치가, 영업사원, 보험회사원 등이 있다.
- 관습형(Conventional)은 정확하고 세밀하고 계획성을 선호하고, 변화를 싫어한다. 자신을 절제하는 편이고, 동조적이다. 공인회계사, 은행원, 경리사원이 이 직종에 속한다.

〈표 1-1〉 Holland 성격유형과 핵심 특징

성격유형	특징	삶의 목표	가치	강점
실재형	• 고집센 • 겸손한 • 실제적인 • 독단적인 • 자연친화적 • 비통찰적인	• 기구, 도구 발명하기 • 탁월한 운동선수 되기	• 자유 • 자기 통제 • 온순	• 기술적 능력
탐구형	• 지적인 • 호기심 많은 • 학구적인 • 개방적인 • 관심의 폭이 넓은	• 가치 있는 발명하기 • 과학에 이론적으로 기여하기	• 지성 • 논리 • 지혜	• 연구 능력 • 수학 능력
예술형	• 개방된 • 자유분방한 • 상상력이 풍부한 • 직관적 • 감각적 • 창조적	• 유명한 예술가 되기 • 소설출판 • 독창적인 그림 • 음악, 작곡	• 평등 • 상상력 • 용기 • 아름다움	• 예술적 능력
사회형	• 쾌활한 • 우호적인 • 이해심이 많은 • 사교적인 • 설득력 있는 • 외향적인	• 타인 돕기 • 타인을 위해 희생하기 • 유능한 교사, 상담자 되기	• 평등 • 자기 존중 • 도움 • 용서	• 친화력
기업형	• 외향적인 • 지배적인 • 모험적인 • 열정적인 • 야심적인 • 열성적인	• 재정, 무역 분야 전문가로서 사회적 지도자 되기 • 멋진모습의 유명인사 되기	• 야망 • 자유 • (-) 용서 • (-) 도움	• 리더십 • 세일즈

관습형	• 보수적인 • 상상력이 부족한 • 억제하는 • 실용적인 • 체계적인	• 금융, 무역 분야 전문가되기 • 많은 일 해내기	• 안정감 • (-) 상상력 • (-) 용서	• 사무적 능력

2) 검사 결과 활용

홀랜드 흥미 탐색 검사 결과를 활용하여 직업 선택을 고려할 때는 일차적으로는 자신의 성격과 적합한 직업을 선택한다. 대체로 가장 점수가 높은 두 가지 유형을 조합한 직업군 유형이 결과로 얻어지고, 그 유형의 직업군을 찾아볼 수 있다.

Holland는 한 사람의 성격유형과 환경 사이의 일치성(congruence)이 직업 선택의 만족과 불만족을 예측할 수 있다고 보았다. 탐구적인 사람이 탐구적인 환경을 만나면 이는 일치성이 높은 것이고 직업에 대한 만족도가 높을 것으로 예상된다. 관습적인 사람이 예술적인 환경에서 일하거나 탐구적인 사람이 기업형 환경에서 일하면 이는 일치성이 낮으며, 직업 선택에 대한 만족도가 낮을 수 있다.

홀랜드 흥미 탐색 검사가 가장 많이 사용되지만, 검사 후에 제공되는 추천 직업이나 적합 직업의 목록은 제한적이다. 때문에 추천된 직업 그 자체에만 주목하기보다는 유사한 특징을 가지고 있는 직업들을 살펴보아야 한다.

홀랜드 검사 결과를 통해 직업 선택의 갈등을 이해할 수 있다. 각 유형 간의 관계를 보면, 실재형 유형(R)과 탐구형 유형(I)이 근접하여 두 유형의 특성이 비슷하다고 할 수 있다. 가까운 거리에 있는 유형은 일관성(consistency)이 높다. 대조적으로 실재적 유형(R)과 사회적 유형(S)은 마주 보고 있는데, 마주 보고 있다는 것은 가장 거리가 멀다는 것을, 즉 가장 반대적 특성을 뜻한다. 두 가지 유형으로 직업군을 제시하기 때문에, 가까운 두 유형에 높은 점수를

〈표 1-2〉 홀랜드 코드와 직업

R (실재형: 수행하는 사람)	I (탐구형: 생각하는 사람)
농업 종사자	보험관련 종사자 (with C & E)
건축가 (with A & E)	도서관 사서 (with S & C)
운동선수	생물-통계학과 (with C)
목수 (with C & I)	보건 석사 (with C)
요리사 (with A & E)	목수 (with C & R)
화학자 (with I & C)	회계사 (with C & E)
컴퓨터 공학자 (with I & C)	화학자 (with R & C)
치과의사 (with I & S)	지역사회 의료요원 (with S & E)
엔지니어 (with I & C)	컴퓨터 공학자 (with R & C)
패션 디자이너 (with A & E)	상담자 (with S & A)
소방관 (with S & E)	치과의사 (with R & S)
그래픽 디자이너 (with A & E)	영양사 (with S & E)
모델 (with A & E)	의사, 의학연구자 (with S)
음악가 (with A & E)	경제학자 (with C & S)
간호사 (with S, C, & I)	공학자 (with R & C)
야외 오락관련	경제분석가 (with C & E)
공원 조경사 (with S & A)	보건 석사 (with S)
트레이너 (with E & S)	변호사 (with E & S)
사진작가 (with A & E)	간호사 (with R, C, & S)
물리치료사 (with S & I)	법률보조인 (with C & E)
수중잠수사	약사 (with S & C)
스포츠 의학 종사자 (with S & I)	물리치료사 (with S & R)
외과 의사 (with I & S)	물리학자
수의사 (with I & S)	시인, 창작가 (with A)
웹 개발자 (with C, A, & I)	교수, 연구자, 심리학자 (with S & A)
동물학자, 야생 생물학자 (with I)	미술, 댄스, 드라마, 음악, 푸드 치료사, 사회복지사 (with S)
	언어치료자 (With S & A)
	스포츠 의료진 (with S & R)
	외과의사 (with R & S)
	편집자 (with A & C)
	튜터 (with S)

	수의사 (with R & S)
	웹 개발자 (with C, R, & A)
	동물학자, 야생 생물학자 (with R)

A (예술형: 창조자)	S (사회형: 도움제공자)
건축가 (with R & E)	도서관 사서 (with C & I)
방송 기자 (with E)	재무설계사 (with C & E)
성직자 (with S & E)	성직자 (with A & E)
상담자, 지도사 (with I, E, C, & S)	지역사회 보건 인력 (with I & E)
푸드스타일리스트 (with R & E)	상담자, 자문가 (with I, E, C, & A)
기업가 (with S & E)	고객 서비스 (with C & E)
패션 디자이너 (with R & E)	치과의사 (with I & R)
그래픽 디자이너 (with E & R)	영양사 (with I & E)
모델 (with R & E)	의사 (with I)
음악가 (with E & R)	경제학자 (with C & S)
공원 연구자 (with S & R)	교육행정가 (with E & C)
시인, 작가 (with I)	기업가 (with E & A)
심리학자 (with S & I)	역학전문가(보건) (with I)
미술, 댄스, 드라마, 음악치료사 (with S & I)	소방관 (with R & E)
홍보 (with E)	에어로빅 강사 (with E & R)
사진가 (with R & E)	외교관 (with E & A)
언어치료사 (with S & I)	인사관리 (with C & E)
교사 (with S)	변호사 (with I & E)
편집자 (with I & C)	간호사 (with R, C, & I)
사업 자문가 (with S & C)	공원 관리사 (with R & A)
번역가 (with S)	약사 (with I & C)
웹 개발자 (with C, R, & I)	물리치료사 (with R & I)
	심리학자, 옹호자, 사회복지사 (with A & I)
	언어치료사 (With I & A)
	외과 의사 (with R & I)
	교사, 유치원선생님, 특수교사 (with A)
	스포츠 의료진 (with I & R)
	창업지원가 (with A & C)
	번역가 (with A)
	튜터 (with I)
	수의사 (with I & R)

E (기업형: 설득자)	C (관습형: 조직자)
보험관리사 (with I & C)	보험관리사 (with I & E)
건축가 (with A & R)	도서관 사서 (with S & I)
중개사 (with S & C)	보건전문가 (with I)
회계사 (with I & S)	목수 (with R & I)
푸드아티스트 (with A & R)	화학자 (with I & R)
성직자 (with A & S)	재무설계사 (with S & E)
고객관리 (with C & S)	공인회계사 (with I & E)
영양사 (with S & I)	컴퓨터 공학자 (with I & R)
교육행정가 (with S & C)	고객서비스 (with E & S)
기업가 (with S & A)	경제전공자 (with I & S)
패션 디자이너 (with A & R)	교육행정사 (with S & E)
재정 분석가 (with I & C)	공학자 (with I & R)
외교관 (with S & A)	재무분석사 (with I & E)
소방관 (with S & R)	개인 재무설계사 (with S & E)
에어로빅 교사 (with R & S)	인사부 (with E & S)
그래픽 디자이너 (with A & R)	수학 교사 (with S)
인사부 (with C & S)	간호사 (with R, S, & I)
방송관계사 (with A)	행정가 (with E)
변호사 (with I & S)	법률보조인 (with E & I)
경영자문가/마케팅 분석가 (with I)	약사 (with S & I)
모델 (with A & R)	부동산 관리사 (with E)
음악가 (with A & R)	부동산 중개인 (with E)
법률보조인 (with C & I)	통계전문가 (with R & I)
사진가 (with A & R)	편집가, 광고 카피라이터 (with A & I)
보건 지도사 (with S)	사업 자문가 (with S & A)
부동산 관리사 (with C)	웹 개발자 (with A, R, & I)
홍보, 광고제작사 (with A)	
판매원 (with C & S)	

받은 사람은 많은 직업군을 제시받을 것이다. 하지만 상반되는 두 유형에서 높은 점수를 받은 사람이 추천받는 직업의 수는 적을 것이며, 아마도 새로운 직업군을 창조해야 할 수도 있다.

Holland 검사 결과를 살펴보면 6개의 유형 중 가장 높은 점수와 가장 낮은 점수의 차가 큰 경우가 있는데, 이를 변별성(differentiation)이 높다고 한다. 변별성이 높으면 높은 점수의 유형과 유사성이 뚜렷하여 직업선택을 하기 용이하다. 모든 유형에서 점수가 높은 경우도 변별성이 낮은 경우로, 피검사자가 모든 영역에서 흥미와 역량을 가지고 있을 수도 있다. 모든 유형에서 점수가 낮아 변별성이 낮은 경우, 아직 직업 의식이나 직업 활동 경험이 부족하기 때문일 수도 있으며 우울한 정서를 경험하고 있을 수도 있다.

홀랜드 검사 결과가 자신의 고유한 특성인지 사회화된 것인지 검토할 필요가 있다. 타고난 성격이 그럴 수도 있고 직업을 선택한 후에 그 직종에 장기간 머무르면서 직종의 특성이 몸에 배기도 한다. 그래서 같은 직종에 있는 사람들과 교류할 뿐만 아니라 다른 직종에 있는 사람들과 만나려고 의도적으로 노력해야 한다.

3. 직업세계에 대한 이해

1) 직업의 탄생과 소멸

진로를 선택 및 결정하기 위해서는 직업 세계에 대한 이해를 넓혀야 한다. 새로운 직업에 대한 정보를 확인하고, 미래 세계의 변화에 대한 인식을 가져야 한다.

직업은 새롭게 탄생하고, 또 소멸한다. 사라진 직업의 예로는 타자기 수리원, 신문의 활자 편집자가 있다. 지금은 신문을 컴퓨터로 편집하지만, 예전에는 활자를 찾아서 신문 틀을 조형했다. 활자법에 맞추어서 원고에 있는 글자를 찾는 것은 고도의 기술을 필요로 하기 때문에 높은 보수를 받으면서 신문사에서 중요한 역할을 담당했다. 지금은 컴퓨터로 하기 때문에 그 직업은 사라졌다.

새로운 직업의 예로는 정보보호 컨설턴트가 있다. 해킹의 위험이 있기도 하고, 외부자가 내 정보를 몰래 빼내려는 것을 차단하는 분야 등이 새로운 직업으로 떠오른다. 요즘 청소년들이 하고 싶어하는 직업은 유튜버이다.

직업을 고려할 때 시간의 흐름에 따른 변화도 고려해야 한다. 지금 유망한 직종이라 할지라도 10년 후에 우리 사회가 변화했을 때 어떠한 위치 매김을 하고 있을지는 알 수 없다. 따라서 직업에 대해서는 사회변화의 흐름을 읽어야 함을 기억하자.

미래 학자들의 예측에 의하면 2050년 무렵에는 현존하는 직업의 50% 정도가 없어지고 새로운 직업이 생겨나며, 존속하는 직업의 경우도 일의 방법이 많이 바뀔 것이다. 이러한 상황에서 일과 직업의 세계에 대한 객관적인 정보와 이에 대한 체계적인 탐구 없이 진로 혹은 직업을 택한다는 것은 무모한 일이다.

〈표 1-3〉 이색학과 이색직업(고용노동부, 한국고용정보원, 2016)

01 식품 보건의료 및 웰빙		02 과학 정보통신 및 스포츠	
학과	직업	학과	직업
국제소믈리에과	소믈리에	로봇테크전공	로봇공학기술자
보건허브과	아로마테라피스트	모바일게임과	모바일게임 전문가
커피바리스타전공	바리스타	유비쿼터스 정보응용전공	모바일커스터머 서포트엔지니어
웰빙테라피과	스파매니저	시계주얼리과	시계부품개발자
트리콜로지 & 헤어과	두피모발관리사	자동차모터스포츠과	자동차경주선수

다이어트정보과	다이어트프로그래머	레이싱모델전공	레이싱모델
병원코디네이터과	병원코디네이터	골프학과	프로골퍼
실버케어복지과	사회복지사	요가치유학과	요가지도자
장례복지과	장례지도사	이종격투기전공	이종격투기선수
		승마조련전공	마필관리사
03 문화예술 및 서비스		04 디자인 방송 및 이벤트	
컬러리스트전공	컬러리스트	동물조련이벤트과	동물조련사
푸드코디네이션과	푸드스타일리스트	마술학과	마술사
플로리스트과	플로리스트	보석감정딜러디자인과	보석감정사
화장품 · 향수전공	조향사	신발패션산업과	신발디자이너
호텔카지노과	카지노딜러	안경디자인과	안경디자이너
문화재과	문화재보존전문가	쇼핑호스트과	쇼핑호스트
서비스유통과	서비스(CS)강사	스타일리스트과	스타일리스트
명리학전공		웨딩이벤트과	웨딩플래너
		인형캐릭터창작전공	
05 경영 금융 및 보안			
유통프랜차이즈전공	창업컨설턴트		
자산운용학과	펀드매니저		
콜마케팅과	텔레마케터		
국방과학기술학과	국방과학연구원		
부사관과	부사관		
교정보호학과	보호관찰관		
리조트개발학과 발명 · 특허공무원학과			
특수무기과 · 유도탄약과			

2) 직업정보 탐색

직업 세계를 이해하기 위해서는 직업정보를 탐색해야 한다. 직업정보를 탐색하는 데는 훈련이 필요하다. 과거에는 정보가 별로 없어, 찾으려고 해도 찾기가 어려웠다. 지금은 아동 · 청소년을 위한 키자니아나 잡월드 같은 직업체험 놀이공원도 있고 인터넷에서도 원하는 직업군에 대해서 정보를 찾을 수 있다. 다만, 인터넷의 정보는 전문성과 신빙성을 확인해야 한다.

직업 세계를 탐색하는 가장 좋은 자원은 공공기관이다. 국가연구소는 좋은 자료를 생산하지만, 그 정보가 잘 활용되지 않는 경향이 있다. 가장 많은 정보를 가지고 있는 곳은 고용노동부이다. 고용노동부 홈페이지에서 워크넷에 들어가 관심 있는 직업명을 검색하면 정보를 찾을 수 있다. 고용노동부는 매년 직업전망 자료도 발간하고 있다. 한국산업인력관리공단, 한국직업능력개발원 등에서도 정보를 구할 수 있다. 직업정보 탐색 시 확인해야 할 정보로는 직업에 필요한 요건, 직무와 직업의 성격, 취업에 필요한 자격요건, 준비과정, 취업 및 승진 방법, 임금, 작업조건 등이 있다(김충기 · 황인호 · 장성화 · 김순자 · 윤향숙, 2011).

고용노동부가 운영하는 고용복지플러스센터에 가면 직업정보뿐만 아니라 진로상담을 받을 수 있다. 실직을 한 경우에는 재취업을 할 수 있도록 교육비 지원을 해주고 있다. 고용복지플러스센터에서 제공하는 프로그램도 초기에는 상담사를 만나 자기 이해를 할 수 있는 적성검사를 실시하거나 구두로 면접을 하면서 원하는 분야가 무엇인지를 이해하는 시간이 있다. 원하는 분야가 결정되고, 적절한 훈련을 받은 후에는 이력서 작성, 면접 등에 대한 훈련이 제공된다. 일반적으로 6개월까지 교육비가 지원된다.

취업 관련 전문기관으로는 잡코리아와 인크루트 같은 구직활동 사이트가 있다. 이력서를 이곳에 접수하고, 기관이 이력서를 보고 연락을 주는 경우도 많다. 어디서 사람을 뽑는지 등의 정보를 게시하는 구인구직 게시판 등에서 많은 정보를 취합해서 직업정보를 탐색할 수 있다.

대학의 과사무실 혹은 학과 홈페이지에서 소개하는 졸업 후 진출 분야의 구인공고를 먼저 확인하면 졸업 후를 준비하는 데 훨씬 도움이 된다. 지원자가 바라는 것과 직장이 제공하는 것의 차이를 확인하는 기회를 정기적으로 가지는 것이 바람직하다.

직업정보를 얻기 위해서는 지속적인 학습이 필요하다. 신문과 뉴스를 자주 읽고 관련 서적도 읽는 노력이 필요하다. 직업의 종류를 알지 못하면 적절한 목표를 설정하기 어렵기 때문이다. 그리고 혹시 알고 있는 직업정보가 TV 시청과 주변인의 관찰만으로 얻어진 것은 아닌지 점검할 필요가 있다(이재림 · 강혜영, 2008).

3) 의사결정 능력 함양

관심 있는 직업에 대한 탐색이 이루어졌다면 이제는 올바른 의사결정 능력을 함양해야 한다. 자신에 대한 이해와 직업 세계에 대한 정보 등을 가지고 최종적으로 진로를 선택하는 의사결정을 하여야 한다. 이러한 의사결정을 합리적으로 잘하느냐 그렇지 않느냐에 따라 향후 성인기의 삶의 기반이 달라진다.

의사결정도 역량이므로 작은 의사결정부터 훈련되어야 한다. 농담일 수도 있지만, 커피 주문이 의사결정 역량을 시험한다는 이야기가 있다. 주문대 앞에 서서 펼쳐져 있는 메뉴판을 보며, 좋아하는 커피와 우유 첨가 여부, 휘핑크림 첨가 여부 등을 결정하는 시험을 보게 된다는 것이다. 농담일지라도 이런 작은 결정에서부터 의사결정 능력은 훈련된다.

하렌(Harren, 1979)은 의사결정 유형을 의존적, 직관적, 합리적 유형으로 구분하였다.

(1) 의존적 유형

의존적 유형은 타인의 기대, 요구 등의 영향에 의해 의사결정을 내리는 유형으로 타인의 조언을 적극 수용하여 의사결정에 따르는 불안감을 해소하려 한다. 타인에게 의존하여 결정을 내렸기 때문에 만족감이 적고 자신의 결정에 대한 책임 및 의무를 전적으로 수용하지 못한다. 하지만 주변 사람들의 입장을 배려하기 때문에 의사결정 과정에서 사회적 지지를 얻을 수 있다. 그리고 좋은 멘토를 만나면 최선의 선택을 할 수 있다는 장점이 있다. 다만, 선택이 주변인의 역량에 의해 제한될 수 있다. 이런 의사결정 유형이 장기화되면 습관적으로 의사결정을 회피하거나 대신 결정해 줄 타인이 없을 때 불안을 느낀다.

한국 문화는 의사결정 훈련을 체계적으로 제공하지 않는다. 어린 시절에는 부모의 영향력이 크며, 자라서는 여러 사람과의 조화를 우선시하도록 사회화된다(김수임 · 김창대, 2009). 따라서 자신의 의사결정에 부모 및 타인이 어떤 영향을 끼치고 있는지 자각하려는 노력이 필요하다.

(2) 직관적 유형

직관적 유형은 자신의 의식세계 밑에 있는 직관(바람직하다고 느끼는 것)에 의해 결정을 내리고 자신의 상황에 대한 감정적 · 편견적 평가를 하는 경향이 있다. 하지만 결정하는 데 시간이 거의 걸리지 않고 신속하게 결정하며 자신의 결정에 대한 책임을 스스로 진다. 미래를 위한 정보수집이나 논리적 계획설정에 거의 비중을 두지 않아 결정에 도달하기까지의 과정을 명백하게 진술하지 못하는 경향이 있다. 지나치게 빠른 결정을 하기 때문에 결정에 대해 후회하는 경우도 다른 유형에 비해 상대적으로 많은 편이다.

직관적 유형의 희망진로 변천사를 보면 감정적 선호도에 따라서 급격하게 바뀌는 경우가 있다. 예를 들면, 5세에는 축구선구, 10세에는 가수, 15세에는 판사, 20세에는 경찰이라는 진로 변천사가 있다면, 직관형일 가능성이 높다.

TV 등 매체를 통해 얻은 단순한 정보나 느낌에 의해 즉흥적으로 결정하는 경우가 많다. 그리고 이러한 결정은 직업에 대한 편견이나 오해를 반영하는 경우도 많다. 직관적 유형의 경우에는 자신의 역량에 대한 그리고 직업정보에 대한 객관적 평가를 하려고 노력해야 한다(노정진, 2011). 그리고 무엇보다 진로장벽에 대해 예상하고 대처 방안을 계획하는 태도가 필요하다(김영혜 · 안현의, 2012).

(3) 합리적 유형

합리적 유형은 자신의 욕구와 환경을 고려한 다양한 대안을 검토하고 결정한다. 자신의 상황에 대한 현실적 평가를 토대로 예견되는 상황에 관한 정보를 미리 수집한 후 계획적 · 논리적 결정과정에 따라 의사결정을 시도한다. 물론 그 결정에 대한 책임도 스스로 진다. 이들은 결정하기에 앞서 스스로 준비하는 시간을 충분히 가지며, 매우 체계적으로 결정을 내리기에 한번 내린 결정이나 결과에 대해서는 쉽게 수용하며 스스로 평가하는 것도 가능하지만 지나치게 신중하여 시기를 놓칠 수 있다는 단점을 갖고 있다.

합리적 의사결정은 다음의 단계를 거친다. 1단계에서는 의사결정의 필요성을 엄밀히 검토한다. 2단계에서는 여러 가지 관련된 정보를 체계적으로 수집한다. 3단계에서는 모든 가능한 대안들을 열거한다. 4단계에서는 각 대안의 결과를 예측해 본다. 5단계에서는 각 대안의 성공적인 결과가 일어날 확률을 예측해 본다. 6단계에서는 성공할 확률이 높으면서 좋은 결과를 얻을 수 있는 대안 중에 자신의 가치관에 부합되는 것을 선택한다. 7단계에서는 선택한 대안을 실천한다. 8단계에서는 실천에 옮기지 못할 경우나 결과가 좋지 않을 경우 결정의 적합성을 평가하기 위해 위의 순서대로 다시 질문해 본다.

〈표 1-4〉 의사결정의 세 가지 유형

유형	특징	장·단점
합리적 유형	• 의사결정을 할 때 자신과 상황을 고려하고 가장 유익한 결정을 내리는 유형으로, 정확한 정보를 얻고, 신중하게 결정하고, 그 결정에 책임을 진다.	• 장점: 정보를 구하고 취사선택하는 능력이 길러진다. • 단점: 적극적으로 정보를 구하고, 정보의 가치를 결정해야 하기 때문에 힘이 들기도 한다.
직관적 유형	• 의사결정을 할 때 자신과 상황에 대해 감정적으로 평가하는 유형으로, 환상, 감정, 상상을 이용하고, 즉흥적인 느낌을 중시하며 결정에 책임을 진다.	• 장점: 빠른 의사결정, 스스로 선택에 책임을 진다. • 단점: 잘못하거나 실패할 확률이 높다.
의존적 유형	• 의사결정을 할 때 다른 사람의 영향을 많이 받고 내가 원하든 원하지 않든 그대로 따르며, 사회적으로 인정받으려 하고, 내 상황이 여러 가지로 제한받는다고 느낀다. 의사결정에 대해 책임을 지지 않으려 한다.	• 장점: 의존한 사람의 역량이 높다면 좋은 의사결정을 할 수 있다. • 단점: 남의 눈치를 보는 관계로 소신 있게 일을 처리하지 못한다. 실패했을 때에는 남의 탓을 한다.

이렇게 사람마다 의사결정의 유형이 다르며, 꼭 합리적 유형만 긍정적인 것은 아니다. 어떤 사안에 대한 의사결정인가에 따라서 직관적이어야 할 때도, 의존적 태도가 필요할 때도 있다. 중요한 것은 자신의 의사결정 유형 혹은 패턴을 인식하는 것이다. 어떤 중요한 결정을 내릴 때 자신의 의사결정 유형을 이해하고 있는 것은 큰 도움을 줄 수 있다. 충분한 정보를 확보한 이후에도 의사결정 과정을 다각도로 심사숙고해 볼 수 있기 때문이다.

의사결정 과정을 체계적으로 살피다 보면 자신의 가치관이 명료해진다. 대개 의사결정 과정은 자신이 무엇을 중요하게 생각하는가에 영향을 받기 때문이다. 결정에는 어떤 준거가 있고, 그 준거는 사람마다 다르지만 결국은 개인이 가진 가치관에 근거하여 결정을 내리는 경우가 대부분이다. 따라서 무엇을 결정하기 전에 반드시 자신의 가치관을 점검할 필요가 있다.

〈표 1-5〉 진로의사결정유형검사

문제를 하나씩 읽어가면서 그 내용이 자신의 입장과 똑같거나 거의 같으면 [예]에, 자신의 입장과 매우 다르거나 상당히 다르면 [아니오]에 응답하시오.

문제	예 (1점)	아니오 (0점)
1. 나는 중요한 결정을 할 때 매우 체계적으로 한다.		
2. 나는 중요한 결정을 할 때 누군가가 올바른 방향으로 이끌어 주었으면 한다.		
3. 나는 내 자신의 즉흥적인 판단에 따라서 매우 독창적으로 결정을 내린다.		
4. 나는 대체로 미래보다 현재의 내 입장에 맞추어 일을 결정한다.		
5. 나는 모든 정보를 수집할 수 없는 상태에서는 중요한 결정을 좀처럼 하지 않는다.		
6. 나는 왜 그렇게 결정했는지 모르지만, 곧잘 올바른 결정을 한다.		
7. 나는 어떤 결정을 할 때 그것이 나중에 미칠 결과까지도 고려해 결정을 한다.		
8. 나는 어떤 결정을 할 때 친구의 생각을 중요시 한다.		
9. 나는 남의 도움 없이는 중요한 결정을 하기가 정말 힘들다.		
10. 나는 중요한 결정이라도 매우 빠르게 결정한다.		
11. 나는 어떤 결정을 할 때 내 자신의 감정과 반응에 따른다.		
12. 나는 내가 좋아서 결정하기보다는 남의 생각에 따라 결정하는 경우가 많다.		
13. 나는 충분한 시간을 두고 생각을 한 후에 결정을 한다.		
14. 나는 어떤 일을 점검해 보거나 사실을 알아보지도 않고 결정하는 경우가 많다.		
15. 나는 친한 친구와 먼저 상의하지 않고는 어떤 일이든 좀처럼 결정하지 않는다.		

16. 나는 결정하는 것이 어려워 그것을 연기하는 경우가 많다.		
17. 나는 중요한 결정을 해야 할 때 우선 충분한 시간을 갖고 계획을 세우며 실천할 일들을 골똘히 생각한다.		
18. 나는 결정에 앞서 모든 정보가 확실한지 아닌지를 재검토한다.		
19. 나는 진지하게 생각해서 결정하지 않는다. 마음속에 있던 생각이 갑자기 떠올라 그에 따라 결정한다.		
20. 나는 중요한 일을 할 때 미리 주의 깊게 세밀한 계획을 세운다.		
21. 나는 다른 사람들의 많은 격려와 지지가 있어야만 어떤 일을 결정할 수 있을 것 같다.		
22. 나는 어떤 일을 결정한 후에 대개 그 결정이 내 마음에 들지 안 들지를 상상해 본다.		
23. 나는 평판이 좋을 것 같지 않은 결정을 해 봤자 별 의미가 없다고 생각한다.		
24. 나는 내가 내리는 결정이 굳이 합리적인 지를 따질 필요가 없다고 생각한다.		
25. 나는 참으로 올바른 결정을 하고 싶기 때문에 성급하게 결정을 하지 않는다.		
26. 나는 어떤 결정이 감정적으로 만족스러우면 그 결정이 옳은 것으로 여긴다.		
27. 나는 훌륭한 결정을 내릴 자신이 없어서 대개 다른 사람들의 의견을 따른다.		
28. 나는 내가 내린 결정 하나하나가 최종목표를 향해 발전해 나가는 단계라고 곧잘 생각한다.		
29. 친구가 나의 결정을 지지해 주지 않으면 나는 나의 결정에 그다지 자신을 갖지 못한다.		
30. 나는 어떤 결정을 하기 전에 그 결정이 가져올 결과를 많이 알고 싶다.		

〈표 1-6〉 진로의사결정유형 검사 채점표

진로의사결정 유형	해당하는 문항의 번호	점수(합)
합리적 유형	1, 5, 7, 13, 17, 18, 20, 25, 28, 30	
직관적 유형	3, 4, 6, 10, 11, 14, 19, 22, 24, 26	
의존적 유형	2, 8, 9, 12, 15, 16, 21, 23, 27, 29	

진로상담의 중요한 목표 중의 하나는 일과 직업에 대한 올바른 가치관 및 태도를 형성하는 것이다. 일이라는 것은 자아실현의 수단이라는 의미만을 가지는 것은 아니다. 생계수단의 의미, 사회에 대한 기여 등의 중요성을 함께 고려해야 한다. 그렇기 때문에 직업에 대한 가치관을 반드시 점검하고 올바른 직업 가치관을 지닐 수 있도록 하여야 한다.

진로 결정을 너무 늦추는 것도 경계해야 하지만 너무 조급하게 하지 말아야 한다. 우리는 빨리빨리 문화에 익숙해서 진로결정도 빨리 내리려 하지만, 진로 결정이 무조건 빠르다고 좋은 것은 아니다. 속도보다 중요한 것은 방향이다. 초조해하지 말고, 자기 자신과 직업 세계에 대한 시간을 투자해야 한다.

그리고 자기를 이해하고, 직업정보를 탐색하고, 직업을 결정하였다면, 이제는 본격적으로 준비 행동을 시작해야 한다(송병국 · 박정배, 2006). 고등학교나 대학을 졸업하기 전이라면, 직업 활동을 시작하는 데 도움이 되는 과목을 중심으로 수강 계획을 세워야 한다. 취업하고 싶은 기관이 있다면 기관의 구인정보를 확인하고, 기본 역량을 갖추어야 한다. 그리고 구직 활동에 몰입하여야 한다.

성찰하기

고2 여학생이 학교 등교를 거부하여 상담에 의뢰되었다. 상담자들은 학교에 가기 싫다고 하면 교우관계가 어려울 것이라고 가정한다. 그런데 이 여학생은 작년에 담임교사였던 현재 수학 선생님이 불편해서 학교에 가기 싫다고 한다. 작년에는 자신을 착실한 학생이라고 생각했는데, 더 이상 그렇게 생각하지 않기 때문이란다.

그럼 이 교사는 왜 내담자에 대한 평가를 바꾸게 되었을까? 작년에 이 내담자는 군인이 되겠다는 진로 계획을 담임선생님에게 이야기하였고, 담임교사의 전폭적인 지지를 받았다. 그런데 올해 이 내담자의 진로 계획은 뮤지컬 배우가 되는 것이다. 뮤지컬 배우는 군인과는 성격이 전혀 다른 진로 방향이며, 현재 고2 담임교사가 관찰한 내담자의 모습은 작년 고1 때 담임교사의 평가와는 많이 달라 고1 담임교사는 혼란스러웠다.

이 내담자는 상담자 역시 혼란스럽게 하였다. 뮤지컬 배우가 꿈이라는 내담자를 위해 상담자는 오디션을 볼 수 있도록 주선하였고, 내담자는 작은 배역을 배정받았다. 내담자는 공연을 위해 아르바이트 시간을 조정해야 하는데, 그렇게 하지 않으며 아르바이트를 같이 하는 사람들과의 관계가 중요하다고 한다. 상담자는 내담자가 정말 뮤지컬 배우가 되고 싶은 것인지 혼란스럽다.

주변인이 보기에 내담자의 행동은 이해하기 어렵지만, 내담자는 행동은 아주 일관적이다. 내담자는 사람들의 찬사를 받기 위해 이 모든 행동을 하고 있는 것이다. 고1 때 군인이 되고 싶었던 이유는, 성당의 선배언니가 군인이 되려한다는 얘기를 들으며 '멋지다'고 생각했기 때문이다. 자신도 군인이 된다고 하면 멋져 보일 것으로 여겼고, 고1 담임교사는 적극적으로 지지해 주었다. 고2가 되어 뮤지컬 배우가 되고 싶은 이유는 중학교 때 친구가 뮤지컬 배우가 되기 위해 레슨을 받고 있다는 얘기를 들으며 '멋지다'고 생각했기 때문이다. 그리고 아르바이트하는 곳의 사람들에게 뮤지컬 공연을 하게 되었다고 말하여 충분한 찬사를 받았다.

내담자가 원했던 것은 사람들이 자신을 '멋지다'고 여기는 것이었지, 실제 군인이나 뮤지컬 배우가 되는 것은 아니다. 따라서 되고 싶다면 하게 되는 노력을 하지는 않는다. 군인이 되려고 태권도도 배우고, 학업도 열심히 하였는데, 실제 자신의 역량이 충분하지 않다는 것을 직면하게 되었다. 뮤지컬 배역을 맡게 되긴 하였지만, 막상 자신의 노래 실력이 그리 뛰어나지 않다는 것을 확인하게 되었다. 진정한 노력은 '멋지다'라는 말을 듣기 위해 할 수 있는 일은 아니다.

멋진 사람을 보면 좋아 보여 자신도 같은 일을 하거나 모습을 하면 '멋지다'라는 찬사를 잠깐은 받을 수 있다. 하지만 내가 멋져 보이기 위해 선택한 일이나 모습은 남이 관찰할 때는 일관적이지 않기 때문에, 사람들을 혼란스럽게 한다. 혼란을 경험한 사람들은 나를 떠나게 된다.

'멋져 보이고 싶다'는 있는 그대로의 내 모습은 '멋지지 않다'라고 여기기 때문이다. 내가 나를 있는 그대로 괜찮은 사람이라고 여기는 것을 자존감이라고 한다. 삶의 문제들이 결국에는 자존감의 문제라고 할 수 있다. 남을 보고 '나도 저 사람처럼 멋졌으면' 하는 마음이 드는가? '지금의 나도 멋지다'고 스스로에게 말해 보자. 그리고 그렇게 되도록 노력해 보자.

2장 ▼ 직업적응

2장의 주제는 직업적응이다. 직업을 선택하고, 취업한 후의 과제는 직업적응이다. 취업난이 장기화되면서 취업은 강조되었지만, 취업 후 적응의 어려움은 간과되는 경향이 있다. 취업이 되어도 적응하지 못하면 경제적으로 안정적인 성인기를 보내기 어렵다. 그리고 직업 부적응은 개인을 이전 단계인 직업선택의 과제로 돌아가게 한다. 2장을 통해 조직문화를 이해하고, 직업적응과 관련된 역량, 가치체계 등을 명료화하기를 바란다. 창업을 하는 경우라면, 자신이 조직의 리더로서 팀원들의 적응을 어떻게 도울 수 있는가의 관점에서 본 내용을 학습할 수 있다.

1. 조직 생활의 이해

1) 조직 생활의 의미

직장에서 힘이 들어서, 직장에 다니는 게 싫어서 다른 진로를 고려한다는 이야기를 많이 듣는다. 직업적응의 어려움은 대인관계 갈등일 수도 있고 직무 불만족일 수도 있지만, 조직문화를 이해하지 못하기 때문일 수 있다.

조직은 작은 사회라고 볼 수 있으며, 직장이라고 생각해도 좋다. 구체화해서 자신의 직장에 적용해 보거나 혹은 아직 취업을 하지 않은 경우에도 취직을 하려고 하는 곳이 어떤 곳일까 상상해 보자.

조직의 의미 중에는 물리적 장소로서의 조직이 있다. 자신의 직장은 어느 곳에 위치하고 있는가? 고려사이버대학은 지하철 안국역에서 멀지 않고, 궁궐과 궁궐 사이에 있는 점이 특징이다. 최근에는 삼청동과 북촌이 사람들에게 문화적인 공간으로 각광을 받는 곳이기도 하다. 서울 시내 중심에 위치하여 다른 기관을 방문하기 용이하고, 조용한 곳에 있어서 연구하기 좋은 장소이다. 하지만 가까운 곳에 상가가 없어, 문구점을 가기 위해서도 안국역까지 나가야 하는 불편함이 있다. 직장생활에 만족하거나 만족하지 못하는 경우, 직장이 가지고 있는 물리적 장소로서의 장단점의 영향을 받는다.

물리적 장소가 고전적 의미에서의 조직의 의미였다면 지금은 디지털 사회가 되면서 조직이 점점 변화하고 있다. 사이버대학은 교수-학생이 면대면으로 만나지 않지만 원격으로 수업을 먼저 제작하고 온라인으로 수업을 수강한다. 조직 생활도 마찬가지로 예전에는 퇴근한 이후에는 회사의 문서를 보며 작업하기도 어려웠고, 만나지 않으면 어떠한 일이 이루어지기 어려웠다. 하지만 지금은 이메일을 통해 문서를 교류하거나 전자결재를 통해서 의사결정이 이루어진다. 화상회의가 가능하기 때문에 조직 구성원이 물리적으로 같은 공간에 위치하지 않아도 된다. 그러므로 오늘날의 조직은 물리적인 공간만을 의미하지는 않는다.

심리적 공간으로서의 조직은 두 가지 의미가 있다. 첫째, 개인적으로 어떠한 만족감을 가지고 그 공간 속에서 존재하는가가 있다. 직장은 그 조직이 가지고 있는 목표가 있다. 목표로 하는 업무가 있고, 그 목표수행을 위해서 존재하는 집단을 조직이라 한다(박우순, 2006). 1장에서 진로 선택 시 자아실현을 강조하면서 직업을 통한 생계 유지와 사회적 기여의 의미가 간과되었듯이, 직장생활에 있어도 간과될 수 있는 부분은 조직의 목표이다. 직장이 인력을 고용하고 임금을 지불할 때에는 그 조직이 목표로 하는 목표업무를 가지고 있으며, 업무수행을 목적으로 구성원을 고용한다. 그래서 직장생활에서 자신이 업무수행을 목적으로 하고 있는지 점검해 볼 필요가 있다.

조직의 구성원은 업무수행을 통해서 개인의 목표를 실행한다. 즉 경제적 기반을 마련하거나 사회적인 지위를 획득한다는 개인의 목표를 달성한다. 사회적 지위라는 것은 높고 낮음의 의미보다는, 사회의 일원으로 참여할 수 있는 기회를 뜻한다. 심리적인 만족도, 자아실현도 업무수행을 통해서 얻는다. 조직은 조직 구성원에게 유무형의 보상을 제공한다.

둘째, 조직은 사람들과 관계를 형성하도록 돕기 때문에 심리적 공간을 구성한다. 직장생활을 하다 보면 일이 힘들고 어렵지만 함께 일하는 동료나 상관이 좋기 때문에 조직에 머무르기도 하는 경우를 볼 수 있다. 또한 아무리 일이 마음에 들더라도 같이 생활하는 사람들이 마음에 들지 않아서 직장을 그만두는 경우도 있다. 따라서 심리적 공간으로서의 조직은 조직을 구성하는 사람들 사이의 사회적 인간관계에 의해 결정된다. 사회적 인간관계를 이해하기 위해서는 4, 5, 6장의 인간관계의 심리적 요인들을 학습하는 것이 도움이 될 것이다.

2) 조직화

조직은 조직체를 구성하고 유지하기 위해서 조직화(organizing)라는 것을 한다. 조직화는 조직의 목표를 달성할 수 있도록 조직 구성원 각자의 직무와 상호 간의 관계를 규정하는 것으로 정의된다(장영광 · 정기만, 2003). 어떤 기관이든지 직무와 관계를 규정하고 조직도를 모두에게 배포한다. 그래서 누가 어떤 업무를 하고 있는지, 부서별로 어떤 업무를 하고 있는지를 상호 간에 이해하면서 업무를 추진하며, 직무범위를 결정하고 그에 대한 권한과 책임을 부여한다. 조직화의 목적은 업무를 가장 효과적으로 추진하는 요소인 인력이나 방법, 자원, 자금 등을 합리적으로 배분하고 조정하는 것이다. 조직화가 자신이 최선이라고 생각하는 방법으로 이루어지지 않을 때 개인은 조직에 대한 불만을 가지게 된다.

조직화의 첫 단계는 조직의 목표를 달성하기 위한 계획 수립이다. 조직화에는 기능 측면의 조직화와 인적 측면의 조직화가 있다. 기능 측면의 조직화는 업무를 수행하기 위해서 어떤 것들이 필요한지를, 그리고 직무에 따라서 직책, 직위 등을 결정한다. 인력 측면의 조직화는 인력배치와 자원배분으로, 인력을 배치한 후에 개인과 그 업무가 일치하는지를 조정한다.

상담자들은 조직의 목표 및 기대를 간과하는 경향이 있다. 상담심리학과 교과과정 중에 간과되어 있는 부분은 행정이다. 어떤 형태의 혹은 어떤 규모의 상담기관이라도 조직이 구성되기 위해서는 행정업무라는 것이 기본적으로 필요하다. 상담을 전공한 사람들은 자신의 업무를 내담자를 만나서 개인적으로 도움을 주는 것에 한정하는 경향이 있다. 따라서 행정업무가 많아지고, 내담자를 만나 상담하는 시간이 적어지면, 만족도가 급격히 떨어지면서 직장을 그만두는 경우가 있다. 행정업무를 조직화의 일부로 개념화 할 필요가 있다.

취업 후에는 자신의 목표뿐만 아니라, 조직의 목표와 목표 달성을 위한 전략을 살펴볼 필요가 있다. 그리고 취업 전에 기대했던 것과 다를 때에는 자신이 사회와 조직에 대한 이해가 충분했는지 검토할 필요가 있다. 그리고 자신과 조직의 목표가 공유되는 부분을 넓혀나가는 것이 필요하다.

3) 조직의 확보관리

개인은 조직을 구성하는 요소이며, 조직에 개인이 가입함으로써 개인은 조직 생활을 시작한다. 개인을 조직에 받아들일 때에는 그 조직의 제도적 과정과 절차에 따른다. 조직은 개인을 선발하는 데 목적이 있는 것이 아니라, 선발한 개인의 지식과 경험을 활용하여 조직의 목표를 달성하는 데 그 목적이 있다. 조직은 그 조직의 목적달성을 위한 업무수행을 위해 필요한 인력계획을 수립한 후 이에 근거하여 모집, 선발, 배치 활동을 전개하는데 이를 확보관리라고 한다.

조직은 인력계획을 수립할 때 수요와 공급을 먼저 분석한다. 조직이 수행하고자 하는 업무에 어느 정도의 인력이 필요한지 숫자와 더불어, 어떤 분야에 어떤 역량을 가진 인력이 필요한지를 검토한다. 인력계획이 중요한 것은 조직이 원하는 인력을 찾을 때까지 시간이 걸리기 때문이다. 그래서 현재 필요한 인력뿐만 아니라, 장기적인 인력계획이 필요하다.

인력계획이 수립되면 필요한 인력을 모집한다. 필요한 인력을 내부에서 모집할 수도 있는데, 내부모집은 인력의 재배치이다. 외부모집은 인력을 새로 뽑는 것을 의미한다. 외부모집의 선발은 서류, 필기시험, 면접 등을 통해 이루어진다. 최근에는 면접을 강조한다. 예전에는 면접관 한 명이 참여했다면, 요즘에는 하루 종일 같이 지내며 면접이 이루어지기도 한다. 면접에서 당락을 결정하기 때문에 서류심사와 필기시험에서 더 많은 숫자의 사람을 뽑는다. 가령 필요한 사람이 10명이면 15명을 뽑은 다음에 10명을 심층면접에서 선발한다.

모집과 선발 후에는 인력을 배치한다. 한 여성이 대기업에 입사하였다. 일반적인 업무에 배치될 줄 알았는데, 비서직에 배정되었다. 비서라는 직무를 기대하지 않았기 때문에, 짧은 기간 일하다 직장을 그만두었다. 하지만 비서학과 졸업생이 그 자리에 배치되었더라면 직무만족도는 높았을 것이다. 배치는 직무만족도에 영향을 미치는 중요한 요인이다. 입사 초기에는 배정된 직무에 대한 만족도가 높지 않을 수 있다. 하지만 특별한 분야가 아니라면 직무는 순환되기 때문에, 직무만족도를 평가할 때는 장기적인 시간 흐름도 고려해야 한다. 이 직무배치는 단기적일 수도 있으며, 직무를 좀 더 작은 단위로 쪼개어 보면 실제로는 자신의 적성에 적합한 경우도 있다.

또 다른 예로, 화공학과를 졸업하여 관련 기업에 취업을 한 청년은 전공을 살려 엔지니어가 되기를 바랬다. 하지만 교육부서에 배치되었다. 처음에는 전공을 살리지 못해 불만족스러운 상태에서 업무를 배우기 시작하였다. 그런데 업무를 익히고 어느 정도 시간이 지나자, 자신이 교육 프로그램을 기획하고, 진행하고, 평가하는 데 적성이 있다는 것을 알게 되었다. 이분은 후에 그 기업의 임원진으로 일하다 퇴사하였다.

두 예는 모두 조직의 입장과 개인의 입장이 다를 수 있음을 보여준다. 그리고 개인이 직업 경험이 많지 않다면, 초기에 자신의 적성과 역량에 대한 평가 및 업무에 대한 기대가 실제 경험과 다를 수 있음을 보여준다. 취업을 하면, 자신의 개인적 입장과 더불어 조직의 시각에도 초점을 맞추어 상황을 이해하려는 노력을 할 필요가 있다.

2. 직업적응

1) 직업적응이론

2장에서 학습할 진로상담이론은 직업적응이론(Theory of work Adjustment)이다. 이 이론은 현재는 개인-환경조화이론(person-environment correspon dence theory)으로 수정되었지만(Dawis, 2002), 내담자가 직무와 조직에 적응하는 과정을 강조하기 위해 이 책에서는 이전 명칭을 사용한다. 1장에서 배웠던 홀랜드(Holland)의 이론에서는 개인이 자신의 성격 특성과 유사한 직업환경을 찾아간다고 가정한다. 직업적응이론에서는 역량과 보상체계에 초점을 맞춘다. 강조하는 개념이 좀 다르기는 하지만 개인이 환경을 선택할 때 개인이 원하는 것, 또 조직도 개인을 선택할 때 그 조직이 추구하고 있는 것에 맞추어서 사람을 선택한다고 가정하는 점은 유사하다.

[그림 2-1]은 직업적응이론의 직업선택 과정을 도표로 표현한 것이다. 개인

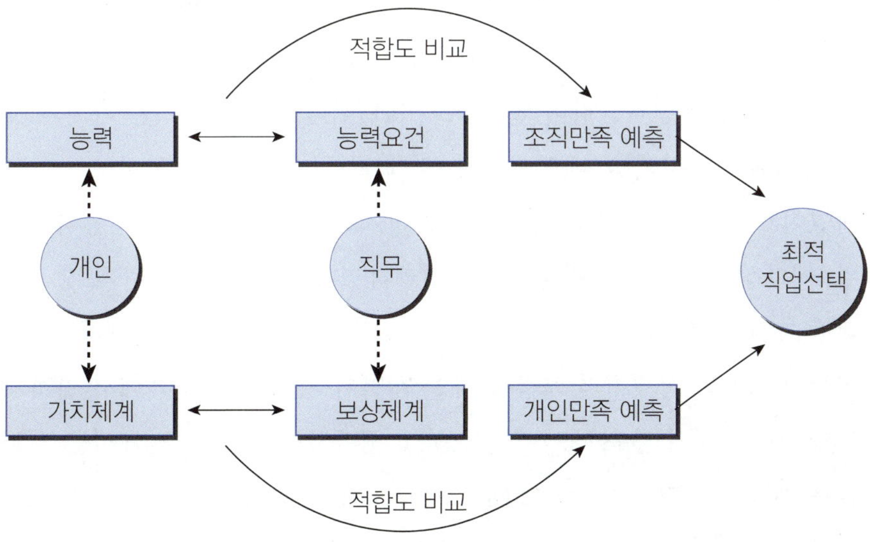

[그림 2-1] 직업선택 과정

의 능력은 업무에 필요한 능력 유형과 비교되고, 각 직업이 제공하는 능력과 가치체계가 적합한지를 보게 되면 직무만족도를 예측하게 된다. 그리고 개인이 만족을 예측한 후에 직업군에 대해서 생각해 본다. 경제성을 생각하고 최적의 직업을 선택해야 하는데, 역량에 대해서 준비하거나 투자해야 하는 것이 더 적은 반면에 얻을 수 있는 보상체계가 높은 것을 선택한다.

홀랜드의 흥미유형에서 탐구적 영역을 선호한다 하더라도, 필요한 교육수준이 다르다. 교육 정도는 시간과 비용이 드는 투자이다. 같은 직업군이라고 하더라도 대학원을 졸업해야 하는 직업이 있고, 대학만 졸업해도 되고, 고등학교만 졸업해도 되는 직업이 있다. 고등학교를 졸업했는데 원하는 보상을 충분히 받을 수 있다고 한다면 그것을 선택하는 것이 진로 선택에 있어서 합리적 선택이다. 보상체계를 결정하는 것은 조직이지만, 개인이 가진 역량에 대해서 최대로 보상을 받을 수 있는 직업을 선택하는 것이 좋다.

직업적응이론은 직업 선택 후 조직 내에서의 적응 과정을 [그림 2-2]와 같이 설명한다(Dawis & Lofquist, 1984). 직업적응이론은 개인의 만족도와 개인이 직장이나 직무에 얼마나 머물 수 있는지, 즉 지속 정도를 예측한다. 개인이 가지고 있는 역량과 가치체계가 있다. 조직은 조직운영을 위해 필요한 업무가 있고, 업무가 달성되었을 때 보상하는 보상체계를 가지고 있다. 개인의 역량과 조직이 필요한 업무역량이 일치하고, 개인이 중요하게 여기는 가치와 조직의 보상체계가 유사하면, 개인이 그 조직에 머무는 기간은 길어진다.

개인이 가지고 있는 가치체계는 다양하지만, 직업적응이론은 성취, 보상, 지위, 이타심, 안정감, 자율성 6개로 정리하였다. 개인이 중요하게 생각하는 가치를 조직의 보상체계가 제공하는지는 직무만족도에 큰 영향을 미친다.

회계업무라면, 회계처리 역량을 가진 개인이 있다. 가치체계에서 말하자면 안정감, 보상, 지위 등을 개인이 중요하게 생각하는데, 이 직장에서는 적절한 임금을 제공하고 적절한 승진체계를 제공한다. 양쪽이 서로 만족하면 조직도 만족하고 개인도 만족한다. 개인은 만족스럽게 직장생활을 할 수 있다. 개인

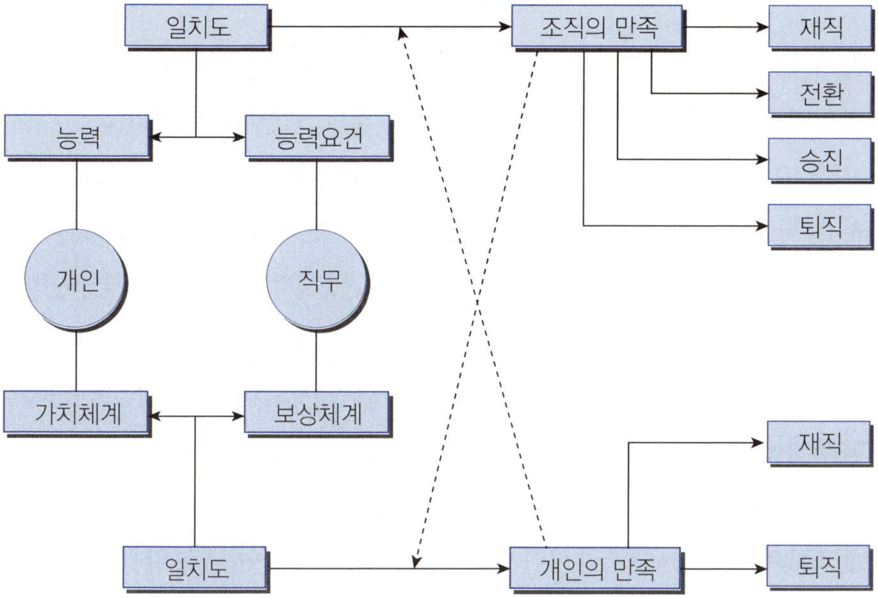

[그림 2-2] 직업적응의 과정

의 만족도가 지속되면 개인은 그 조직에 재직한다. 일치도가 떨어지면 퇴직해서 새로운 직무를 찾는다. 새 직무를 만났을 때는 새 직무가 제공하는 보상체계와 능력요건이 다시 개인이 가지고 있는 능력과 가치체계와 얼마나 일치하는지에 따라서 이러한 일련의 활동들이 일어난다.

조직 입장의 만족도는 재직, 전환, 승진, 퇴직 요구의 형태로 표현된다. 조직의 목표를 달성하기 위해서는 조직 안 부서 집단의 역량을 평가하고, 집단의 역량을 보강하기 위해 개인을 새로운 직무에 배치할 수 있다. 개인이 적절한 업무 역량을 제공하여 조직의 목표가 달성되면 개인에게 승진을 제공한다. 또한 개인의 역량이 조직의 목표 달성에 도움이 되지 않는다면 퇴직을 요구할 수 있다.

2) 직업적응이론의 활용

직업적응이론에서는 적응유형의 발달 단계를 3단계로 정의하고 있다. '변별기'는 기술, 가치, 욕구, 성격이 형성되는 시기이다. '안정기'는 성인기의 대부분에 해당되는 단계로 특정 기술이나 욕구가 변화하기는 하지만 능력과 가치가 비교적 안정적으로 유지되는 시기이다. 마지막으로 '쇠퇴기'는 능력, 가치, 유형을 변화시키는 생리적 변화가 일어나는 단계이다. 변별기에서 안정기, 안정기에서 쇠퇴기로의, 각 단계에서 다음 단계로의 전환기는 적응문제가 최고조에 달하는 중요한 시기이다(Dawis & Lofquist, 1984).

직업적응이론은 직무와 개인 간의 역량 및 가치(보상)의 일치도를 높이는 방향으로의 선택을 강조하지만, 불일치 상황에 대해서도 설명하고 있다. 개인 역량과 직무가 필요로 하는 역량 사이에 그리고 개인이 추구하는 가치와 조직의 보상체계상에 불일치가 존재할 수 있다. 불일치할 때에도 개인의 유연성이 필요한 영역이 있다. 즉 개인이 수용 가능한 영역을 넓힐 필요가 있다. 또한 수용이 불가능하지만 개인이 인내해야 하는 상황도 있다. 불일치한 부분의 수용이 정말로 불가능하면 이직을 계획하거나 조직을 바꾸어야 한다.

직업적응이론은 개인이 환경과 조화를 이루기 위해 사용하는 적응행동에 대한 양식을 융통성, 끈기, 적극성, 반응성으로 보았다(박성미, 1999). 융통성(flexibility)은 개인이 작업환경과 개인적 환경 간의 부조화를 참아내는 정도를 의미하며, 이것은 개인이 자신의 한계에 도달하는 정점이며, 한계가 초과될 때 적응이 요구된다. 부조화가 크더라도 잘 참아낼 수 있는 사람은 융통성이 있는 사람이라 할 수 있다. 끈기(perseverance)는 직무부조화를 해소하기 위해 오랜 시간 동안 계속 노력하는 정도를 뜻한다. 즉 불만족을 느껴도 포기하지 않고 해결하려는 노력을 지속하는 힘으로, 자신에게 맞지 않는 직무임을 알지만, 필요한 기술을 배우며 문제를 해결하는 자세이다. 적극성(activeness)은 개인이 작업환경을 개인적 방식과 좀 더 조화롭게 만들려고 노력하는 정도를 의미한다. 즉 상황이 마음에 안 들면 스스로 환경을 바꾸려고 하는 성향으로, 급여가 낮거나 업무 환경이 열악할 때 상사나 인사팀에 개선을 요구하거나 제안하는 행동이다. 반응성(reactivity)은 직무 환경의 요구에 맞추기 위해 자신을 변화시키는 경향성으로, 팀워크를 강조하는 회사에 들어간 후 내성적인 사람이 동료들과 좀 더 어울리려고 노력하는 것이다.

조직의 특성을 수용하기 어려운 경우, 적극적인 성격 유형의 사람은 조직을 바꾸려고 시도한다. 소극적인 사람인 경우에는 자신을 바꾸어 나가는 측면이 있다. 그런데 내가 얼마나 유연한지 나와 불일치한 것에 대해서 얼마나 수용할 수 있는지와 또 내가 그 불일치에 대해서 얼마나 참아내고 그 부분에서 변화를 시도하는 것에 얼마나 지속적일 수 있는지가 인내력이다.

불만이 많은 경우 불만이 불만에만 그치면 부정적인 정서경험으로만 끝난다. 그 불만을 통해서 자신을 들여다보는 성찰의 시간이 필요하다. 『공주를 키워주는 회사는 없다』라는 책이 있다. 조직은 공주를 모시지 않는다는 것이다(박성희, 2010). 업무를 하기 위해서 뽑힌 사람이라는 시각을 가지지 못한 것은 아닌가 고민해 봐야 한다.

반면에 실제로 그 조직이 변화가 필요한 부분이 있을 수 있다. 어떤 조직이든지 그 조직에 만족하는 사람은 불만이 없을 수 있지만, 불만이 있는 사람의 입장에서 볼 때 오히려 어떤 부분에서 변하면 더 나은 조직이 될 수 있는지에 대해 생각할 수 있다. 갈등은 업무의 혁신으로 이어질 수 있고, 개인적으로 창의성을 발휘할 수 있는 기회가 될 수도 있다. 그것을 통해서 조직이 변화했을 때 더 나은 결과를 얻을 수 있다.

3. 경력 및 갈등 관리

1) 경력관리

개인은 조직에서 어디까지의 목표를 놓고 경력을 개발할 것인지 혹은 이직을 꿈꾸면서 경력을 개발할 것인지를 결정해야 한다. 일반적으로 경력관리라고 하면 승진이나 이직만을 염두에 둔다. 하지만 개인의 역량을 직업 기초 역량의 관점에서 평가해 볼 필요가 있다.

직업 기초 역량은 직업 역량의 구성요소로서 직종이나 직위에 상관없이 대부분의 직종에서 직무를 성공적으로 수행하는 데 공통적으로 요구되는 지식, 기술, 태도 등을 말한다(정철영 외, 1998). 학자마다 제시하는 역량은 조금씩 다르지만, 대체적으로 의사소통, 글로벌, 자원활용, 대인관계, 문제해결, 자기관리 역량 등이 직업기초 역량에 포함된다(김희수, 2012).

끊임없이 변화하는 직업 세계에서 만족스러운 생활을 창조하기 위해서는 기술, 흥미, 신념, 가치, 일, 습관, 개인적 자질을 학습하여야 한다. 기술, 흥미, 신념, 가치, 일, 습관, 개인적 자질은 계속되는 학습경험의 결과에 따라 달라진다. 직업의 세계가 끊임없이 변하고 있다는 것을 기억해야 한다. 10년 전에 성공을 보장했던 행동으로는 더 이상 충분하지 않다. 직업이 변화하고 있기 때문에 개인도 지속적으로 변화 혹은 자기 개발을 꿈꾸어야 한다.

조직 역시 인력에 대한 개발 관리를 한다. 내부적으로는 승진과 직무 순환이 있다. 승진은 수직적인 이동으로, 직급이 높아지는 것을 뜻한다. 반면에 직무 순환은 수평이동으로, 같은 직급이지만 다른 일을 하는 것이다. 직무순환은 경력관리에 도움이 된다. 다양한 업무를 해보는 것이 역량 강화에 도움이 된다. 한 사람이 같은 업무를 계속하면 부정한 행위를 하기 쉽기 때문에, 직무순환은 조직 입장에서도 도움이 된다.

교육훈련은 직장에서 필요한 기술을 가르치는 것이다. 근래에는 산학협동이라고 해서, 기업체가 필요로 하는 일꾼을 키우기 위해 대학의 교육과정 안에 직무 연수 형태로 교육과정을 짜도록 요구하고, 졸업 후 학생들이 그 기업체에 취업할 수 있도록 돕는 프로그램이 활성화되어 있다. 대학에서 배우는 것은 기초직업 능력인 경우가 많기 때문에, 입사 후 기업체가 제공해야 하는 교육에 대한 부담을 줄이기 위한 조치로 볼 수 있다. 하지만 이런 프로그램에 참여했다 하더라도, 업무에 관한 것은 실제로 현장 교육(on the job training)으로 이루지는 경우가 많다.

취업이 점점 어려워지고, 대학 역시 취업률로 평가받는 사회적 분위기로 인해 산학협력은 점점 증가될 것으로 여겨진다. 개인적으로는 대학이 추구하는 것은 직업 기초 수행 역량으로 의사소통, 정보소양, 문제해결, 대인관계, 수리, 문화이해 역량 등을 교육하는 것이 더 중요하다고 생각한다(김희수, 2012). 그리고 직업현장에서는 직무와 관련된 교육을 제공하는 것이 바람직할 것이다.

2) 갈등관리

조직 생활의 어려움은 대부분 갈등 때문에 일어난다. 갈등은 양립할 수 없는 목표, 태도, 감정 때문에 발생한다. '양립할 수 없다는 것이 핵심이기 때문에, 정말 양립할 수 없는가?'라는 것을 평가할 필요가 있다. 그리고 양립할 수 없는 것이 확실하다면 새로운 대안을 탐색해야 한다. '어떻게 지금과 다르게 할 수 있는가?'에 대해서 생각하는 것이 필요하다.

갈등의 유형을 보면 기능적인 갈등과 역기능적인 갈등이 있다. 갈등 자체를 분류한다기보다 갈등이 궁극적으로 어떤 결과를 가지고 왔는지를 평가한 것이다. 기능적인 갈등은 조직의 혁신을 가져온다. 양립할 수 없기 때문에 타협이나 조절이 필요하다. 타협과 조절을 통해 조직이 변화하거나, 대립되는 의견들이 창의적인 결과물을 양산할 수 있다.

역기능적인 갈등은 분노 감정을 일으킨다. 분노가 일어나면 사려 깊지 않은 행동이 일어난다. 그리고 사려 깊지 않은 행동은 부정적인 결과로 나타난다.

갈등의 해결을 위해서는 갈등을 명료화하는 게 가장 중요하다. 갈등명료화는 조직이 할 수 있고, 이 갈등에 참여하는 사람들이 개인적으로 작업할 수도 있다. 서로의 목표와 태도가 양립할 수 없는지에 대해서 평가하고, 상대를 설득하기 위해 노력해야 한다. 그 후 타협을 하거나 아니면 대안을 찾는 작업이 필요하다. 그러나 정서적인 분노가 크기 때문에 이 과정이 진행되기 어렵다.

상담기관에서 새로 입사한 상담자는 행정업무로 인해 만족도가 떨어져 퇴사 의사를 밝혔다. 입사 결정 시에 네 명이 면접 및 의사결정에 참여했지만, 기관의 책임자는 상담팀 팀장에게 적절한 사람을 뽑지 않았다고 비난할 수 있다. 물론 책임 소재에 대한 논의를 할 수도 있다. 하지만 이 사건을 통해 다음 공고를 낼 때 혹은 면접 시 행정업무를 담당하게 될 것이라는 것을 명시화하는 것이 해결책이 될 것이다. 이 사건을 통해 조직의 구인 체계에 변화를 가져올 수 있다.

많은 경우에 직장에서의 갈등은 대인관계 때문이며, 그중 힘든 것이 업무분담이다. 업무분담에서 불공정하거나 책임회피가 일어나는 경우가 많다. 개인적인 선호도가 다르기 때문에 갈등이 증폭된다. 대부분 부정적 감정에 머물러 있는 경우가 많다.

갈등은 어느 곳에나 존재한다. 자신이 대인관계를 잘한다거나 스스로를 좋은 사람이라고 생각하는 경우가 있다. 그런데 사람은 좋은 사람이나 나쁜 사람으로 구별되는 것이 아니다. 자기에게 가장 이로운 것을 추구하는 것이 인간의 본성이기 때문이다. 자신이 좋은 사람이라고 생각하는 사람일수록, 의도하지 않지만 타인에게 피해를 주거나 혹은 갈등을 양산하는 데 참여하고 있을 수 있다. 그리고 이를 인식하지 못하고 있을 수 있다.

갈등에서 자신이 항상 피해자라고 느끼는 경우가 있다. 자신의 입장에서는 부당하기 때문에 피해라고 생각하지만, 타인의 입장에서는 그렇게 행동하는 데는 이유가 있다. 동의하기 어렵더라도, 상황을 개인적으로 정서적으로 받아들이기보다는, 상대에게도 이유가 있을 수 있음을 기억하기를 바란다. 그리고 나 자신의 피해 및 상처를 줄이기 위해 보호책을 찾아야 한다. 부정적인 감정에 머물러 있는 시간을 줄이고 대안을 탐색하는 데 더 투자하는 것이 긍정적인 결과를 가져오는 데 도움이 된다.

직장에서의 갈등을 경험할 때 세대별 문화차이를 기억할 필요가 있다. 팀장과 팀원이 같은 세대에 속하는 경우도 있지만, 세대가 다른 경우가 있다. 예를 들면, 관리자인 센터장과 청년 인턴은 다른 세대의 문화를 가지고 있다. 나이든 세대는 젊은 세대의 특징을 고려하여 업무 지시를 할 필요가 있다. 또한 젊은 세대는 나이든 세대의 업무 지시가 그들이 젊은 시절 경험했던 문화라는 것을 고려할 필요가 있다. 그리고 세대의 문화를 고려하는 것과 더불어, 보다 나은 업무 결과와 환경을 위해 필요하다면 서로 변화할 필요도 있다.

3) 진로수정

만족스러운 직업선택이 전개되어 개인적인 성취가 이루어질 수 있다. 그러나 경우에 따라서는 만족스러운 선택이 이루어지지 않을 수도 있다. 새로운 환경에 적응되지 않고 불만족스러운 상태에 놓여 불만과 고민에 빠질 수 있다.

자기 이해나, 직업정보 탐색 및 의사결정 과정에서 오류가 있었을 수 있다. 혹은 직장에서 대처를 잘하지 못하거나 인내가 부족했을 수 있다. 혹은 경제적 사정이 좋지 않아 직장 안에 여러 변화가 있었을 수 있다.

이런 경우 진로를 수정해야 할 필요가 있다. 진로수정이란 한 진로에서 다른 진로로 옮겨가는 것을 의미한다. 주된 동기는 이미 주어진 진로에서 발전할 기회가 차단되기 때문이다(노경란 · 변정현, 2016). 개인의 진로 선택, 목표,

포부, 동기 등에 영향을 미치거나 역할행동들을 방해할 것으로 지각되는 여러 부정적인 사건이나 사태를 진로장벽이라 한다. 진로장벽은 실제로 존재하기도 하지만, 이를 개인이 어떻게 인식하는지가 더 중요할 수 있다.

진로수정을 할 때는 새로 선택하는 진로가 종전과 유사한 점이 있어 그동안 쌓은 역량과 경험을 활용할 수 있는가의 여부와 진로가 자신의 적성 흥미, 태도, 신체적 조건, 인성에 부합하여 발전 가능성이 있는가를 검토하여야 한다. 즉 직업선택의 과정을 재점검하여 새로운 선택을 하고, 새롭게 적응할 준비를 하여야 한다.

인생에 있어서 선택의 중요성은 아무리 강조해도 지나치지 않을 것이다. 그리고 선택의 과정은 평생 동안 계속된다. 선택이 잘못된 경우는 일어나기 마련이므로, 좌절과 패배감을 느끼기보다는, 새로운 선택을 시도하는 용기가 필요하다. 그리고 좋은 선택도 평생 동안 유지되는 것은 아니며, 수정이 불가피하다는 것을 수용하여야 한다.

4) 진로전환

진로전환(career transition)은 일의 연속선에서 이탈하여 경로를 수정하거나 보완하여 변화하는 것을 의미하며, 재취업, 창업, 자격증 취득, 제2의 인생 설계 등이 포함된다(Schlossberg, 1984). 진로전환은 진로수정을 더 긴 시간의 흐름 속에 보는 시각이며, 확인된 사건 혹은 아직 일어나지 않은 사건과 연결될 수 있다. 모든 변화는 적응을 필요로 하며, 진로전환 역시 적응에 시간과 에너지가 소요되게 된다. 진로전환이 일어날 때는 개인의 가치와 신념, 세계관에 변화가 생긴다.

진로전환의 유형은 세 가지로 분류되는데, 첫 번째 유형은 예상된 전환(anticipated transition)으로 생애주기에 포함된 예상되는 사건들에 의해서 발생한다. 예를 들면 고등학교 혹은 대학교의 학생 시절에는 파트 타임으로 일을 하고, 졸업 후 전일제로 일하게 된다. 이후 자녀가 출생하고 자녀 양육을 위해서 다시 파트 타임으로 일하다가, 자녀가 청소년기 이후 다시 전일제로 일할 수 있다. 또한 은퇴 후에는 직업 활동에서 물러날 수 있다.

두 번째 유형은 예상하지 못한 전환(unanticipated transition)으로, 예측할 수 없는 생애 사건들에 의해서 발생하며 계획된 것이 아니다. 이 전환 상황에서 내담자는 자신의 삶이 완전히 파괴될 것이라는 생각에 사로잡히고, 어떻게 이런 일이 자신에게 일어났는지 혼란스럽거나 분노하거나 배신감을 느끼기도 한다. 갑작스러운 해고 혹은 사고로 인한 직업 역량의 상실 등이 이 유형에 포함된다.

세 번째 유형은 일어나지 않은 사건에 의한 전환(nonevent transition)으로 미리 예상했고 계획했으나 일어나지 않았던 사건에 기인한 것이다. 예를 들면 이직을 계획하고 지원하였지만 이직하지 못하게 된 경우나, 인사 이동 시 직무 전환 등을 예상했지만 이전 직무에 남게 되는 경우 등이다. 부정적인 상황을 예상했다면 심리적 부담이 적어지지만, 긍정적인 상황을 예상했다면 실망감을 다룰 필요가 있다.

진로전환은 다양하고 복잡한 역동을 담고 있으며, 상황, 자기, 지지, 전략이 영향을 미친다(Anderson et al., 2012). 상황(situation)은 전환을 촉발시킨 계기, 전환이 일어난 사회적 시기, 전환이 일시적인가 혹은 영구적인가, 이전에 유사한 전환을 경험한 적이 있는지, 전환과 관련된 스트레스 정도 등을 포함한다.

자기(self)는 개인의 문화적 특성과 심리적 자원을 포함한다. 문화적 특성에는 나이, 성별, 사회경제적 지위, 민족성, 종교, 거주지역, 건강 등이 포함된다. 심리적 자원에는 자아개념, 성격, 헌신, 가치관, 귀인 등이 포함된다. 예를 들면 배우자 직장의 위치가 바뀌는 경우를 생각해 보자. 남편의 직장이 지역을 옮기면 많은 경우 부인은 남편의 직장을 따라 이주하고 진로전환을 한다. 하지만 부인의 직장 수입이 남편이 직장을 그만두어도 생계를 유지하는 데 충분하거나, 남편이 지역과 상관없이 직업활동이 가능하면, 남편의 진로전환이 이루어질 수 있다.

지지(support)는 내담자의 사회적 지지와 내담자의 자기 지지 기능을 포함한다. 가족, 친구, 기관, 네트워크, 연애 관계 등이 사회적 지지원이 되면, 그들이 진로전환과 관련하여 제공하는 심리적이고 실제적인 도움이 사회적 지지에 해당된다. 내담자의 자기 지지 기능은 긍정적 정서, 자기 위안, 스트레스 대처 행동 등이 포함된다.

전략(strategies)은 진로전환 과정에 사용하는 모든 대처 행동을 포함하며, 진로전환과 관련된 상황과 자기를 평가하고, 대처 전략을 수립하고, 지지를 활용하는 행동을 포함한다. 예를 들어, 생애주기에 의해 은퇴를 맞이한 경우는 상황에 해당하며, 이때 자신의 건강상태와 가치관을 고려할 때 새로운 직업 활동을 시작하기로 결정할 수 있다. 먼저 은퇴한 사람들로부터 정보를 취득하고 격려를 받으며, 거주 지역의 고용복지플러스 센터에서 새로운 직무 기능을 학습할 기회 혹은 취업 기회를 얻을 수 있다.

성찰하기

중고등학생들이 학교에서 왕따를 당한다는 이야기는 이제 일반적인 담론이 된 지 오래다. 그리고 이 왕따 현상은 이제 직장에서도 만연되어 있다. 왕따라고 명명되지는 않더라도, 동료들 사이에서 소외감을 느낀 경험은 누구에게나 있다.

대학을 갓 졸업하고, 바로 공무원 시험에 합격한 한 여성은 부푼 가슴을 안고 출근했다. 그리고 하루이틀 시간이 지날수록 사무실에 적응하지 못하고 있는 자신을 인식한다. 아니 더 솔직히는 사무실에서 같이 일하는 사람들에 대한 분노를 가슴 한가득 안고 퇴근한다. 이런 나날이 지속되자 철밥통이라고 모든 사람이 부러워하는 공무원을 그만두려고 한다.

이 여성은 다른 세 명의 여성과 한 사무실에서 일을 한다. 이 사무실은 전체 조직의 금전적 업무를 담당하고, 그 조직의 일 년 동안의 행정 처리는 큰 변화가 없이 매년 반복되는 편이다. 모든 신입사원이 그러하듯이 그녀는 일 년 동안 처리해야 하는 행정 절차를 알지 못했고, 선임에게 자주 질문을 하게 되었다. 처음부터 친절하지 않았던 선임들은 이제 말끝마다 신입사원의 무능력을 지적한다. 이 신입사원은 학생신분에서 바로 공무원이 되어 사회 경험이 전혀 없었다. 첫 직장에서 날마다 주눅이 들고, 또 매일 듣게 되는 피드백에 섞인 공격적인 표현을 견뎌내기 힘들었다.

나에 대한 타인의, 특히 선임들의 피드백은 검토해야 한다. 내가 혹시 내 업무에 관심을 기울이지 않는지, 그리고 역량 강화를 위해서 교육을 받아야 하는 것은 아닌지 말이다. 나만 나의 부족함을 모를 때가 있기 때문이다.

하지만 이 경우에는 선임들의 피드백이 정당한가를 평가할 필요가 있었다. 선임들은 계약직으로 경력은 길지만, 관리자로 승진하지는 못한다. 신입사원은 공무원 시험을 준비하는 동안 고생하였겠지만, 선임들은 자신들이 업무능력이 뛰어남에도 매년 경험하는 고용 불안을 더 크게 느낄 것이다. 그리고 재계약의 불안과 자신이 느끼는 부당함을 신입사원에게 불친절함, 핀잔, 무시 등으로 표현하였을 수 있다.

이처럼 가끔은 내가 백조이며, 나와 갈등을 일으키는 사람이 오리일 때가 있다. 본래 백조인 미운오리새끼는 오리들 틈 속에서 못난 외모 때문에 괴롭힘을 당하였다. 기준이 무엇인지에 따라 나는 아름답다는 찬사를 받기도 하고, 못났다고 손가락질을 받기도 한다. 남성이 많은 조직에서는 여성이, 여성이 많은 조직에서는 남성이 이해받기 어렵다. 같은 학교 출신이 다수인 조직에서 타교 출신은 소외감을 느낀다. 그 외에 여러 기준에 의해 나는 다수자 중의 한 명이 되기도 하고, 소수자가 되기도 한다.

만약 내가 백조라면, 나의 고통은 내가 백조임을 자각하고 백조로 자리매김을 해야 끝난다. 이 신입사원의 경우에는 몇 년 뒤에 자신은 책임자가 될 사람임을 깨닫고 보다 더 큰 그림을 그리며 업무를 파악하고, 자신과 같이 조직을 이끌어갈 사람과 연대하여야 한다. 그리고 할 수 있다면 현재 상황을 적대적인 사람들과 업무를 진행해야 하는 연습 과제로 여겨야 한다.

3장

재정관리

3장은 재정관리로, 상담 관련 책에 잘 등장하지 않는 주제이다. 하지만 재정 혹은 소득이 삶에 미치는 영향은 크며, 상담실에서 다루는 직접적인 주제 혹은 삶의 상황에는 재정 문제가 있는 경우가 많다. 이 장을 읽으며, 한 사람의 성인으로 살아가는 데 재정관리가 미치는 영향과, 자신과 재정의 관계를 다시 한번 생각하는 시간을 가지면 좋겠다.

1. 돈과 노동

1) 돈이란 무엇인가?

내가 필요한 돈은 얼마일까? 답을 내기가 쉽지 않다. 평생 쓸 돈을 계산하기가 어렵기 때문만이 아니다. 정말 내가 원하는 정도를 알지 못하기 때문이다. 많이 벌면 벌수록 좋다고 막연하게는 생각하지만, 얼마를 벌어야 행복할지 혹은 만족할지는 알지 못한다.

돈은 물질이 아니기 때문이다(김찬호, 2011). 지갑이나 주머니 속에 있는 돈은 분명히 물질로 만들어졌지만, 그것은 돈의 표시일 뿐 돈 그 자체는 아니다. 돈을 숭배하는 풍조를 가리켜 물질 만능주의라고 표현하는데, 본질을 놓친 개념이다. 우리가 만일 물질을 추구한다면 음식이나 옷을 끝없이 확보하고 비축해야 하지만, 물질을 어느 정도 비축한 후에는 대부분 중단한다. 그러나 돈은 무한히 축적하고자 한다. 돈은 물질이 아니기 때문이다.

돈은 사람과 사람을 이어주는 도구다. 개인과 세계를 묶어주는 사회시스템이다. 근대 사회 이후 그 작동의 범위가 급격하게 넓어지면서 돈의 힘이 점점 막강해졌다. 우리는 그 무형의 기호를 통해 유형의 물질을 획득할 수 있다. 돈이 있으면 내가 한 번도 만나보지 못했던 사람조차 내 뜻대로 움직이게 할 수 있고, 인간적으로 굴복시킬 수도 있다. 그런 점에서 돈은 인류가 만들어 낸 매우 희한한 발명품이다.

생각해 보면 돈은 사람들에게 가장 공통적인 관심사라 할 수 있다. 돈에 신경 쓰지 않는 사람은 거의 없다. 돈을 생각하지 않고 지나가는 날은 거의 없다. 누구나 돈을 좋아한다. 그렇게 말하면 속물 같기 때문에 소리 내어 말하지 않을 뿐이다. 돈이 많으면 많은 대로 없으면 없는 대로 돈은 언제나 커다란 관심사가 된다.

그런데 그토록 중대한 관심사인 돈에 대해 터놓고 이야기하는 것은 쉽지 않다. 돈은 지구를 하나로 엮어내는 거대한 시스템이지만, 동시에 가장 개인적 사생활이 되었다. 그래서 우리는 타인의 수입이나 재산 상태를 함부로 물어보지 않는다.

그러나 상담에서 재정에 대해 구체적으로 다룸으로써 삶의 문제가 가벼워질 때가 있다. 내담자는 30대 초반의 여성이었는데, 아버지의 재정 문제 때문에 스트레스를 받았다. 아버지가 신용불량자가 된 지 오래되었고, 작은 가게에서 발생한 소득은 모두 어머니의 명의로 운영되고 있었다. 아버지는 자신의 명의로 통장을 개설할 수 없어서, 딸의 명의로 통장을 개설하였다. 부모의 불화는 오래된 갈등이며, 재정관리로 인한 힘의 불균형은 점점 심해지고 있었다. 딸은 아버지가 어머니로부터 불평등한 대우를 받는 것도 가슴 아프고, 아버지 자신이 신용불량자 상태가 된 것에 대해 화도 나고 수치스럽기도 하였다. 그러나 한 번도 아버지의 부채가 얼마나 되는지 확인하지 않았고, 어떻게 하면 신용불량자 신분을 벗어날 수 있는지를 알아보지 않았다.

아버지는 20년 전에 소액의 돈을 은행으로부터 대출받았는데, 대출을 갚을 수 없는 상황 속에 이사를 갔다. 은행에서는 대출상환 관련 서류를 보냈지만 아버지에게 전달되지 않았고, 얼마의 시간이 흐른 후에 아버지는 자신이 신용불량자가 되었다는 것을 알게 되었다. 아버지는 신용불량자 신분을 벗어나기 위해 빚을 갚고 싶었지만, 어머니는 통장을 만들지 않아도 사는 데는 어려움이 없다며 아버지를 말렸다. 이 부분은 부모의 일반적이지 않고 합리적이지 않은 문제해결 방식을 보여준다.

결과만 간략히 말하자면, 딸은 아버지와 함께 금융감독원을 통해 부채를 확인했고, 부채 금액은 딸의 약 2달 치 월급에 불과했다. 오랜 시간 아버지와 딸의 스트레스를 생각하면 허무한 금액이었고, 심지어 아버지는 딸의 명의로 그 부채보다 많은 돈을 보유하고 있었다. 아버지의 부채 문제가 해결되자 딸은 자신의 삶을 주제로 상담을 받을 수 있었고, 부모와의 경계를 세울 수 있었다.

다른 영역의 교육과 마찬가지로 돈에 대한 교육도 가정, 사회, 국가에서 제공하여야 한다. 그리고 돈과 관련된 문제해결에 대해서도 배우고, 실천할 필요가 있다.

2) 노동의 필요성

돈을 버는 방법에는 노동과 자본이라는 두 가지 방법이 있다(노진섭, 2014). 노동을 통한 소득은 노동력이나 서비스를 제공한 대가인 반면, 자본을 통한 소득은 부동산 임대료, 주식의 배당과 차익, 인세, 저작권료 등과 같이 소유하고 있는 재산을 이용해 얻는 이익을 말한다. 이렇듯 자본은 직접적인 노동을 제공하지 않아도 돈을 창출한다.

한국의 경제활동 인구 중 약 73%는 근로자로 노동력을 제공하고 이에 따른 보수를 받아 생활하고 있다(통계청, 2014). 그럼에도 불구하고 우리는 스스로를 노동자로 규정하는 것에 주저한다. 사회화를 통해 오랫동안 화이트칼라가 되기를 원했기 때문일 것이다. 그러나 화이트칼라 역시 사무실에서 노동을 하는 노동자이다. 본인이 자본가가 아니라면, 노동 소득으로 삶을 운영해야 하는 노동자라는 것을 수용할 필요가 있다.

최근 취업을 하지 않는 20대들이 늘고 있다. 취업문이 좁아지면서 직장에 들어가기 어려워진 것이 가장 큰 이유이겠지만, 그 이면에는 웬만한 회사는 거들떠보지도 않는 젊은이들의 높은 콧대도 한몫하고 있다. 그 때문에 수백대의 경쟁률을 자랑하는 대기업들과 달리 중소기업은 입사지원자가 부족해 인력난을 겪고 있다. 마지못해 중소기업에 취업해도, 더 좋은 취업 기회가 오면 언제든 옮겨가 버린다.

물론 취업을 하든 더 좋은 기회를 기다리든 본인의 선택에 달린 일이다. 하지만 적극적으로 취업을 하려 하지 않고 아무런 목표도 비전도 없이 아르바이트부터 하고 보는 것은 문제로 볼 수 있다(김용진, 2009). 취미를 즐기면서 일할 수 있기 때문에 대만족이라고 말하며 아르바이트를 하는 20대들의 속내를 들여다보면 자기만족 이면에 비정규직에 대한 불안감이 숨어 있다. 겉으로는 일반 직장은 답답하고 통제가 심해서 싫다고 말하지만, 속으로는 아르바이트로 생계를 유지하는 하루하루가 불안하기만 하다. 저축은커녕 매달 카드대금 막느라 바쁘고, 지갑을 열어보면 몇만 원도 없고 은행 잔고 또한 바닥인 경우도 많다.

아르바이트는 일에 대한 책임감도 적고 업무량도 그리 많지 않다. 정해진 시간에 정해진 업무만 하면 되고 야근도 없다. 그러다 보니 직장에 다닐 때보다 큰 어려움 없이 돈을 벌 수는 있지만, 또 쉽게 번 만큼 쉽게 써버린다. 게다가 어느 정도 돈이 모이면 아르바이트를 그만둔다. 잠시 쉬었다가 다시 시작하면 그만이라고 생각하기 때문이다. 결국 쉽게 벌어서 쉽게 써버리고 다시 쉽게 벌 궁리를 하는 것이다.

아르바이트로 생계를 유지하면서 평생을 살아갈 수 있다는 근거 없는 희망은 품지 말자(천주희, 2016). 자신의 먼 장래를 생각해 보라. 가령 결혼해서 자녀가 있다고 상상해 보자. 아르바이트를 해서 버는 돈만으로 그 가족들을 책임질 수 있겠는가? 지금 당장은 힘들더라도 제대로 된 직장에 들어가 정기적으로 돈을 모아 미래를 풍요롭게 만들겠다는 마인드를 갖자.

회사업무에 쫓겨 숨가쁘게 살아가는 생활이 쉽지 않겠지만 근무연수가 길어질수록 노하우가 생기면 여유시간을 가질 수 있고, 이 시간을 이용해서 취미 생활을 해도 늦지 않다. 또 업무량이 너무 많아 따로 취미 생활을 할 여유가 없다 하더라도 성실하게 직장생활을 해서 안정적인 미래를 설계한 후 취미를 직업으로 삼을 수 있는 기회를 만들면 된다.

노동 소득으로 삶을 운영하는 것을 성인기 삶의 과제로 받아들일 필요가 있다. 부모로부터 완전한 독립을 하려면 먼저 경제적인 독립이 이루어져야 한다. 많은 20대들이 독립하고 싶다며 집을 나가지만 그렇게 나가서 부모에게 생활비 등을 받는다면 그것은 따로 사는 것일 뿐 독립이라고 할 수 없다. 진정한 독립은 부모에게 손 벌리지 않고 스스로의 힘으로 생활을 꾸려나가는 것을 말한다.

2. 재정계획

1) 경제적 독립

경제적 독립을 위해서는 먼저 다음과 같은 준비를 하여야 한다(김수미, 2007). 첫째, 먼저 본인 스스로 부모로부터 완전히 경제적 독립을 하겠다는 강한 의지가 필요하다. 어떤 일이 있어도 부모에게 손 벌리지 않겠다는 결심과 의지가 있어야만 직장생활을 하거나 사업을 할 때 어려운 일이 생겨도 의연히 버틸 수 있으며 돈을 모을 수도 있다.

둘째, 수입 중 일정 부분을 저축하는 습관을 가져야 한다. 직장생활을 하면서 모아둔 돈은 예기치 않은 일로 회사를 그만두거나 급한 일이 생겼을 때 요긴하게 사용할 수 있을 뿐 아니라 부모로부터 자연스럽게 독립하게 해준다.

매달 들어오는 급여는 일정한데 사회생활을 하면서부터 하고 싶은 것, 사고 싶은 것은 점점 많아져 더욱더 큰 비용이 들어가게 된다. 이런 유혹을 이기지 못하고 생각 없이 돈을 쓰면 급기야 감당하기 어려운 상황에 직면하기도 한다.

소비문화의 발달로 소비생활에 익숙해지면 뒷감당은 생각도 않고 무조건 쓰고 보는 경향이 있다. 월급을 받으면 백화점으로 쪼르르 달려가 명품을 구입하거나 한턱 쏘겠다고 거들먹거리며 술자리를 벌이는 경우가 있다. 그 때문에 카드 연체로 인한 불미스러운 사건들이 일어난다.

이런 상황에 놓이지 않으려고 사람들은 가계부를 쓴다. 가계부를 쓰면 마구잡이 지출로 낭패를 보는 일 없이 슬기롭게 생활을 꾸려나갈 수 있기 때문이다. 인터넷이 발달되어 검색창에 '가계부'라고 치면 여러 종류의 프로그램을 찾을 수 있다. 무료 버전도 많다. 그렇게 착실히 한두 달 가계부를 써보면 자신의 소비패턴을 파악할 수 있다. 어디에 돈을 가장 많이 쓰는지, 지출할 만한 가치가 있는 데 돈을 쓰는지, 지출하고 후회하는 일은 얼마나 잦은지 등 여러 상황이 분석된다.

자신의 소비패턴이 분석되면 그 다음 할 일은 불필요한 소비 혹은 비합리적인 소비의 원인을 파악하는 것이다. 충동구매를 하는 이유, 술을 먹으면 폭음을 하여 감정을 통제하지 못하고 기분 내키는 대로 지출하게 된다든가, 누구하고 같이 다니면 괜히 안 써도 되는 돈을 쓰게 된다든가 하는 습관을 알아내야 한다.

원인이 분석되면 지출을 통제하는 방안을 마련할 수 있다. 맨 먼저 해야 할 일은 사전에 소비 내역을 계획하는 것이다. 해당 항목과 예산 범위를 정해 그 범위를 초과하지 않도록 하고 또 충동구매를 하게 되는 경로를 의식적으로 차단해 그런 상황을 피할 수 있도록 한다. 혼자 하기 힘겨우면 뜻이 맞는 사람과 서로 독려해 가며 실행해도 좋다.

셋째, 무턱대고 직장을 그만두는 일은 없도록 한다. 직장생활을 하다 보면 부당한 일을 당하거나 자존심에 상처를 입는 날이 하루 이틀이 아닐 것이다. 하지만 그렇다고 해서 아무런 대책도 없이 덜컥 직장을 그만두어서는 안 된다. 멋지게 사표를 날리고 나오는 순간은 속이 시원하겠지만, 돌아서면 후회할 게 뻔하고 경제적으로 독립하기도 어려워진다. 게다가 회사를 그만두고 바로 새 직장을 구하거나 저축해 둔 돈이 있으면 경제적으로 문제가 없겠지만 그 기간이 길어지면 결국 부모에게 의지할 수밖에 없다.

사업을 하지 않는 이상 성인 초기에 부모로부터 독립할 수 있는 가장 강력한 힘은 직장이다. 따라서 이를 쉽게 포기해서는 안 된다. 전쟁터에 나간 군인이 총이 없으면 적의 공격에 꼼짝없이 당하듯 무턱대고 직장을 그만두면 어쩔 수 없이 부모 곁에서 의지하며 살게 된다.

2) 경제적 목표

돈은 인생의 목적이 아니다. 다만, 우리가 꿈꾸는 것을 실현하기 위해 중요한 기능을 해주는 도구일 뿐이다. 그렇기 때문에 재원을 확보하고 그것을 가치 있게 써야 인생이 풍요로워진다.

돈은 꿈을 실현시켜 주는 수단으로서 중요한 역할을 한다. 그러므로 자신이 추구하는 삶의 목적과 목표를 명확히 하고 이를 실현하기 위해 어느 정도의 돈이 필요한지 알아야 한다. 그리고 돈을 마련하기 위해 명확하고 구체적인 계획을 세워야 한다.

경제적 목표를 세우기 위해서는 어떤 삶을 계획하고 있는지가 먼저 그려져야 한다. 꼭 따라야 하는 것은 아니지만, 생애발달단계에 따라 필요한 재정은 다음과 같다. 이 생애발달단계는 고정관념일 수도 있지만, 결혼을 하고 자녀를 갖는다는 것을 전제로 한다. 하지만 비혼이나 자녀를 갖지 않기로 계획하고 있어도 한 번은 비교 자료로 검토할 필요가 있다.

20대는 소요되는 기본생활비 외에 결혼 준비 자금이 필요하다. 결혼예식비와 함께 같이 살 집을 구하는 것이 중요한 과제이다. 예전에는 남성이 집을 장만하고, 여성이 집 안의 가구 및 가전을 담당하는 경우가 많았지만, 요즘은 자신들의 형편에 따라 비용분담의 형태는 다양하다.

30대에 들어서면 결혼과 자녀출산 등이 인생에 큰 영향을 미친다. 기본적인 생활자금 이외에 주택 마련 자금과 자녀 육아 자금 등이 필요하다. 주택 마련 자금은 결혼할 때 가져온 전세금 등에 그간 모은 자금을 합치고 일부 대출을 받아 마련하게 된다. 이어서 자녀출산이라는 생명의 신비함과 양육의 기쁨을 누리지만, 이를 위해서는 자녀양육에 대한 사전계획이 준비되어 있어야 한다. 당장 분유 값이나 기저귀 값, 아이의 교육을 위해 책이나 관련 상품을 구입하게 되면서 새로운 지출항목이 비중 있게 추가되기 시작한다.

40대에 들어서면 인생의 중반기에 진입하게 된다. 40~50대는 인생의 황금

기인 만큼 가장 일을 많이 하고 가장 많은 돈을 벌 수 있는 시기이다. 따라서 그 어느 때보다도 시간을 효율적으로 사용해야 한다. 40대에 주로 사용되는 자금은 자녀 교육, 주택 확장, 부모 부양 자금 등으로 나눌 수 있다.

60대에 들어서면 자녀 결혼과 자녀 독립 자금, 그리고 자신의 노후 생활 자금이 들어가야 할 시기이다. 앞으로 30~40년 뒤의 일이니 어떻게 바뀔지 모르지만 미리 준비는 해야 한다. 100세 시대를 맞은 지금, 40년 뒤면 얼마나 늘어날지 미래의 불확실성은 더욱 커질 수밖에 없다. 우리에게 장차 그러한 현실이 닥칠 것임을 알고 평소에 귀하게 시간을 사용하면서 미래를 준비해야 한다.

마지막으로 70대 이후에는 노후 생활 자금 외에도 자신의 죽음이 자녀들에게 부담이 되지 않도록 사후 발생 비용도 준비해야 할 것이다.

지금까지 살펴본 것처럼 우리의 생애곡선을 그리면 각 연령대별로 소요되는 금액이 있다. 앞으로 어디에 어떤 자금이 필요한지 알고 있으면 보다 현실적이고 체계적인 준비가 가능하다.

3. 자산관리

1) 재테크

재테크의 목표 설정은 단순히 얼마를 모아야 하는가에 대한 것으로 나타날 수 있다. 그러나 그것은 그리 간단하지 않다. 언제까지 경제활동을 영위할 수 있는지, 경제활동이 중단된 이후에 퇴직금, 연금 등의 소득은 있을지, 있다면 얼마 정도가 예측되는지, 은퇴 후 책임져야 할 대상이 나 혼자인지 아니면 부부인지 그 이상인지, 생활수준은 어느 정도로 생각하는지, 생활터전은 도시인지 시골인지, 어떤 사회활동을 할 것인지 등이 고려되어야 한다.

자신의 상황을 살펴보자. 우선 돈을 모을 수 있는 경제활동 기간이 나와야 하는데 은퇴시점을 기준으로 현재의 나이를 빼면 산정된다. 처한 상황에 따라 경제활동 기간이 20년 남은 사람도 있고 30년 남은 사람도 있다. 이 기간 동안에 목표금액을 모아야 한다.

그렇다면 이 기간이 인생생애곡선상 어느 지점에 있는지, 내가 준비해야 할 자금항목들이 노후 자금 이외에도 어떤 것이 있는지 정리해 두어야 한다. 예를 들면, 결혼 준비, 주택 마련, 자녀 육아 및 교육, 주택 확장, 부모 부양, 자녀 결혼 및 독립, 그리고 유사시 비상 자금 등이 해당된다.

또한 환경분석에서 빠지지 말아야 할 것이 경제동향이다. 즉 정치, 경제, 사회, 문화, 기술 차원의 트렌드가 어떻게 바뀔지에 대한 정보수집과 판단이 있어야 보다 장기적 차원의 효과적인 전략을 수립할 수 있다.

활용할 수 있는 자원에 대한 분석 역시 필요하다. 이는 소득 및 지출 수준에 따른 투자가능 금액과 현재 보유한 자산에 대한 운영상황의 점검이다. 수익성, 안정성, 성장성, 환급성에 대한 고려가 되어 있는지, 투자위험에 대한 대비장치는 마련되어 있는지 확인해야 한다.

그리고 앞의 내용을 토대로 구체적인 계획이 나와야 한다. 생애곡선상의 소요 자금에 대한 고려 및 자금흐름과 함께 해당 투자 운용 전략을 단계별로 수립해야 한다. 이미 어느 정도 규모의 금액은 장기 투자 상품 위주의 거치식으로, 정기적 소득 중 일부는 목돈마련을 위해 적금식으로 가입해야 한다. 그리고 투자처를 국내외로 나누고, 실물 자산과 금융 자산으로 나누며, 직접 투자와 간접 투자로 나누어 투자규모를 정해 수익성과 안정성이라는 두 마리 토끼를 잡아야 한다. 자신의 투자성향이 안정형, 중립형, 공격형인지에 따라 포트폴리오 설계는 달라질 것이다.

보다 자세한 사항은 투자 관련 문헌이나 전문가에게 자문을 구해야 할 것이다. 다만, 이자율이 낮은데 저축만 하고 있다거나, 타인이 부동산으로 이익을 보았다고 해서 부동산에 투자하는 일은 없어야 하겠다. 재테크는 목표에 맞추어야 하고, 자신의 재정 목표를 명확히 하기 위해 지속적으로 주의를 기울여야 한다.

50대 비혼 여성은 꾸준히 직장생활을 해서 저축을 하고 있다가 갑자기 주변의 50대 여성과 자신의 삶을 비교하게 되었다. 비혼이니 남편도 자녀도 없고, 이는 지금 갑자기 얻어질 수 있는 것이 아니다. 그런데 같은 나이 또래의 여성 중에는 꾸준히 아파트를 사고팔고를 반복하여 자산을 증식한 사람이 많았다. 자신이 관심을 보이자 부동산 관련 팁들을 많이 얻을 수 있었다.

그래서 이 여성은 부동산 투자를 시도했다. 투자이기 때문에 향후 5년 이후 정도에는 재산이 증식되기를 바라며, 재건축 승인을 받을 가능성이 높은 아파트를 대출을 받아 구매하였다. 결론적으로는 재건축이 진행되지 않은 아파트의 가격은 하락하였고, 대출 이자로 인해 활용 가능한 월급의 규모가 작아졌다. 이렇게 약 5년 정도가 지난 후에 이 여성은 손해를 보고 구매했던 아파트를 팔았다. 그리고 그냥 인생 레슨 비용을 치르었다고 자신을 위로하였다. 그러나 인생 레슨 비용을 20대가 아닌 50대에 치르면 후유증이 크다.

좀 더 구체적인 재테크 계획을 가지는 것은 큰 부가소득을 창출하는 것을 목표로 하기보다는 자신의 인생 전체에 대한 가치관을 반영하는 재정적 삶을 돕기 위해 필요하다.

2) 자산관리

부자가 되는 것이 인생 최대의 목표가 되어서는 안 될 것이다. 인생에서 더 중요한 것은 가정과 건강, 행복이다. 이런 것을 모두 만족시킬 수 있는 한도 내에서만 부를 창출할 수 있도록 노력해야 한다.

따라서 10억 부자가 주류라고 해서 무조건 10억을 벌겠다는 생각은 버려야 한다. 자신의 현재 직업에서, 그리고 미래의 발전된 모습을 통해 어느 정도의 부를 창출할 수 있는가를 가늠해 보는 것이 무엇보다 중요하다. 자신의 현재 상황과 가능성을 파악하지도 않고 무턱대고 10억 만들기에 나선다면 결국 후회만 남게 된다. 또한 중도에 포기하는 사태가 발생한다. 중도에 포기하기보다는 차분히 준비하고 분석하고 실천해서 부를 창출해 보자.

이처럼 부자의 기준은 자신에게 있다. 자신이 벌어들인 돈이 본인과 가족의 건강과 행복에 얼마나 기여하느냐가 중요하다. 부자가 된 사람들에게 경쟁심이나 열등감을 갖지 말고 꾸준히 자신의 목표를 향해 매진하고 그 성과에 만족할 줄 알아야 한다. 진정한 부자는 경제적인 능력뿐만 아니라 삶을 살아가는 자세가 매우 균형 잡혀 있다. 그리고 이런 자세가 사람들에게 귀감이 된다. 때문에 부자가 되려면 돈 버는 수완을 키우는 것은 물론 삶을 조화롭게 사는 능력도 길러야 한다.

그렇다면 균형적인 삶을 살면 왜 부자가 되는 것일까? 인생을 마라톤에 비유할 수 있다. 우리네 삶은 42.195킬로미터의 마라톤처럼 먼 길을 가야 하기에 백 미터 달리기처럼 전력 질주를 하면 무리가 온다. 또한 기나긴 장정이기 때문에 힘든 시기가 수시로 찾아오며 이 순간을 인내심을 가지고 견뎌내야만 결승점을 통과할 수 있다. 따라서 페이스를 조절하지 않고 무작정 달리기만 하면 결승점에 도달할 수 없다. 결국 부자가 되려면 자신의 페이스를 조절할 줄 아는 균형적인 삶의 감각이 필요하다.

첫째, 부자가 되려면 건강한 신체와 정신이 있어야 한다. 42.195킬로미터를 완주하려면 강인한 심장과 건강한 신체가 필요하듯 부자로서 풍요로운 삶을 살려면 인생도 마찬가지이다. 큰 병에 걸리면 부를 축적했다고 해도 아무 소용 없게 된다. 그래서 부자들은 일뿐만 아니라 건강도 소중하게 여기며 꾸준히 건강관리를 한다.

둘째, 부자들은 가정의 화목을 중요하게 생각한다. 마라톤 경기를 보면 달리는 선수를 열렬하게 응원해 주는 응원단을 볼 수 있다. 이들의 격려가 있기에 선수들은 기록 단축을 위해 최선을 다한다. 부자 역시 다를 바 없다. 부를 창출하려면 가족의 응원과 격려가 있어야 더욱더 힘을 발휘해서 목표를 향해 나아갈 수 있다. 힘든 일이 있을 때마다 가족이 모두 함께 고민하고 의논하며 나아갈 방향을 토론하는데 어떤 일이든 잘 되지 않겠는가.

셋째, 부자들은 언제나 배움을 게을리하지 않는다. 마라톤 선수는 장거리를 뛰는 동안 배출되는 땀만큼 끊임없이 수분을 보충해 주어야 한다. 그렇지 못하면 결승점에 도달하기도 전에 탈진해 버려 중도에 레이스를 포기할 수밖에 없다. 특히 기록이 좋은 선수들을 보면 자신의 페이스에 맞게 충분히 수분을 섭취해 주고 있다.

부자들도 마찬가지다. 자신에게 배움이라는 수분을 끊임없이 공급해 주면서 목표를 향해 나아가고 있는 것이다. 즉 이들은 책과 신문 읽는 시간을 아끼지 않으며 끊임없는 자기 계발을 통해 지식뿐 아니라 세상을 바라보는 안목도 넓혀 나가고 있다. 배움은 부를 유지하기 위해서도 꼭 필요하다. 따라서 단순히 돈 벌 궁리만 해서는 안 되고 전체적으로 삶을 조율할 줄 알아야 한다.

20대부터 이미 건강을 관리하여 강한 추진력과 인내심을 갖추고, 가정의 화목을 도모하여 든든한 응원군을 만들며, 여기에 배움을 더한다면 어떤 위기가 닥쳐와도 극복할 수 있으며 부자가 될 수 있다.

성찰하기

직장에 다니고 있는 한 여성은 부부 갈등을 해결하기 위해 상담을 받기 시작했다. 상담 중 친정 아버지의 '신용불량자' 신분이 딸인 자신에게 미치는 불편감이 반복적인 주제로 나타났다. 아버지가 신용불량자 신분을 유지해 온 십 년 동안 이미 분가한 딸에게 직접적인 피해가 일어난 것은 아니지만 간헐적인 스트레스 상황을 유발하였다. 상담자는 딸에게 아버지가 금융권에 갚지 않은 빚이 얼마인지를 물었고, 딸은 정확한 금액을 모른다고 하였다. 빚이 얼마인지 알아야 상환을 계획하거나, 이 상황을 유지하기로 결정할 수 있다. 친정 아버지의 빚은 정말 얼마 되지 않았다. 딸은 아버지가 이 금액 때문에 십 년을 고생하였다는 것과 자신이 스트레스를 받았다는 것을 알게 되어 허무하였다. 딸 혼자서도 충분히 갚을 수 있는 금액이었고, 동생들과 함께 나누어 갚았다. 부채라는 부담스러움에 문제 해결을 시작하지 않았던 경우이다. 그리고 아버지의 부채라는 부담감이 줄어들면서 부부 갈등에 대한 작업에도 속도가 붙었다.

30대 초반의 남자 학원 강사는 최근 여자 친구와 헤어져 힘들어 상담소를 찾아왔다. 처음 한 연애여서 실연의 어려움은 어찌 보면 미루어두었던 발달과제를 수행한다고 해석될 수 있었다. 나이가 들어서 연애를 하게 된 것도, 기자가 되고 싶었지만 학원 강사를 하게 된 것도, 대학 등록금을 과외를 통해 자신이 감당했어야 했던 상황이 배경이 되었다. 일주일에 4~6개의 과외를 했기 때문에, 수업 후에는 곧바로 과외를 하고 파김치가 되어 하루를 마감하는 4년이었다. 그리고 기자가 되는 역량을 기를 기회를 얻지 못하였지만, 과외 실력을 인정받아 학원 강사가 되었다. 그런데 정말 기자가 되는 역량을 기를 만한 기회를 얻지 못하였던 것일까, 기회를 만들지 않았던 것일까? 물론 과외 수입의 많은 부분은 등록금을 충당하는 데 쓰였다. 하지만 과외 수입이 대기업 신입사원의 월급과 비슷했는데, 기자가 되기 위한 준비 기간을 위한 저축은 불가능했던 것일까? 대학 4년 힘들게 돈을 버는 데 전력을 기울였지만, 고생하는 자신을 보상하기 위해 내담자는 충분한 소비를 하였다. 그 후 내담자는 일정 기간 저축하는 기간을 가진 후,

기자가 되기 위한 언론고시학원과 스터디 모임에 참석하였다. 그리고 온라인 신문의 시민기자로 시작하여, 지금은 신문기자가 되었다.

상담은 심리적 문제를 다룰 뿐만 아니라, 현실적인 문제 해결을 돕기도 한다. 그리고 상담자가 현실적인 문제 해결을 도울 때 자연스럽게 심리적 문제가 해결되는 것을 목격하기도 한다. 이 중 재정과 관련된 문제는 많은 내담자들이 힘들어하는 주제이다. 어려운 경우도 많지만 쉽게 해결되기도 하는 주제이다. 어디서부터 문제 해결을 시작해야 하는지 몰라 문제 상황에 그대로 머물러 있는 경우가 그러하다. 그런데 문제 해결 능력은 학습되며, 자라면서 부모의 문제 해결 전략을 간접적으로 경험하면서 학습되는 경우가 많다.

'돈'이라는 주제를 구체적으로 이야기하지 않으면 '돈'과 '돈'이 배경이 되는 많은 문제들을 해결하기 시작할 수 없다. 그리고 흔히 말하는 월급을 받는 중산층에 속한 부모가 돈을 관리하는 모습을 보여주지 못했다면, 돈 관리 방법을 스스로 배워야 한다. '얼마나 많이 버는가 보다', '어떻게 관리하며 무엇을 추구하는가?'가 중요하다. 특히 '내가 무슨 부귀영화를 보려고 이렇게 힘들게 직장 생활을 하는가?'라는 푸념을 자주 하게 된다면, 그리고 경제적 어려움으로 꿈을 접었다는 자기 연민을 느낀다면 '돈'이 아닌 내 자신이 내 삶의 주인이 되도록 다시 삶을 정비해 보자.

2부
사람들과 더불어 살아가기

4장

인간관계

4장의 주제는 인간관계로, 익숙하지만 여전히 간단하게 설명되지 않는 주제이다. 우리는 인간관계에 대해 고민을 많이 하지만, 구체적인 대안이나 상황에 대한 객관적인 이해가 어려울 때가 많다. 살아가면서 가장 큰 주제는 인간관계인 것 같고, 상담실에서 가장 많이 다루어지는 주제도 인간관계이다. 프로이트(Freud)가 인간의 삶을 정의할 때 '일과 사랑'이라고 이야기했는데, 잘할 수 있는 일을 하고 보람을 느끼고, 주변 사람과 잘 지내는 것이 행복이 아닐까 한다. 4장을 읽고 나면, 인간관계를 삶의 과제로 설명할 수 있을 것이다.

1. 인간관계라는 삶의 과제

인간관계의 사전적 의미는 개인과 개인 혹은 개인과 집단과의 관계로, 한 개인의 생활 양상, 즉 사회적 관계를 맺고 살아가는 인간의 모든 교류 양상을 포함하는 포괄적인 개념이다(박윤 · 심형인 · 이숙종, 2015: 416). 삶의 과제로서의 인간관계는 함께 살아갈 사람들과 불필요한 갈등 없이 살아가는 것이다. 갈등은 항상 있기 마련이다. 때로는 필요할 수도 있다. 그렇지만 불필요한 갈등을 줄이고, 친밀하고 협동적인 관계를 형성하는 것이 삶의 과제이다(기시미 이치로, 2015).

긍정적으로 추구해야 하는 삶의 과제는 친밀감을 형성하는 것이다. 친밀감 형성은 성인기의 주요한 발달과제이다. 그리고 사회를 구성하고 살아가기 위해서는 인간과 인간이 서로 협동해야 한다. 협동적인 관계를 형성함으로써 궁극적으로 삶을 풍요롭고 행복하게 만들어갈 수 있다.

인간관계가 중요한 이유는 삶의 문제가 결국에는 인간관계의 문제로 귀결되기 때문이다. 인간관계에서 문제가 있으면 심리적인 갈등을 겪게 되고, 이는 심리적 증상뿐만 아니라 신체적 증상으로 나타나고, 다른 인간관계에도 부정적인 영향을 미친다. 특히 관계를 중시하는 집단주의 문화인 우리 문화에서는 인간관계가 중요하다(조긍호, 2007).

우리나라에서 시작되어서 세계적으로 인정받는 유명한 증상이 화병이다(전겸구 · 황의완 · 김종우 · 박훈기, 1997). 중장년기 여성들이 가슴이 답답하고 울화가 치미는 증상을 경험하는데, 이를 화병이라 한다. 여성이 시댁 문화에 적응하기 어렵거나, 남편이 가부장적이어서 자기주장을 할 수 없고, 사회적으로도 여성이 독립적으로 살아가기 어려운 사회 속에서 나타난 증상이다. 가슴이 답답해서 내과를 가거나 심장 관련, 아니면 호흡기 관련 검사들을 계속 해보지만, 신체적으로나 의학적으로 볼 때는 문제가 없어서 정신과에 의뢰된다. 오랫동안 억압되었던 감정들이 많기 때문에 일어나는 것이 화병이다. 요즘은 다양한 형태로 분노를 발산한다고는 하지만 여전히 화병으로 고통받는 사람들이 있다.

최근에 많이 언급되는 증상은 우울증이다(권호인 · 권정혜, 2012). 우울증은 타인과의 교류가 부족하거나 타인으로부터 인정을 받지 못해 발생하는 것으로 보인다. 또한 대인관계의 상실과 같은 스트레스 사건에 의해 활성화된다. 그 외에도 인간관계에서 불만족스러운 경험을 하면 다양한 증상들을 경험한다.

성숙한 인간관계, 즉 불필요한 갈등이 적은 관계를 위해서는 자기 이해가 필요하다(최명식 · 윤아랑 · 이기학, 2005). 내가 누구인지, 가지고 있는 욕구가 무엇인지, 다른 사람을 만났을 때 어떤 기대들을 하고 있는지를 아는 것이 자기 이해이다. 또한 대인관계에서의 자기 이해는 자신의 심리적 갈등이나 문제를 의식 차원에서 인식 및 이해하고 그 인과관계를 깨달아 현실에서 자신의 정신 작용에 어떤 영향을 주고 있는가를 이해하게 되는 것이다(정방자, 1985).

자기 이해뿐만 아니라 자기 조절을 해야 한다(원성두 · 김임렬 · 이민규, 2015). 자신이 어떤 욕구를 가지고 있고 어떤 것을 상대에게 기대하고 있지만 이를 조절하는 것, 즉 다 얻지 못했을 때 욕구를 어떻게 조절할 것인지가 중요하다. 자신의 욕구를 특정인에게서 충족할 수 없을 때, 충족할 수 있는 다른 대상 혹은 방법을 찾아 계획하고 실행에 옮기는 것이 조절이라고 할 수 있다. 또한 자기 조절에는 자신의 기대 혹은 욕구를 현실적 수준으로 낮추거나 욕구가 충족되지 않은 상황을 인내하는 것도 포함된다.

인간관계는 우리가 사회를 구성하고 있기 때문에 경험한다. 사회 구성원의 대립과 갈등을 최소화하는 것이 사회의 목표이다. 그리고 더 나아가서 구성원 모두의 행복과 만족감을 최대화하는 것이 사회의 목표이다. 그러므로 사회 전체의 목표와 삶의 과제가 인간관계라 할 때, 어떻게 불필요한 갈등을 최소화할 수 있는지 그리고 대인관계 안에서 원하는 것을 얻기 위해서 무엇을 어떻게 할 수 있는지에 초점을 맞추는 것이 바람직하다.

2. 다양한 인간관계

성숙한 인간관계를 위해서는 인간 일반에 대한 깊은 이해가 필요하다. 인간관계의 속성과 과정에 대해서 이해해야 성숙한 인간관계를 맺을 수 있다. 다양한 인간관계라는 표현을 들으면 가족, 직장 등을 연상한다. 다양한 인간관계의 분류에 따라 각 관계에서 일어날 수 있는 여러 상황들은 다음과 같다(권석만, 2018).

1) 일차적 vs. 이차적 관계

인간관계는 일차적 · 이차적 관계로 나눌 수 있다. 일차적 관계의 예로는 혈연, 지연, 학연이 있다(이종한, 1994). 혈연은 핏줄에 의해서 누군가 출생함에 따라서 관계가 시작된다. 지연은 같은 지역에 살거나 혹은 지역을 연계로 맺은 인간관계이다. 학연은 같은 학교를 졸업했다는 관계이다. 일차적인 관계는 부여되는 관계이고, 선택한 관계가 아니다. 태어날 때 부모를 선택해서 태어나거나 자녀를 선택해서 낳는 것은 아니다. 태어난 지역이나 누구와 살게 될지도 선택할 수 없다.

고등학교와 대학교의 차이를 지연으로 설명할 수 있다. 같은 지역에 거주했다는 것은 비슷한 삶의 형태를 공유할 가능성이 높다. 때문에 고등학교 때는 사회적 기술이 부족해도 친구들을 잘 사귈 수 있었는데, 대학을 가면 다른 문화적 특성을 가진 학생들과 새롭게 대인관계를 해야 하기 때문에 어려울 수 있다(어유경 · 정안숙 · 박수현, 2015).

학연은 학교 선택 후 부여되는 관계이다. 학교를 선택한 것이 교우를 선택한 것은 아니다. 하지만 선후배라거나, 동기는 주어진 관계라고 볼 수 있다.

일차적 관계는 가입과 탈퇴가 자유롭지 않다. 혈연의 경우에는 가입하거나 탈퇴할 수 없다. 가족 간에 큰 갈등이 있으면 서로 연락을 하지 않는다. 그렇다고 해서 탈퇴가 된 건 아니다. 물리적 단절이 심리적 단절과 같지도 않다. 갈등이 극대화되어 교류하지 않는다 하더라도 관계가 종결된 것은 아니다. 힘든 가족관계는 어떤 형태로든 발현되어서 행동이나 의사결정에 영향을 미친다.

이차적 관계는 선택한 관계이다. 이차적 인간관계는 개인적인 매력, 직업적 이해관계, 가치(또는 이념, 사상, 신념, 종교, 취미)의 공유에 의해 형성되는 인간관계이다. 직장동료, 애인, 친구, 친목단체의 구성원 등이 이에 해당된다. 학연의 경우에도 학교 전체일 수도 있지만 그 안에서 개인적인 매력을 느끼는 사람과 소규모의 그룹을 형성하게 된다면, 이는 이차적 관계이다. 또 직업적 이유로 관계를 맺기도 하고 가치를 공유하기 때문에 관계를 맺게 된다. 이차적 인간관계의 대상은 본인의 의사에 따라 자유롭게 선택할 수 있다. 또한 이차적 인간관계에서는 그 가입과 탈퇴가 비교적 자유로우며 일차적 인간관계에 비해 그 관계가 일시적일 수 있다.

2) 수직적 vs. 수평적 관계

관계는 동등성 여부에 따라서 수직적 · 수평적 관계로 분류할 수 있다(김정덕 · 모경환, 2011). 수평적인 관계에는 교우관계가 있다. 연인관계 그리고 부부관계는 수평적이어야 한다. 한국 사회에서 부부는 아직 평등한 관계라기보다는 남성이 더 많은 권한을 가지고 있다. 권한이 많으면 책임을 많이 지게 된다.

부모-자녀 관계는 수직적인 관계이다. 친구 같은 부모가 많이 강조되었지만, 요즘은 다시 훈육하는 부모에 대한 논의가 되고 있다(김현정, 2001). 생태적으로 부모-자녀 관계는 수직적인 관계이다. 그래서 위계질서라는 것이 존재한다. 구조적 가족 상담 이론은 가족 안의 위계질서를 찾는 것을 강조한다.

부모가 자녀를 억압하거나 절대군주처럼 될 필요는 없지만, 부모로서 권위를 가지고 있음을 기억해야 한다. 자녀에게 자유를 주지만 또한 규율을 제시해야 한다. 규율이 있는 환경이 자녀에게 심리적으로 안정감을 줄 수도 있고, 향후에 혼자서 살게 될 때에도 삶을 구조화하는 데 도움이 된다.

교사와 학생도 수직적인 관계이다. 수직적이라는 말에 대해서 거부감을 느끼는 경우도 많이 있지만 그럼에도 불구하고 교사・학생 관계는 동등한 관계는 아니다.

팀장과 팀원의 관계도 수직적 관계이다. 상위자, 즉 수직관계에서 윗자리에 있는 사람들은 지위, 통솔, 명령을 할 수 있지만 보살피는 역할도 한다(정선화・탁진국, 2013). 이 수직적 관계에서 밑에 있는 사람인 부하의 역할에는 복종, 순종, 존경, 상급자의 결정에 대해서 지지해 주는 것도 포함된다.

과거에는 상사와 부하직원이라는 표현을 썼지만, 요즘은 팀장과 팀원이라는 용어를 쓴다. 상하관계의 권위적인 이미지를 좋아하지 않기 때문에 용어가 변경되었다. 그런데 용어가 변경되면서, 관계의 특성인 권한의 차이 및 지시권이 팀장에게 있다는 인식이 적어지고 있다. 그리고 그러한 인식이 적어지면서, 팀장의 지시를 지시로 받아들이지 않고, 개인적 월권으로 해석하는 경우들이 발생한다. 물론 팀장이 부적절하게 권한을 사용하는 경우도 있을 것이다.

하지만 팀원도 팀장이 상사라는 인식을 가질 필요가 있다. 성인 초기 직장관계에서의 어려움은 팀원이 팀장이 상사이며, 그의 지시를 따라야 할 때와 의견을 개진할 때를 구분하지 못하는 경우에 발생한다. 또한 자신의 의견이 수용되지 않을 때도 발생한다. 물론 자신의 의견이 수용되고 조직에 자신의 의견이 반영되고 조직에 긍정적 변화가 일어날 수 있다. 다만 아직 직장 초년생이라면 상급자보다 좁은 시야를 가지고 있음도 인정할 필요가 있다.

한국에서는 수평적으로 관계를 맺다가, 조금 지나면 사회 안에서의 어떤 서열에 의해서 수직적인 관계로 변하는 경우가 많다. 인간이라는 존재는 시간이 지나면서 서로 서열을 정하려는 태도가 있기 마련이다. 특히나 한국 사회는 서열사회이기 때문에 우리 몸에는 서열화가 습관으로 배어 있다.

3) 우호적 vs. 적대적 관계

대인관계에서 우호성과 적대성은 흔히 간과되기 때문에, 상담에서 잘 지내기가 어렵고 상처를 많이 받는 대인관계를 다룰 때 우호성을 점검한다. 우호적이고 협동적인 관계는 서로 호감을 가지고 있고 공동의 목표를 달성하려고 노력하는 관계이다. 그런데 어떤 관계는 적대적이거나 경쟁적인 관계일 수가 있다. 상대가 자신에게 적대적 감정을 가지거나 혹은 자신이 상대에게 그러한 감정을 가질 수도 있다. 또 경쟁 상대인 경우에도 결과적으로 적대적인 행동이 드러나는 경우가 있을 수 있다.

적대감은 부정적이고 냉소적인 방식으로, 타인과 세상을 보는 태도로, 타인을 헤치거나 파괴하려는 공격행동을 동기화시킨다(서수균, 2007). 일반적으로 신체적 공격성, 언어적 공격성, 분노감, 적대 감정으로 나타난다. 신체적 공격일 때는 적대감이라는 것을 인식하기가 쉽다. 그러나 언어적 공격성과 분노, 적대 감정은 명확하게 드러나지 않을 때도 있다.

나는 상대에게 호감을 가지고 관계를 맺기를 원하지만 상대는 나에게 적대적일 수 있다. 그러면 상대가 나에게 겉으로는 친절하지만 계속해서 상처를 주는 행위를 하거나 곤란에 처하게 할 수 있다. 다른 사람이 나에게 적대적인 감정을 가질 것이라 예상하지 못하거나 그러한 감정을 가질 수 있다는 것을 인정하지 못하는 경우에도 마찬가지의 상황이 발생할 수 있다.

나는 우호적이었지만 상대는 적대적이어서 상처를 받았다면, 내가 해야 할 일은 자기보호이다. 그 사람은 어떤 형태로든 웃고 있어도 나를 공격하거나 나를 깎아내리려고 할 수 있다. 그렇다면 나를 보호하기 위해서 나는 어떤 행동을 할 수 있는지에 대해서 생각해 보아야 한다.

일반적으로 우리는 상대방이 내게 우호적일 거라고 기대하고 관계를 맺게 되는데, 관계 속에서 드러나지 않지만 상대가 내게 적대감을 가질 수도 있음을 고려해야 한다. 상담에 와서도 대인관계 상처를 호소하는 경우에 적대성을 생각하지 못하고 계속해서 '그 사람이 왜 그랬을까?' 하는 생각에 오랫동안 사로잡혀 있는 경우가 있다. 타인이 나에게 적대적일 수 있다는 가능성을 염두에 두는 것이 필요하다.

4) 애정 중심적 vs. 업무 중심적 관계

인간관계는 애정 중심적 혹은 업무 중심적 관계로 구분해 볼 수 있다. 애정 중심적인 인간관계는 매력이나 호감을 느끼면서 관계를 형성 및 유지한다. 사랑과 애정을 교환하고 심리적인 만족도가 있을 때, 그 사람을 사귀는 것 자체가 목적이 되면서 관계가 유지된다. 그렇지만 업무 중심적 인간관계에서는 작업이나 업무를 중심으로 관계가 형성되고 이득과 성과가 목적이 된다.

직장에서의 인간관계는 업무 중심적 관계이다(김유선 · 김명소 · 한영석, 2013). 직장에서의 인간관계를 힘들어하는 경우에도, 직장 내 인간관계가 우호적일 수도 있고 적대적일 수도 있지만, 궁극적으로는 업무 중심적 인간관계이기 때문이다. 이 안에서 친밀감을 지나치게 추구한다면 직장에서의 인간관계 형성과 유지 요인에 대한 이해도가 부족하다고 할 수 있다. 업무 중심적으로 자신이 맡은 업무를 잘하는 게 목적이 되어야 한다. 직장상사로부터 인정을 받는다거나 동료들로부터 호감을 사는 것이 결과적으로는 인정과 호감을 얻을 수 있을지라도 직장에서의 인간관계의 목적은 아니다.

관계의 목적을 명확하게 하지 않으면 자신의 기대와 타인의 기대 사이에 괴리가 생기고, 이는 갈등으로 이어진다. 그래서 대인관계에서 불만이 있거나 갈등이 있을 때는 관계 속 사람들의 잘잘못을 가리기에 앞서 먼저 관계를 맺고 있는 사람들이 같은 기대를 가지고 있는지 검토할 필요가 있다.

5) 공유적 vs. 교환적 관계

공유적 인간관계는 삶을 공유한다. 사람의 행복과 불행에 관심과 책임을 느끼고 교환성 원칙이 무시된다. 공유적 인간관계의 대표적인 예가 부모-자녀의 관계인데 이러한 관계에서는 제공하는 것과 얻는 것이 명확하거나 공평하지 않다.

교환적인 인간관계는 거래적이고 교환적인 성격을 띠고, 거래의 공정성이 확보된다. 교환관계에서 서로에게 제공하는 보상물을 교환자원이라고 한다. 교환자원에는 유·무형의 자원이 있다. 돈이나 물질 등은 유형의 자원이며, 지위나 미모, 사랑, 애정, 지성, 젊음, 재능, 권력 등은 무형의 자원이다(임재연·김지현, 2014). 직장에서의 인간관계는 교환적인 인간관계라고 할 수 있다. 그래서 이런 부분에 초점을 맞추면 불필요하게 갈등을 경험하거나 불필요하게 상처를 받는 것을 피할 수 있다. 물론 자신의 기대가 좌절될 수도 있는데, 이때는 기대가 충족되지 않았다고 해서 실패감이나 마음의 상처로 남지 않도록 자기를 보호할 필요가 있다.

3. 인생의 단계와 인간관계

1) 청년기 전기의 인간관계

인생의 단계별 인간관계를 살펴보자. 청년기 전기에는 대인관계의 폭이 넓어진다. 고등학교에 다닐 때까지 같은 발달 단계에 있는 그리고 같은 지역에 주거하는 학생인 친구들과 교류한다. 어른으로는 부모와 교사와의 교류 경험을 한다. 고등학교를 졸업한 후로 대학을 가거나 처음으로 사회에 진출했을 때 인간관계의 폭이 넓어진다. 만나는 사람의 특성이 다양하다.

대학 혹은 직장에서는 나이가 비슷한 또래라 할지라도 여러 가지 특성에서 자신과 차이가 있다. 주거지역은 부모의 소득, 직업군 등에서 문화적으로 유사할 가능성이 있다. 소비패턴이라거나 문화적인 측면에서도 많은 것을 공유한다. 대학과 직장 구성원의 거주 지역 및 문화적 배경은 다양하다.

직장에서는 보다 다양한 사람들을 만난다. 대인관계의 폭이 넓어진다는 것은 내가 경험하지 않은 것들을 경험한 사람들을 만나게 되는 것이다. 그러면 이해하기 어려운 행동들을 관찰할 기회가 증가한다.

인간관계의 질도 변한다. 폭이 넓어지는 만큼 깊지는 않은 관계를 맺을 수도 있고, 정말 자신과 잘 맞는 깊이 있는 만남도 가능하다. 선택하는 인간관계가 많아지면서 선택할 수도 있고 탈퇴할 수도 있는 관계를 경험한다.

남성의 경우에는 군대 문화를 경험한다. 군대 문화가 우리 사회에 미치는 영향은 크다(홍서연 · 정태연, 2013). 군대는 남북분단체제가 유지되기 때문에 우리가 치르게 되는 분단비용이다. 인간관계의 폭이 넓어지고, 다양하고 창의적인 경험과 생각을 할 수 있는 시기에 통제받는 경험을 한다. 남성 입장에서는 불공평한 것일 수 있다. 여성 입장에서는 군대 경험이 없기 때문에 이상적인 청년기 전기를 맞게 되지만 나중에 장년기에 남성 중심의 문화에 적응하기 어려울 수 있다.

대학상담실에 오는 내담자 숫자는 점점 늘고 있다. 지금은 보통 상담을 받으려면 접수 후 2주에서 1달 정도를 기다려야 할 정도로 대학상담소 방문자가 많다. 물론 과거에 비해 상담을 받는 것에 대해서 부정적인 시각이 줄어들었기 때문일 것이다. 그러나 한편으로는 인간관계를 맺는 것을 어려워하기 때문이다.

점점 연애를 시작하는 시기가 빨라지고는 있지만, 이 시기에는 연애가 활발해진다. 이 시기의 발달과제는 친밀감 형성이기 때문이기도 하지만, 연애를 통해 자신의 새로운 모습을 발견 및 이해할 수 있다. 따라서 연애를 경험해 볼 필요가 있다.

2) 청년기 후기의 인간관계

취업 후에는 직장을 통한 새로운 인간관계를 맺는다. 직장에서는 같은 직장에 다니고 있는 전원과 함께 근무하는 것은 아니다. 부서, 업무별로 사람들을 만나게 되면서 점차 그 안에 포함된 전체 조직원들과 만날 수 있는 기회들이 생긴다. 업무수행 과정에서 동료 및 상사와 협동적이고 효율적으로 인간관계를 맺는 것이 중요하다.

앞에 소개된 다양한 형태의 인간관계의 특성을 통해 동료 및 상사와의 관계가 어떤 관계인지에 대해서 정리할 필요가 있다. 상사와의 관계는 수직적인 관계이지 수평적인 관계는 아니다. 동료와의 관계는 업무 중심적 관계이지, 애정 중심적 관계는 아니다. 동료가 나를 경쟁자로 보면 적대적인 태도를 취할 가능성도 있다. 직장에서 대인관계 어려움을 경험하고 있다면, 실제 관계의 특성과 자신의 기대가 일치하는지를 확인할 필요가 있다.

교우관계가 위축되는데, 고등학교 혹은 대학 시절에 비해서 인간관계의 폭이 좁아진다. 업무와 관련한 사람들을 주로 만나게 되고, 업무수행에 많은 시간을 보내기 때문에 자유롭게 대인관계에 투자할 수 있는 시간이 줄어든다.

이 시기에는 보다 안정적인 연애를 한다. 결혼을 하기로 결정했다면 배우자를 탐색하고 선택해야 하는 시기를 가져야 하기 때문에 연애를 경험하는 것이 중요하다. 연애와 결혼에 대해서는 7장과 8장에서 자세하게 다룬다.

결혼을 하면, 가족 관계가 확장된다. 결혼 전 가족을 원가족이라 하며, 부부를 이룬 가족을 현재 가족이라고 한다. 배우자의 부모님과 부모-자녀 관계를 새롭게 맺는다. 유아기, 아동기, 청소년기를 함께하지 않은 성인기에 들어서서, 내 부모 연배의 사람과 새롭게 관계를 맺는 것은 쉬운 일이 아니다. 거기다 만남을 지속한 기간은 극히 짧은데, 부모-자녀 관계라는 강한 친밀감이 포함되는 관계를 시작하게 되기 때문에, 그 어려움은 더 커진다. 또한 배우자의 형제-자매와도 역시 만난 지는 얼마되지 않지만, 그리고 공통의 가치관 및 흥미를 가지고 있지 않을 수도 있지만, 형제-자매와 같은 친밀한 관계를 새롭게 형성하여야 한다.

결혼 후 자녀가 출생한다면, 출생한 자녀와 새로운 부모-자녀 관계를 맺게 된다. 그리고 그 관계에는 양육이라는 부모의 역할이 중요한 비중을 차지한다. 그리고 양육에 배우자, 자신의 부모, 배우자의 부모가 어떤 역할을 담당하느냐에 따라서도 가족 관계 역동이 형성된다.

출생한 자녀는 부모가 된 개인에게 새로운 사회적 관계를 제공한다. 자녀의 친구들과 그 친구들의 부모, 그리고 자녀가 소속된 교육기관의 교사들과 관계를 맺게 된다. 자녀 친구들의 부모와의 관계가 수월하게 맺어진다면, 삶을 다채롭게 하고 활기가 될 수 있는 새로운 성인 관계를 맺을 수 있다. 하지만 자녀 친구들의 부모와의 관계가 수월하지 않다면, 갈등을 경험하게 되기도 한다.

3) 장년기의 인간관계

일반적으로 40대 이후를 장년기라고 한다. 보통 이 시기에 직장에서는 상급자가 된다. 상급자가 되면 리더십을 발휘해야 한다. 상사에게 불평을 하던 입장을 지나서, 상사가 되어서 부하직원에 대해 불평하는 시기가 된다.

가족 안에서는 자녀가 청소년기가 되거나 더 장성해서 결혼기에 있게 된다. 부모는 장년기에 속하고 자녀는 사춘기를 경험할 때 집안의 갈등이 가장 큰 파장으로 일어날 수 있다.

장년기는 꽤 긴 시간이다. 이 시기 동안 결혼한 사람에게는 부부관계 역시 중요한 관계이다. 남편은 장년 초기에는 직장 일로 늦게 귀가한다. 자녀가 청소년기 시절 심리적 어려움을 겪을 때 이는 오롯이 부인의 담당인 경우가 있다. 그러다 남편이 나이가 점점 들수록 몸이 힘들어 술자리를 피하고 일찍 귀가하기 시작한다. 이 시점에 부인은 자녀가 대학생이 되거나 출가하여, 이제 자신만의 시간을 갖기를 원한다. 이전의 관계에서 관심과 노력을 투자한 것에 따라 후의 관계에서 누릴 것이 결정된다.

비혼 인구는 점점 늘어날 전망이다. 비혼인에게 장년기는 성인으로서 다양한 활동을 즐길 수 있는 시기이다. 청년기 후기가 연장되는 부분도 있다. 하지만 자녀는 아니더라도 양육의 욕구를 충족할 수 있는 인간관계를 갖게 되거나 가지려고 노력하여야 한다. 장년기의 개인적 성취는 청년기 후기에 비해 적어질 수 있지만, 이제까지 이룬 것을 후세대에게 전승하는 역할을 하는 것이 심리적 충만감을 제공한다.

4) 노년기의 인간관계

노년기 인간관계에서 가장 많이 경험하는 것은 이별이다. 사망에 의해서 친구나 동료, 배우자를 잃게 되고, 생활이 다른 맥락 속에서 구조화되면서 이별을 경험한다.

노년기에는 기존의 인간관계가 해체된다. 직업 생활을 청산하고 퇴직 혹은 은퇴를 한다. 직장에 다니는 동안은 직장동료가 형제자매보다 더 가깝다. 하루에 8시간, 하루의 3분의 1 정도를 직장동료와 보낸다. 그렇지만 교환적인 관계이기도 하고 업무 중심적인 관계이기 때문에 은퇴하는 순간 친밀도가 떨어진다. 그리고 물리적으로 직장이라는 공간에 있을 때는 날마다 보았지만 은퇴한 다음에 사회적인 관계로 만나게 될 때는 정기적인 모임이 있어도 한 달에 한 번 정도 아니면 분기에 한 번 정도로 접촉 빈도가 줄어 친밀도는 떨어진다.

인간관계의 중심이 직장에서 가족으로 돌아오기 때문에 가족관계에 대한 의존도가 상승한다. 그런데 한국 사회에서는 8시간만 직장에 있는 것이 아니라 더 긴 시간을 직장동료들과 함께하고 가족과 지내는 시간은 무척 짧다. 그러므로 은퇴 후 가족으로 돌아왔을 때 본인도 어색함을 느낀다.

노년학자들은 30대 중반부터 은퇴를 준비해야 한다고 이야기한다. 재정계획을 수립하고 실행하는 데는 일정 기간이 필요하다. 취미로 즐기기 위해서는 그 활동에 능숙함이 요구되기 때문이다. 특정 활동에 능숙해지기 위해서는 일정 기간이 필요하다. 취미에 정착하는 데에는 시간이 걸린다. 이를 젊은 시절에 하게 되면 정착기를 잘 보낼 수 있는데, 55세에 은퇴해서 이때부터 취미 생활을 하게 되면, 시도하고, 실패하고, 포기하기 쉽다. 그래서 30대 후반부터 은퇴를 준비해야 한다.

장년기에 좋은 부부관계를 유지했다면 노년기에도 그럴 것이다. 하지만 장년기에 불거진 부부 갈등을 해결하지 못하면 노년기라도 이혼할 수 있다. 비혼이라도 장년기에 맺은 인간관계를 유지할 수도 단절할 수도 있다.

자녀가 있고, 자녀가 결혼하여 출산한다면 조부모가 될 가능성이 있다. 조부모가 될 때는 부모인 성인 자녀의 권한을 존중하여야 한다. 또한 손자녀의 양육에 참여할 때는 도움을 요청받을 때 도움을 제공하는 형태가 바람직하다.

인간관계라는 것을 뭉뚱그려서 정서적인 경험으로 받아들이는 경우가 많은데 맺고 있는 인간관계나 경험하고 있는 갈등이 어떤 맥락 속에서 일어나는지 조금 더 객관적으로 이해할 필요가 있다.

성찰하기

딸이 사랑스러울 때 '우리 공주님'이라는 표현을 쓰는 경우가 많다. 나도 한때는 부모로부터 공주대접을 받으며 살았는데, 딸을 낳고부터는 그 공주를 키우는 '무수리'가 되었다. 공주의 어머니는 여왕이 되어야 맞겠지만, 공주와 여왕만 있으면 두 사람 모두 밥을 굶고 깨끗한 옷을 입을 수 없기 때문이다.

회사에도 공주만 있으면 업무는 진행되지 않는다. 대학을 갓 졸업한 이십 대의 후반의 여성이 직장에 취직했다. 이 여성은 9시 정시에 출근하고, 6시 정시에 퇴근하고, 퇴근 후에는 운동을 하고 문화 강좌를 수강하면서 삶을 풍요롭게 즐기고 있었다. 상사가 문서에 오타가 많고 문맥의 흐름이 자연스럽지 않는 곳이 많다고 지적했지만, 오타와 문맥이야 수정하면 되는 것이지 하면서 스트레스를 받지 않았다. 이 여성의 삶의 만족도는 굉장히 높았다.

하지만 입사 후 6개월 정도가 지나 과장으로부터 '직업 정신이 없다'는 질타를 받은 이 여성은 과장에 대한 분함으로 눈물을 줄줄 흘렸다. 그리고 그 상사의 단점들이 나열되기 시작하였다. 이 내담자에게 나는 '좋은 상사네. 조용히 업무 평가 나쁘게 주고 동기들 승진할 때 누락시키면 될 텐데. 자기 에너지 써 가면서 부하 직원 교육시켰네'라고 말해 주었다. 몇 년 뒤 이 여성은 과장으로 승진하였고, 동기 중에는 승진에서 누락된 사람도 있었다. 승진한 날 찾아온 이 여성의 얼굴 뒤에는 정말 후광이 빛나고 있었다.

직장에서 하는 업무가 자신의 역량을 넘어서거나 할 만한 흥미가 정말 생기지 않는다면 이직을 하는 것이 좋다. 하지만 직장에서의 대인관계의 어려움 때문에 이직을 생각한다면, 우선은 이직에 대한 생각을 잠시 접어두고, 대인관계의 어려움에 초점을 맞추는 것이 좋다. 손바닥이 마주쳐야 소리가 나는 것처럼, 대인관계의 갈등은 상대의 역할과 나의 역할이 맞물려야 일어난다. 나와 갈등 상황에 있는 상대에 대한 분석은 내가 노력하지 않아도 자연스럽게 이루어진다. 하지만 갈등에 영향을 미치는 나의 생각, 정서, 태도, 행동은 주의를 기울이지 않으면 알아차리기 어렵다.

5장

대인 동기, 신념, 기술

5장의 주제는 대인 동기, 신념, 기술이다. 대인관계가 어려운 이유는 두 사람의 특성들이 상호 작용하기 때문이다. 인간관계는 주체인 '나'의 심리적 요인에 영향을 받는다. 내가 마음이 편할 때는 타인에게 너그러울 수 있다. 내가 마음이 불편하면 타인에게 부정적인 행동을 하게 될 확률이 더 높다. 인간관계에서는 상대인 다른 사람도 심리적 요인을 가지고 있다. 내가 우호적으로 대해도 상대가 적대적으로 대하면 인간관계는 부정적인 방향으로 흘러간다. 나만 열심히 한다고 해서 인간관계가 형성, 유지, 발전하는 것이 아니다. 인간관계에서 내가 더 노력하면 인간관계를 더 잘 맺을 수 있다거나 어려움이 해결되는 것으로 생각하는 경우가 있는데, 실제로는 나만큼이나 상대의 심리적 특성도 영향을 많이 끼친다. 어떤 경우에는 내가 더 노력하면 상호작용이 긍정적으로 변화할 수 있지만 실제로는 나의 노력만으로는 관계가 내가 바라는 형태로 변하지 않을 수 있다. 대인관계에서 내가 가지고 있는 역량만큼 영향을 미칠 수 있지만, 내가 할 수 없는 부분이 있다는 것을 수용할 필요가 있다. 5장을 읽은 후 대인 동기, 신념, 기술의 개념을 활용하여 대인관계를 설명할 수 있고, 자신의 대인 동기, 신념, 기술을 현실적으로 평가할 수 있으면 좋겠다.

1. 인간관계의 심리학적 이해

인간관계에 영향을 미치는 요인은 크게 세 가지로 구분된다. 첫째는, 인간관계의 주체인 나의 심리적 요인이며, 둘째는, 인간관계의 상대인 너의 심리적 요인이다. 그리고 셋째는, 나와 너 두 사람 사이에서 일어나는 상호작용의 요인이다(권석만, 2018).

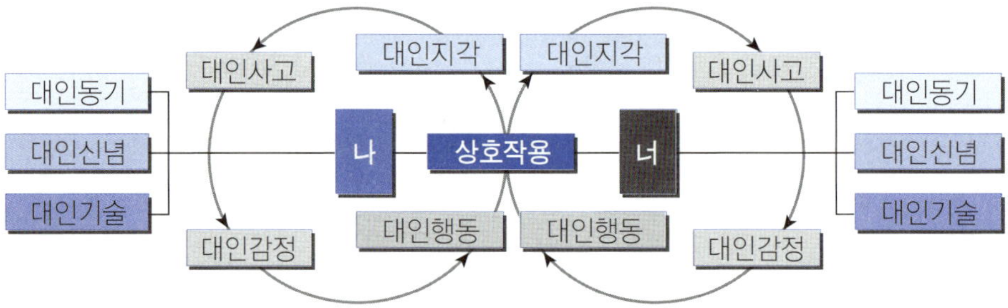

[그림 5-1] 인간관계의 심리학

1) 타인을 만나기 전

대인 동기, 대인 신념, 대인 기술은 타인을 만나기 전에 개인 내적으로 형성된 것이다(권석만, 2018). 대인 동기는 대인관계에 임하는 개인의 내면적인 욕구이다(권석만, 2018). 타인이 대인관계를 맺고자 하는 욕구를 가지고 나에게 우호적인 행동을 보이더라도, 내가 동기가 없으면 대인관계는 일어나지 않는다. 마찬가지로 내가 대인관계에 동기가 있더라도 타인이 나와 관계를 맺을 의향이 없으면 대인관계가 일어나지 않는다.

사람들과 만나고자 하는 사람은 높은 친애 욕구를 가진 것이다. 친애 욕구가 강하면 어떤 모임에 참가하든지 사람들과 정서적인 교류를 원한다. 학교와 직장은 학업과 조직의 목표를 달성하는 것에 더 초점을 둔다. 친애 동기가 낮으면 대학과 직장에서 사람과 대인관계에 심리적 에너지를 덜 쓰고 원래 목표인 학교와 업무 완수에 더 초점을 맞출 것이다. 하지만 친애 욕구가 더 많이 동기화된 사람은 교우 혹은 동료 관계에 더 초점을 맞출 것이다.

대인관계에 영향을 미치는 대인 신념은 대인관계가 어떠어떠해야 한다는 믿음이다(김종운, 2017). 개인이 인간과 인간관계에 대해서 가지고 있는 인지적인 이해, 지식, 믿음 등이 대인신념에 포함된다. 예를 들면, 타인의 집을 방문할 때에는 빈손으로 가지 말고 작은 것이라도 무언가를 들고 가야 한다라는 대인 신념을 가지고 있을 수 있다. 나에게 우호적인 태도를 보이면 나도 우호적인 태도를 보여야 한다는 것도 대인 신념이다. 내가 필요한 경우에만 관계를 맺겠다는 것도 대인 신념의 예가 될 수 있다.

대인 기술은 대인관계에서 나타나고 사용하는 태도와 행동이다. 어떻게 대화를 진행하는지, 관심 혹은 호감이 있다는 것을 보여주는지 등을 대인 기술이라고 한다. 처음 사람을 만나면 적절한 수준에서 자기소개를 하고, 대인관계를 유지하고 싶다고 적절한 빈도의 만남을 가져야 한다. 대인관계 기술을 좋다 나쁘다는 식으로 표현하지만, 효과적이다 혹은 상황에 적절하다고 표현하는 것이 더 정확할 것이다.

2) 타인과 만날 때

타인을 만나는 시점에 중요한 심리적 요인은 대인 지각, 대인 사고, 대인 감정, 대인 행동이다(권석만, 2018). 대인 지각은 상대방의 말이나 언행을 보고 그 사람에 대한 인상을 형성하고 심리적 특성을 판단하는 것이다. 대인 지각은 타인을 관찰하고, 그 관찰한 정보에 대한 빠르게 진행된 해석이다. 예를 들면, 어떤 사람이 모임에 나와서 주도적으로 이야기하면 쾌활하고 리더십이 있다는 인상을 받는 것이 대인 지각이다.

대인 사고는 타인의 의도나 원인에 대해서 추리하는 인지적 과정이다(손영화, 2016). 이 사람이 이런 행동을 했는데 그것은 나에게 우호적이라거나 교제할 의도가 있을 것으로 해석하는 것이다. 어떤 경우에 타인이 반대의견을 주장할 때 그것이 실제로 의견의 내용에 대한 주장인지, 좋지 않은 대인관계를 반영하는지를 판단하는 것이다. 대인 사고는 이 타인의 행동을 근거로 대인 동기, 신념에 대해 유추한다. 대인 사고를 한 후에는 호감 혹은 비호감 등 대인 감정을 경험한다. 혹은 실망하는 마음, 화도 느낄 수 있다(안미영, 1996).

대인 감정은 인간관계에서 느낄 수 있는 여러 가지 감정이다. 상대방의 언행에 대한 의미해석의 결과로써 상대방에 대한 감정을 느낀다. 상대방이 나를 돕고 있다고 생각될 때는 고마움의 감정을 느끼는 반면, 상대방이 나를 방해하고 있다고 생각될 때는 분노의 감정을 느낀다. 이렇듯 인간관계에서 느끼게 되는 여러 가지 감정을 대인 감정이라고 한다.

대인 감정에는 인간관계에서 느낄 수 있는 사랑, 우정, 친밀감, 고마움, 기쁨 등의 긍정적 감정뿐만 아니라 불안, 분노, 질투, 시기, 배신감 등 부정적인 감정이 포함된다. 이러한 대인 감정은 여러 가지 행동으로 표현되어 상대방에게 전달된다. 때로는 직접적이고 강한 표현으로, 때로는 유보적이고 우회적인 표현으로 전달될 수 있다. 한국의 대표적 대인 감정 중 하나는 서운함이다. 서운함은 실망도 아니면서 기대가 충족되지도 않은 것인데, 약간의 슬픔도 있으면서 미움은 아닌 독특한 감정이다.

대인 행동은 대인 기술을 넘어서서 의사소통 과정에서 상대방이 행한 언행에 대한 반응으로 내가 상대방에게 언어와 몸으로 나타내는 외현적인 반응을 뜻한다. 대인 감정을 느끼면 사고와 감정이 통합되면서 대인 행동으로 상호작용을 한다. '대인관계가 힘들다'는 사실 타인의 행동이 내가 기대한 혹은 선호하는 행동이 아니라는 뜻이다.

2. 대인 동기

1) 동기의 정의와 기능

아들러(Adler)에 의하면 모든 심리치료의 주제는 인간관계이다(기시미 이치로, 2015). 앞의 대인관계에 대한 심리학적 설명모형의 요인 중 아마 가장 간과하는 요인은 대인 동기일 것이다.

대인 동기는 특정한 목표를 향해 행동하게 하는 내면적인 원동력으로 정의된다. 보통 추동이라고 표현하는데, 무언가를 하고자 하는 내면의 힘이다. 대인 동기는 대인관계를 지향하고 대인관계를 맺고자 하고 사회적 행동을 유발하는 동기적 요인이다.

동기는 크게 세 가지 기능을 지닌다. 첫째, 동기는 목표지향적 행동을 유발한다. 즉 목표의 달성을 위해 특정한 행동을 하도록 행동의 방향을 결정한다. 목마를 때는 밥을 찾지 않고 물을 찾아 마시듯이, 다른 행동이 아닌 목마름의 해소라는 목표를 향한 일련의 행동을 하도록 인도한다. 동기의 둘째 기능은 목표지향적 행동을 지속하게 하는 추진력, 즉 에너지를 제공하는 것이다. 목이 마를 때 물을 발견하지 못하면 지속해서 물을 찾도록 하며 여러 가지 난관이 있더라도 이를 감내하면서 물을 찾는 행동을 계속하게 하는 기능을 한다. 셋째, 동기는 목표지향적 행동을 조절하는 기능을 한다. 목마른 자가 물을 충분히 마시면 더 이상 물을 찾지 않듯이, 목표지향적 행동을 시작하고 지속하며 종결하게 하는 기능을 한다(권석만, 2018).

2) 다양한 대인 동기

(1) 생물학적 동기

대인 동기는 다양하며, 생물학적인 동기도 포함된다. 생물학적 동기는 의식주를 추구하는 동기이다. 생존을 위해서 우리는 타인을 필요로 한다. 갓난 아이는 태어나서 부모가 보살피지 않으면 생존할 수 없다. 그래서 인간은 태어날 때부터 타인을 필요로 하는 생물학적 동기를 가지고 태어난다.

(2) 의존 동기

의존 동기는 타인에게 의존하고 보호받고자 하는 동기를 의미한다. 의존 동기도 우리가 탄생하면서부터 갖게 되는 동기이다. 의존성은 크게 도구적 의존성과 정서적 의존성으로 나눌 수 있다(윤 진, 1983).

도구적 의존성은 신체적 욕구 등 자신의 욕구를 충족하기 위해 타인의 도움을 받는 것으로, 궁극적인 목표는 음식을 얻는 것 등과 같은 것이며, 도움은 다만 중간 목표이다. 따라서 이와 같은 도구적 의존성은 누구라도 충족시켜 줄 수 있다.

하지만 정서적 의존성의 목표는 타인의 반응 그 자체이며 최종 목표이다. 이러한 감정적 의존성에는 재확인, 애정, 그리고 승낙이라는 궁극적 목표가 있다. 궁극적 목표가 실현되지 않으면 우울, 좌절, 분노 등을 경험한다.

(3) 친애 동기

친애 동기는 타인과의 긍정적·정서적 관계를 형성하고 유지·회복하는 데 대한 관심을 나타내는 특성이다(김영미·윤 진, 1990). 친애 동기가 높은 사람은 상대방에게 더 협동적이고 동조하리라 가정할 수 있지만 이에 대한 연구 결과가 있는 것은 아니다. 하지만 친밀한 관계를 맺으면 불안이 감소하고, 대인관계를 통해서 정보획득이나 자기를 평가할 수 있는 기회를 얻는다.

(4) 지위 동기

지위 동기는 권력을 추구하는 동기이다. 권력은 다른 사람에게 영향력을 행사하는 것을 뜻하는데, 사람들은 흔히 정치가들만 권력을 추구한다고 오해한다. 지배 위계는 인생 초기에 나타나고, 지도자가 없는 작은 집단에서도 자발적으로 발생하며, 이런 현상은 모든 문화권에서 발견된다(심경옥 · 전우영, 2015). 그래서 부모가 되었을 때 자녀에게 영향을 끼치게 되고 그걸 통해서 지위 동기를 충족하는 경우가 있다. 작은 모임에서도 대표로 나서는 사람이 있다. 리더는 다른 사람에게 영향력을 미친다. 직장 안에서도 부하보다는 상급자일수록 더 많은 영향력을 행사하고, 그렇기 때문에 승진하려고 한다.

(5) 성적 동기

성적인 동기는 종족보존, 생존과 관련된 동기이다. 구애 행동을 하거나 성관계를 추구하는 것뿐만 아니라, 연애 관계를 지속하고자 하는 동기를 포함한다.

(6) 공격 동기

공격 동기는 경쟁자를 공격하고자 하는 동기로, 공격 행동, 적대감, 분노감으로 구성된다(서수균, 2007). 공격 동기를 부정적으로 생각하기 쉬운데, 이는 인간이 이미 안전한 사회에 살고 있다는 가정하에 공격 동기를 평가하기 때문이다. 인간의 유전자의 진화속도가 사회변화보다 늦기 때문에 우리 몸속에는 예전에 수렵 활동을 했던 때와 같은 동기들이 잔존하여 있다. 위험을 끼치는 존재가 나타날 때 공격 동기가 없으면 생존을 책임질 수 없기 때문에 이는 생존적 동기이고 공격 동기를 부정적으로만 평가할 수 없음을 보여준다.

공격성은 두 가지 종류로 나뉘게 되는데, 수단적 공격성은 타인이 내가 원하는 것을 가지고 있을 때 그 소유를 뺏기 위해서 공격적인 행동을 하는 것이다. 분노적인 공격성은 좌절에 대해서, 즉 뺏을 것은 아니지만 그 사람이 더 많이 가졌기 때문에 심리적으로 좌절하거나 심리적 상처를 받거나, 혹은 타인의 존재만으로도 내 자신에 대한 평가가 낮아지기 때문에 공격하는 것이다. 혹은 사랑과 인정을 받고 싶은 친애 동기가 있는데 그 사람이 사랑과 인정을 주지 않아 내가 좌절하기 때문에 좌절에 대한 반응으로 공격한다(권석만, 2018).

분노 폭발하는 사람들을 생각보다 많이 볼 수 있는데, 경우에 따라 이 정도에는 어느 정도 화를 내는 게 적절하다고 느껴지는 경우도 있고, 분노할 만한 상황이 아닌 경우도 있다. 어떤 상황에서 과도하게 분노 반응을 하는 사람을 만나면, 사람이 어디서 좌절하고 있는지를 살펴보아야 한다. 그리고 현재 좌절한 것뿐만 아니라 과거의 좌절도 확인해야 한다. 과거의 좌절이 적절히 수용되거나 다루어지지 않았으면, 이유는 망각하지만 현재에 와서 분노를 폭발시킬 수 있다. 이때에는 자신이 무엇에 화가 났는지도 모르는 경우가 많다.

시기(envy)도 분노에 포함된다. 시기심은 자신이 바라던 것(사물, 능력, 사회적 지위 등)을 소유한 개인과 비교할 때 발생하는 불쾌하고 고통스러운 복잡한 감정이다(김미정 · 진민진 · 현명호, 2016). 시기심은 자신이 바라던 것을 타인이 달성했음을 인식함으로써 발생한다. 부정적 정서도 경험하지만, 타인의 행운이나 성취에 대한 의식적인 인지적 평가도 포함된다. 시기심을 경험하는 사람은 비교 대상에게 열등감을 느낄 수 있다. 시기심을 반복해서 경험하면, 우울이 유발된다.

(7) 자아존중 동기

자아존중 동기는 긍정적으로 자신을 평가하고 싶은 마음이다. 태어날 때부터 유능한 성인의 모습이었다면 자신에 대한 평가는 높을 것이다. 하지만 인간은 타인의 도움 없이는 생존이 불가능한 아기로 태어나 자라면서 작은 성공마다 타인의 긍정적 평가가 주어져야 긍정적인 자아상을 가질 수 있는 존재이다.

(8) 자기정체성 동기

자기정체성의 동기는 자기의 독특성을 인식하고 싶은 동기이다. 독특성 인식은 타인과의 비교를 통해서 가능하다. 예를 들면, 친구가 나를 좋아해 주는 것은 좋지만, 그 친구가 나랑 똑같이 하면 불쾌할 수 있다. 복장, 화장, 어투 등을 따라 하는 사람을 만나면 마음이 불편한데, 그것은 자기정체성의 동기 때문이다.

무엇인가를 변화시킨다는 것은 쉽지 않다. 우리는 변화하려고 많이 노력하지만 쉽게 되지 않는다. 내가 누구인가 하는 자기정체감 때문에 자기가 변화하려는 방향이 긍정적인 방향이라는 것을 알고 있기는 하지만, 실제로 실행에 옮기는 것은 어렵다.

다양한 대인 동기가 있는데, 타인을 만났을 때 어떤 동기가 더 우선시되면서 행동에 영향을 미치는지 혹은 다른 사람에게 상처를 받았을 때 어떤 동기가 충족이 되지 않으면서 좌절경험을 하게 되는지를 이해할 필요가 있다. 어떤 대인 행동을 지속해서 하려고 하는 것은 어떤 동기를 충족시키기 위해서인지, 어떤 대인 동기를 충족시키기 위해서 어떤 행동을 변화하게 되는지를 알 필요가 있다. 동기에 대한 종합적인 평가를 하면, 대인 행동을 시작하거나 중단하게 된다. 또한 타인을 보고 이해가 되지 않는다고 느낄 때에는 대인 동기로 돌아가서 타인이 나를 만났을 때 어떤 동기를 가지고 대인관계를 맺기 원하는가를 고려할 필요가 있다.

3) 부적응적 대인 동기

부적응적 대인 동기는 상황에 적절하지 않고, 충족될 가능성이 낮으며, 강도가 지나치게 낮거나 높은 동기이다.

(1) 상황에 적절한가?

대인 동기의 적응성을 평가할 때는 상황에 대한 적절성을 가장 먼저 고려한다. 성적 동기에 있어서도 사회적으로 인정될 수 있는 범위에서 성적 동기를 느끼고, 사랑하는 관계 속에서 이를 충족하는 것이 바람직하다. 부적절한 관계는 성적 욕구는 충족될 수 있지만, 다른 대인 동기가 충족되지 않는다. 매춘은 불법이며, 성관계만을 목적으로 하는 단기 만남에서는 자신을 보호하기 어렵다.

누군가에게 영향력을 미치는 권력 동기는 직장에서는 상사가 강압적이지 않게 부하에게서 충족한다면 적절할 수 있다. 상사가 부하직원과의 관계에서 과도하게 권력 동기를 충족하고 있다면 갈등이 발생한다. 만약 부하직원이 권력 동기가 높으면 이 관계 안에서는 부적절할 수 있다.

부모에 대한 오래된 앙금 혹은 상처를 가진 경우가 있다. 부모에게 감사해야 한다고 강조하는 한국 문화로 인해 과거에 부모에 대한 불만이나 부정적 정서를 오랫동안 표현하지 못한 경우이다. 이런 경우 부모에 대해서 아쉬울 수 있다. 물론 부모가 나를 사랑하고, 인정을 해주고, 진로에 있어서도 잠재력을 북돋워 주었으면 그렇지 않을 것이다.

그러나 부모를 객관적으로 바라볼 필요가 있다. 부모는 자신의 부모에게 어떠한 양육을 받았는지, 또 부모가 어떠한 자원을 가진 사람인지를 타인을 보듯이 평가해 보자. 부모의 인간적 한계를 인정해야 한다. 그리고 부모에 대해서 현실적인 대인 동기를 가져야 한다. 부모가 책에 나오는 것과 같은 이상적인 부모역할을 할 수 있는 부모가 아닌데, 그것을 기대하는 대인 동기를 가지고 있으면 계속해서 좌절한다. 부모의 한계를 인정하고 향후에 어떻게 관계를 맺을 것인가에 초점을 맞출 필요가 있다.

(2) 강도와 속도는 적절한가?

두 번째 평가 기준은 강도와 속도의 적절성이다. 의존 동기가 강하면, 내가 타인에게 의존하고 싶은 욕구가 높다. 삶의 모든 영역을 타인과 모두 상의하고, 타인이 나를 대신해 주기를 바란다. 타인의 도움을 받고 싶어 하거나 타인이 내 삶에 참여하기를 바라는 마음이 있다. 이 동기가 극단적으로 높으면 문제가 된다. 도움을 주는 사람도 자신이 남에게 도움을 줄 때 느끼게 되는 자존감 향상 효과가 있다. 그래서 처음에는 도움을 주는 사람도 기쁘지만 이러한 관계가 반복되면 피곤해진다. '이 사람이 과도하게 요구하는구나'라는 생각을 하고 관계에서 점점 철수하게 된다. 의존 동기가 높으면 초반에 대인관계를 빨리 맺는 반면에, 점차 타인이 나를 멀리하여 대인 동기가 좌절되는 경험을 반복한다.

절친한 친구를 가져본 적이 없거나, 친구의 수가 적을 때 절친한 친구를 더 추구하는 경향이 있다. 믿을 수 있는 관계를 형성하기 위해서는 시간이 필요하다. 믿음을 위해서는 모험하는 단계가 있다. 내가 자기개방을 하고 상대가 자기개방을 수용하고 비밀을 보장해 줄 것이라는 믿음이 생겨야 한다. 그런데 이 모험에서 흔히 우리가 배신을 당했다고 표현하는 상처받는 경험을 하게 될 수도 있다. 상처받는 것이 싫기 때문에 대인관계를 시작하기 어려워하거나, 빨리 친밀한 관계가 맺어지기를 바라는 경우가 있다. 친밀한 관계를 형성하는 속도도 조절해야 한다.

(3) 건강한 동기인가?

세 번째 평가 기준은 대인 동기로 인한 행동 결과의 건강함이다. 불균형적인 대인 동기는 대인 동기가 한 가지 영역에만 초점을 맞추고 있거나, 한 동기만 과도하게 높거나 낮은 경우이다. 대인 동기에는 여러 가지가 있는데 궁극적으로는 다양한 대인 동기를 가지고 있고, 그 동기는 상황마다 적절하게 높아지고 낮아져야 한다.

만약에 친애 동기가 너무 강하고, 자존감 동기가 낮으면 학대를 당해도 관계를 지속한다. 학대는 좀 더 심각한 경우이지만, 그렇지 않더라도 존중받지 못하고 계속해서 무시를 당하는데도 애정과 친애 동기가 높으면 학대적인 관계를 유지한다. 집단괴롭힘 상황이 일어날 때 앞에서는 친구인 것처럼 행동하고 뒤에서는 다른 친구들이 이 아이를 따돌리도록 조장하는 아이가 있다. 그럼에도 불구하고 그 따돌림을 당하는 학생이 정말로 친한 사람이 필요하기 때문에 같이 다니는 동안 따돌림을 당하거나 이용을 당하거나 착취를 당하더라도 친애 동기가 높으면 그 관계를 유지한다.

(4) 동기 조절

어떤 동기가 개인적으로 더 우선시되느냐에 따라서 대인 행동이나 관계 패턴이 달라진다. 이상적으로는 균형 잡힌 대인 동기를 가지고, 대인 동기를 충족시킬 수 있는 대인관계를 맺는 것이 좋다.

부적응적인 대인 동기를 극복하려면 의식적으로 동기를 조절하는 것이 필요하다. 그래서 의식적으로 어떤 대인 동기를 가지고 있고, 어떤 동기를 더 충족시키고 싶은데 실제로는 더 충족이 되지 않는지 인식해야 한다. 그러면 내가 다른 대상을 찾을 수 있고 아니면 동기 수준을 조절할 수 있다.

현실에서 대인 동기가 충족되는 경험을 많이 하면 부적응적인 대인 동기는 줄어든다. 극단적으로 의존 동기가 높은데 충분히 충족되면 의존 동기는 충족되었기 때문에 낮아진다. 부모에게 받은 상처 때문에 힘든 사람이 좋은 배우자를 만나서, 그 배우자로부터 부모로부터 받지 못했던 사랑과 인정을 계속해서 받게 되어 치유되는 경우도 있다. 마찬가지로 상담 관계에서 이전에 충족되지 않았던 대인 동기가 충족될 수 있도록 관계를 형성해 주어 건강한 대인 동기를 갖도록 돕는 것이 상담의 효과이다.

3. 대인 신념

1) 대인 신념

대인 신념(interpersonal beliefs)은 대인관계와 대인 행동에 영향을 미치는 개인의 신념을 말한다. 신념은 개인이 옳다고 믿고 있는 인지적인 이해나 믿음을 의미한다(권석만, 2018). 대인 신념은 일시적인 사고 내용이 아니라, 지속적이고 안정된 사고 내용이다. 대인 신념은 과거의 인간 관계 경험을 기억하고, 그 기억들이 추상적인 형태로 체계적으로 우리 마음 속에 안정되게 자리 잡은 신념이다.

대인 신념은 새로운 인간 관계에 대한 기대와 예측의 그리고 새로운 경험의 의미를 해석하고 평가하는 근거가 된다. 인간은 과거 경험을 바탕으로 미래를 예측하고, 대인관계에서도 과거의 경험에서 형성된 대인 신념으로 새로운 대인관계를 기대하고 예측한다. 과거에 부모가 자신을 잘 보살폈다면, 사회생활을 시작할 때 사회의 선배들이 자신을 잘 보살피기를 기대한다. 대조적으로, 과거에 대인관계에서 이용을 당했기 때문에 친절한 사람을 조심해야 한다는 대인 신념을 가지고 있는 사람은, 첫 만남에서 친절한 사람을 경계할 것이다. 그리고 친절한 사람의 행동을 관찰하면서, 대인 신념에 근거하여, 이용하려는 의도가 보이는 행동에 초점을 맞출 것이다.

2) 대인 신념의 세 영역

대인 신념은 세 영역에 대한 신념을 포함한다. 첫째는 인간관계에 대한 신념으로 인간관계의 본질과 속성에 대한 이해와 믿음이다. 둘째는 인간관계의 주체인 자기 자신에 대한 신념으로, 자신의 여러 가지 속성에 대한 인식과 평가로 구성된다. 셋째는 타인에 대한 신념으로, 인간 일반에 대한 인간관이다. 이 세 영역의 대인 신념은 상호적으로 영향을 미친다.

(1) 인간관계에 대한 신념

인간관계에 대한 신념은 다양한 주제에 대한 믿음으로 구성되어 있다. 첫째는 인간관계의 중요성에 대한 신념이다. 이 신념은 인간관계에 대한 관심과 그에 투자하는 시간과 노력, 그리고 인간관계 방식에 영향을 미친다. 인간관계가 삶에서 중요하다고 믿으며, 행복은 신뢰하고 이해하는 우정과 애정 관계를 맺으면서 얻을 수 있다고 생각한다. 또 어떤 사람은 인간관계라는 것이 오랜 시간 지속되기는 어렵기 때문에, 원만한 관계를 맺는 것은 중요하지만, 유능한 역량을 갖추어 성취를 이루는 것이 더 중요하다고 생각한다.

둘째는 인간관계의 다양한 영역에 대한 중요도이다. 다양한 영역에는 가족, 교우, 연애, 직장동료, 종교 공동체 속의 관계 등이 있다. 어떤 사람은 가족관계가 가장 중요하다고 여길 수 있다. 또 다른 사람은 가치관을 공유하고 함께 활동하는 관계가 중요하다고 여길 수도 있다.

셋째는 이상적인 관계에 대한 신념이다. 소수의 사람과 깊은 관계를 맺는 것이 바람직하다고 생각하는 사람이 있고, 다수의 사람과 넓게 사귀는 것이 바람직하다고 생각하는 사람도 있다. 어떤 사람은 친밀한 관계란 모든 활동을 함께하는 것이라고 믿고, 어떤 사람은 서로 좋아하는 활동을 하는 것을 허용하는 것이라고 믿을 수도 있다. 다양한 인간관계별로 세분화된 이상적인 관계에 대한 신념이 있을 수도 있다.

넷째는 인간관계를 맺는 방법에 대한 신념이다. 어떤 사람은 인간관계가 만족스럽지 않을 때 노력하여 개선하여야 한다고 믿을 수 있다. 반대로 어떤 사람은 의도적인 노력보다는 갈등과 불만족은 자연스럽게 해결되어야 한다고 믿을 수도 있다. 인간관계는 자연스럽게 맺어져야 한다고 믿는 사람도 있고, 친애적 행동을 하지 않으면 인간관계는 맺어지지 않는다고 믿는 사람도 있다.

(2) 자기에 대한 신념

자기 자신에 대한 신념 체계인 자기개념(self-concept)은 다른 사람을 대하는 태도에 영향을 미친다. 인간은 생애 초기에 '자신'과 '자신이 아닌 것'을 변별하며 자기의식을 발달시킨다. 그리고 성장하면서 타인과의 상호작용을 통해 자기에 대한 지식을 습득하고 저장하며, 자기개념을 발달시킨다.

자기개념은 물질적 자기, 심리적 자기, 사회적 자기를 포함한다. 물질적 자기(material self)에는 외모 및 신체적 매력, 신체적 건강 및 체력, 재산 및 소유물에 대한 인식 및 평가가 포함된다. 심리적 자기(psychic/spiritual self)는 성격 및 성격적 매력, 지식 수준, 지적 능력, 자기 조절 능력, 대인관계 능력, 인생관 및 가치관의 확립 정도 등을 포함한다. 사회적 자기(social self)는 교우관계, 연애관계, 가족관계, 사회적 지위 및 신분을 포함한다.

또한 자기개념은 현재의 자신에 대한 정보를 포함하는 현실적 자기(real self), 이상적으로 되기를 바라는 이상적 자기(ideal self), 나에게 중요한 사람들에 의해 기대되는 의무적 자기(ought self), 그리고 노력하면 가능한 자기(possible self)를 포함한다. 모든 자기가 중요하지만, 가능한 자기의 중요성에 초점을 맞출 필요가 있다. 자기개념은 평가를 포함한다. 현실적 자기가 이상적 자기 혹은 의무적 자기와 일치하기보다는 불일치할 때가 많다. 그래서 자기자신에 대해서 만족하기보다는 불만족스럽거나, 불안을 느낀다. 하지만 현실적 자기에는 불만족스럽더라도, 자신이 노력하면 도달할 수 있는 가능한 자기에 초점을 맞추며, 자신감과 자기효능감을 키워나갈 필요가 있다.

자기개념은 대인관계를 경험하면서 꼭 확인해 보아야 할 주제이다. 자기 스스로에 대해 많은 생각을 하고 있다고 여기지만, 의외로 자기 자신에 대해서 잘 알기는 쉽지 않다. 따라서 대인관계에서 심리적 불편감을 경험한다면, 자기개념을 다시 점검해 볼 필요가 있다.

(3) 타인에 대한 신념

타인에 대한 신념은 개인이 가진 인간관이다. 인간의 본성이 선하다고 보기도 하고, 악하다고 보기도 한다. 철학자들의 주장도 있지만, 개인도 자신의 경험에 근거하여 인간의 본성에 대한 개념을 가지고 있다.

타인에 대한 신념에는 선악의 기준 이외에도 문화적 특징을 가진 사람들에 대한 신념 혹은 고정관념도 포함된다. 문화적 특징에는 나이와 세대, 성, 장애, 사회경제적 지위, 종교, 국적, 민족성, 토착 유산, 성적경향성 등이 있다. 외국인 노동자에게 한글을 가르치는 한국어 교사는 종종 한국어를 배우는 사람이 자신보다 교육수준이 높다는 것을 알게 되어 놀라기도 한다. 본국에서는 석사학위를 소지하고 있지만, 한국에서는 외국인 노동자라는 신분을 가지고 있는 경우이다. 과거보다 약해지기는 했지만, 여전히 우리 사회에서는 남성다움과 여성다움이 강조된다. 문화적 특징에 대한 편견은 실제 경험을 통해 수정되어야 할 필요가 있지만, 고정관념이 타인을 만났을 때 일반적인 지식으로 활용되기도 한다.

4. 대인 기술

1) 대인 기술

대인 기술(interpersonal skill)은 인간관계를 성공적으로 이끌어 갈 수 있는 사교적 역량이다. 사회적 기술이라고 부르기도 하는 대인관계 기술은 언어적 또는 비언어적 능력을 포함한다. 대인 기술은 자신의 권리, 요구, 만족, 의무와 같이 자신이 원하는 바를 타인과의 관계 속에서 효과적으로 수행하는 행동적 역량이다. 동시에 대인 기술은 자신의 바람을 수행하되, 타인의 권리, 만족, 의무를 존중하여야 한다.

대인 기술은 성장하면서 후천적으로 학습되는 기술로, 부모를 포함한 가족, 친구, 교사, 직장 동료와의 직접적인 관계 속에서 강화와 보상을 통해 학습된다. 또한 타인의 행동에 대한 관찰 학습이나 모방 학습에 의해 습득된다. 따라서 현재 대인 기술이 부족하다면, 과거 경험 속에서 학습이 부족한 것이므로, 지금부터 학습을 시작하면 된다.

대인 기술의 적절성과 효과는 내가 가진 기술뿐만 아니라, 관계 속의 타인의 상황과 특성에 의해 결정된다. 타인의 문화적 특성에 따라서 내가 가진 기술이 적절할 수도 적절하지 않을 수도 있다. 또한 타인의 상황에 따라서 효과적일 수도 효과적이지 않을 수도 있다. 따라서 타인의 상황과 특성을 고려하는 것이 중요하다. 대인 기술의 적절성은 인간관계의 결과를 보고 판단할 수 있다.

2) 비언어적 기술

비언어적 대인 기술은 행동을 통해 자신의 의사와 감정을 표현하는 기술이다. 한국 문화에서는 언어적 행동보다 비언어적 행동을 통해 의사소통을 하는 경향이 있다. 자신의 의사를 행동을 통해 적절하게 표현하는 것뿐만 아니라, 타인의 의사를 행동 속에서 읽어내는 역량도 필요하다. 부정적으로 이를 '눈치'라고 표현하기도 하지만, 맥락적 의사소통 역량으로 해석된다.

(1) 얼굴 표정

얼굴 표정은 감정을 표현하는 주요한 방법이다. 얼굴 표정은 안면 전체에 퍼져 있는 여러 개의 근육으로 조절된다. 얼굴 근육은 대뇌에 의해 통제되며, 수의적(의지적) 또는 불수의적으로 조절된다. 인간은 상황이나 타인에 대한 사고나 감정에 따라 얼굴 근육이 특정한 패턴으로 움직인다.

감정을 나타내는 얼굴 표정은 의도와 상관없이 얼굴에 나타나게 될 수 있다. 긍정적인 감정이야 그대로 표현되어도 좋을 것이다. 하지만 부정적인 정서, 특히나 상황과 타인에 대한 판단 오류에 의한 부정적 정서는 더디 표현되는 것이 바람직할 수 있다. 따라서 쉽지는 않지만, 거울을 보며 자신의 표정을 조절할 수 있도록 노력할 필요가 있다.

자신의 얼굴 표정을 잘 조절하는 것뿐만 아니라, 타인의 얼굴 표정의 의미를 잘 이해하는 것 또한 대인 기술에 포함된다. 한국 문화에서는 이 기술이 특히 중요하다. 하지만 얼굴 표정을 통해 상대방의 감정을 읽는다는 것은 쉬운 일이 아니다. 감정은 얼굴 전체를 통해서 전달되지만, 입과 눈썹의 미묘한 움직임에 주의를 기울일 필요가 있다.

(2) 시선처리

시선처리(eye contact)는 타인에 대한 관심 및 감정을 표현하는 수단이 된다. 눈빛의 강렬함은 심리적 흥분의 정도를 반영하기도 하고, 애정 어린 눈빛일 수도, 적대적인 눈빛일 수도 있다. 눈을 응시하는 시간도 관심의 표현을 나타낸다.

시선처리는 문화에 따라 적절성이 달라진다. 일반적으로는 서구 문화에서는 직접적으로 눈을 바라보는 편이며, 한국 문화에서는 가끔 눈을 마주치더라도 대부분 인중 등에 시선을 맞춘다. 특히 한국에서는 윗사람을 빤히 쳐다보는 것을 지양한다. 하지만 이는 시선에 대한 고정관념일 수도 있기 때문에, 타인의 시선과 조화를 이룰 필요가 있다.

(3) 몸동작

몸동작은 손, 팔, 머리, 몸통의 움직임을 통해 의사를 전달하는 방법이다. 인간관계에서 대화를 시작하기 전에 중요한 몸동작은 인사 행동이다. 인사는 타인에 대한 반가움, 호감, 존경 등을 표현하는 행동이다. 문화와 인간관계에 따라 인사는 달라지기도 하는데, 고개를 숙이는 방법, 악수를 하는 방법, 가볍게 몸을 껴안는 방법 등이 있다. 한국에서는 타인의 사회적 지위에 따라 인사 행동이 달라진다.

몸의 자세 역시 중요한 몸동작이다. 대화를 할 때 상체를 앞으로 숙인다면, 대화에 관심이 있고 적극적임을 나타내지만, 상체를 뒤로 젖힌다면 대화에 관심이 적음을 뜻한다. 팔장을 끼는 동작은 방어적인 태도로 간주되기도 하며, 몸에 힘을 주고 몸을 뒤로 젖힌다면 자신을 과시하려고 하는 태도로 해석된다.

그 외에도 대화 중에 손동작 등을 통해 의사표현을 하기도 한다. 타인의 의견에 동의하면 고개를 끄덕이거나, 반대를 하면 은연 중에 고개를 가로저을 수 있다. 또한 자신의 이야기를 강조하다 보면 손이나 팔을 들게 되기도 한다. 그리고 대화를 할 때 작은 몸동작이 있는 것이 더 자연스럽다.

물리적 거리와 앉는 자리도 몸동작에 포함된다. 친밀한 사람과는 가까운 거리를 유지하지만, 낯선 사람과는 먼 거리를 유지하려고 한다. 하지만 이러한 대인 간 거리는 문화마다 다를 수 있다. 물리적 거리뿐만 아니라 서로 앉는 방향 및 위치로 대인관계에 대한 특성을 보여준다. 4~5인이 식사 약속을 한 경우, 두 번째 온 사람이 첫 번째 온 사람과의 관계를 반영하는 테이블의 자리에 앉는 것을 관찰할 수 있다.

언어적 의사소통만이 아닌 비언어적 의사소통도 대인관계 기술에 속한다는 것을 기억할 필요가 있다. 그리고 자신의 행동과 의도가 적절하게 통합되고 있는지를 확인할 필요가 있다. 통합되지 않았다면, 비언어적 대인 기술에 대해서 학습할 필요가 있다.

3) 언어적 기술

인간이 침묵하고 있는 시간은 그리 길지 않다. 무언가를 말하며 살고 있지만, 자신의 언어적 기술이 뛰어나다고 자신하는 사람도 그리 많지는 않다. 언어적 기술은 사회 안에서 생존하기 위한 가장 기본적인 기술이므로, 각 영역에서 자신의 역량을 확인하고 성장시켜야 한다.

(1) 경청

경청은 타인이 전달하고자 하는 내용에 주의를 기울이고 이해하기 위해 노력하는 행동을 의미한다. 경청은 타인이 전달하고자 하는 내용에 관심이 있음을 표현하고, 타인이 자기 개방을 하도록 강화한다. 경청은 주의를 기울이는 몸동작과 작은 추임새 소리를 통해 표현될 수 있다. 경청을 하지 않으면, 주의가 산만한 몸동작을 할 수도 있지만, 소통하고자 하는 내용과는 관계없는 화제로 대화를 전환하는 것으로 나타난다.

대인관계에 어려움을 경험하는 사람들은 대부분은 자신을 표현하는 언어적 기술에 관심을 나타내지만, 경청을 잘 하지 않는 경우도 많다. 경청을 하지 않으면 타인이 나에게 호감을 느끼기 어렵다. 또한 타인에 대한 정보가 없어, 화제를 이어나가기 어렵고, 깊이 있는 관계로 발전할 수 없다.

(2) 질문

질문은 대인관계에서 다양한 정보를 교환하는 과정을 촉진한다. 질문은 타인이 소통하고자 하는 내용에 관심이 있음을 적극적으로 보여준다. 또한 질문을 통해 타인에 대한 추가적인 정보를 획득할 수 있으며, 오해하지 않을 수 있다.

하지만 적절하지 않은 질문은 관계 형성을 방해하기도 한다. 아직 친밀한 관계를 맺지 못한 사람에게 사생활에 대해서 질문한다면 적절하지 않다. 또한 많은 질문을 한꺼번에 한다면 타인은 취조당한다고 느낄 수 있다. 서로에게 하는 질문의 양이나 종류가 비슷하도록 균형을 맞출 필요가 있다. 또한 질문을 할 때는 상대가 답변할 수 있는 상황인지를 고려하여야 한다.

(3) 자기 개방

자기 개방(self-disclosure)은 알려지지 않은 자신에 대한 정보를 타인에게 의도적으로 노출시키는 행위이다. 자기 개방은 타인으로 하여금 경계심과 두려움을 완화하고 신뢰감을 증진하여, 타인의 자기 개방을 가져온다. 자기 개방을 통해 서로에 대한 이해가 깊어져, 친밀감을 발달시킬 수 있다.

자기 개방에는 개인적인 속도가 다르다. 타인과 속도를 맞추어야 관계가 친밀해질 수 있다. 타인이 자기 개방을 꺼리는데, 자신만 자기 개방을 많이 하여도 타인에게 불편감을 끼칠 수 있다. 자기 개방을 많이, 빨리하는 사람은 스스로를 관찰하고 조절할 필요가 있다.

반대로 타인은 자기 개방을 하는데, 나는 자기 개방을 하지 않으면, 타인은 내가 관계를 맺기를 꺼린다고 판단할 수 있다. 내향적인 성격으로 자기 개방 속도가 더딘 경우도 있다. 간혹 자기 자신에 대해 자신이 없거나 특정 영역에 있어서 자랑스럽지 않아 자기 개방을 하지 않기 시작한 경우도 있다. 자랑스럽지 않은 영역은 사적 영역으로 남겨두고, 다른 영역은 개방할 수 있다. 자기 개방을 하지 않으면 대인관계를 시작할 수 없고, 대인관계의 양이 절대적으로 적으면 우울한 정서를 경험할 가능성이 높다.

(4) 설명 및 자기 주장 하기

설명하기는 자신이 가진 정보를 상대방에게 제공하는 기술로, 어떤 현상에 대한 불확실성을 감소시키고 자신의 지식, 이해, 의견, 태도, 가치를 표명하는 기능을 한다. 설명을 잘하기 위해서는 설명하는 상황과 설명을 듣는 사람에 대한 고려가 필요하다. 설명할 내용, 순서, 방식 등에 대해서 미리 계획한다면 더 효과적이다.

자기 주장(self-assertion)은 자신의 권리를 옹호하고 향상시키기 위해서 자신의 사고, 감정, 신념을 직접적이고 솔직하게 표현하는 행동을 의미한다(Lazarus, 1971). 자기 주장은 설명하기와 같은 행동이지만, 목적이 자신의 권리를 옹호 및 향상시키기 위한 것이라는 점에서 구분된다. 자기 주장하기는 타인의 권리도 존중하여야 하며, 타인이 나의 주장을 꼭 수용해 주어야 하는 것은 아니다. 타인에게는 경청까지를 요청할 수 있을 것이다. 자기 주장하기는 타인의 요청을 거절하는 것, 타인에게 부탁을 하거나 요청하는 것, 긍정적 감정과 부정적 감정을 표현하는 것, 그리고 대화를 원할 때 시작하고 원하는 때에 종결하는 것 등을 포함한다.

(5) 반영과 공감

반영(reflect)은 상대방이 의사소통한 내용 중에 감정적인 부분에 초점을 맞추어 이해했음을 전달하는 기술이다. 타인이 사용한 감정 단어를 그대로 반복하거나, 유사 단어를 활용하기도 한다. 타인이 정서적으로 이해를 받았다고 느낀다.

공감(empathy)은 반영보다 더 깊이 있는 정서적 이해를 표현하는 것으로, 상대방이 표현하지 않은 정서까지도 알아주는 기술이다. 한국 속담의 역지사지의 마음이라고 할 수 있다. 공감을 잘하기 위해서는 타인의 말을 타인의 입장과 관점에서 이해하려고 노력해야 하며, 표현된 사실적 의미와 그 이면에 깔려있는 정서적 의미를 포착하려고 노력해야 한다.

반영과 공감은 인간관계를 유지하게 하는 중요한 요인이다. 반영과 공감은 타인이 자기 개방을 한 후에 수용받는 느낌을 제공하여, 더 많은 자기 개방을 촉진한다. 더 많은 자기 개방은 더 깊은 인간관계의 시작이며, 반영과 공감을 받은 타인은 이 관계에 더 참여하고자 할 것이다.

성찰하기

오늘도 그녀는 친구 이야기를 한다. 친구가 선택한 직업도 별 볼 일이 없고, 더 좋은 직업을 위해 노력했어야 했다고 한다. 외모가 예쁘긴 한데 고상하지 않고 약간 천박해 보인단다. 친구의 남자 친구는 인물은 좋지만 학벌이 친구에 비해 떨어진다고 한다. 무엇보다 친구는 속물인 것이 문제란다. 지성인이라면 좀 더 인간적인 가치를 추구해야 하는데 말이다.

상담은 자신의 이야기를 하는 시간이다. 그런데 계속 주변인의 이야기를 한다. 주로 주변인을 부정적으로 평가하는 이야기이다. 살다보니 내 상식이라는 것이 타인에게는 상식이 아니고, 타인의 상식을 이해하기 어려운 경우도 많다. 하지만 그럼에도 불구하고 자신의 이야기를 하러 와서 남에 대한 평가를 하고 있다면 '무엇을 호소하고 있는지' 다시 한번 생각해 보아야 한다.

속물인 친구에 대해 성토하던 그녀는 실제 그 속물적 가치가 자신의 욕구라는 것을 인정하는 데 오랜 시간이 걸렸다. 그녀가 친구를 사사건건 부정적으로 평가했던 이유는 자신도 그 친구처럼 살고 싶지만 그렇지 못하기 때문이었다. 즉 열등감을 느끼기 때문에 그 친구에게 주의를 기울이고 있었던 것이다.

열등감과 욕구는 결국 동전의 앞뒷면과 같다. 열등감을 느낀다면, 그게 내가 바라는 욕구이다. 돈이 많은 사람은 부정적인 방법으로 부를 축척했거나 유산으로 받았을 것이라는 생각이 드는가? 나도 돈이 많았으면 좋겠다고 생각하고 있는 것이다. 명문대를 나왔는데, 별로 똑똑한 것 같지는 않은가? 나도 좋은 대학을 나오고, 똑똑했으면 하는 것이다. 저 여자는 예쁘긴 한데, 성형미인인가? 나도 그녀처럼 예뻤으면 좋겠다는 것이다.

같은 바람이지만 열등감의 형태로 인식하고 표현하면, 그 가치를 추구하기 위한 행동 전략을 수립하기 어렵다. 하지만 열등감을 나의 욕구로 재진술하면 내가 원하는 가치를 추구하기 위해 노력할 수 있다. 돈이 많았으면 좋겠는가? 누구나 돈이 많았으면 좋겠다고 생각하지만, 대부분 얼마가 있으면 많은 것인지 대답하기 어려워한다. 내가 바라는 액수를 정하고, 더 벌어서 혹은 덜 써서 모을 수 있는 방법에 대해 공부하기 시작해야 한다. 정말 나의 외모는 성형 외에는 향상될 방법이 없는가? 크게 위험한 수술이 아니라면 돈을 모아서 수술을 하는 것도 방법이다. 대학도 나오고 똑똑했으면 하는가? 요즘은 다양한 형태로 대학 학위를 취득할 수 있다. 또 교양을 쌓기 위해서 좋은 강의를 인터넷에서 무료로 수강할 수도 있다.

콤플렉스가 느껴지면, 나 자신을 남들 대하듯 대해보기, 과학자(혹은 탐정)의 마음으로 자신을 대하기, 현재 그 상황에 대해서만 초점을 맞추어보기, 자신을 있는 그대로 받아들이기 등의 전략을 사용해 보자. 콤플렉스에서 벗어날 수 있을 것이다.

불쑥 열등감이 느껴지는가? 열등감을 반갑게 맞아들이자. 내가 살아있다는 것이 증명된 순간이다. 그리고 내가 원하는 것이 무엇인지 분명해지는 순간이다. 열등감이 크고 깊은가? 나의 욕구도 크고 깊다. 그리고 욕구가 크다는 것은 삶에 대한 애착이 크고, 따라서 억척스럽게 살아갈 힘이 있다는 뜻이다.

6장

대인 지각, 사고, 감정, 행동

6장의 주제는 대인 지각, 사고, 감정, 행동이다. 인간은 복잡한 존재로, 많은 생각과 감정을 경험하면서 겉으로 드러나는 행동을 한다. 그런데 사람이 관찰할 수 있는 것은 행동이기 때문에, 거꾸로 그 안에 어떤 사고와 정서를 가지고 그 행동을 하는지 이해할 필요가 있다. 6장을 읽은 후에는 대인관계 장면에서 자신의 대인 지각, 사고, 감정, 행동을 분석할 수 있고 대인관계의 복잡성을 이해할 수 있으면 좋겠다. 다른 사람도 복잡한 존재이므로, 겉으로 드러나는 행동만으로 혹은 이 상황에서의 행동만으로 그 사람을 이해할 수는 없으며, 더 많은 탐색이 필요한 존재라는 것을 인정하게 되었으면 좋겠다.

1. 대인 지각

1) 대인 지각

사람은 세상에 대해 이해하고자 하는 기본적인 욕구를 가지고 있으며, 이런 이해를 토대로 미래 사건을 예측하고 준비할 수 있다는 통제감을 가진다. 세상은 사람을 포함하며, 사람은 타인에 대해 이해하고자 노력한다. 과연 저 사람은 어떤 사람인가? 신뢰할 수 있는가? 나에 대해 호감을 가지고 있는가? 이런 질문에 대한 답은 대인 지각으로 얻을 수 있다.

대인 지각이란 오감을 이용해서 눈으로 보고, 귀로 듣고, 만지는 것을 통해서 다른 사람을 이해하는 것이다. 시각으로 인식한 다른 사람의 속성에 대한 지각은 대인 행동을 결정하는 데 중요한 요인이다. 그렇지만 지각이 정확하다고 증명하기는 어렵다. 지각 내용이 정확한 것인지 판단할 수 없기 때문에 어떤 경우에는 내가 정확하게 지각하고 다른 사람에게 적절한 행동을 하는 것일 수도 있지만, 또 나의 지각이 정확하지 않기 때문에 타인에게 부적절한 행동을 하는 경우도 있다(안미영, 1996).

그리고 타인에 대한 나의 대인 지각이 타인이 나에게 하는 행동에 영향을 미치기도 하고 영향을 미치지 않기도 한다. 인간은 능동적으로 반응하는 존재이기 때문에, 내가 대인 지각을 통해 대인 행동을 결정하는 것처럼, 상대편도 대인 지각을 하고, 나에게 대인 행동을 한다. 서로의 반응 속에서 대인관계가 일어난다.

2) 인상형성

대인 지각에서 가장 많이 이야기하는 것은 인상형성이다. 지각이라는 것이 정확한지 확인할 길이 없기 때문에 타인을 지각하는 것을 타인에 대한 인상을 형성한다고 한다. 타인에 대해서 어떤 느낌을 받았는지 어떤 생각을 하였는지는 내가 정한다(정태연 · 김종대, 2004).

인상형성을 할 때 순서는 얼굴 생김새를 먼저 보고, 그 다음에 옷차림, 그리고 행동단서들을 참고한다. 인상형성 시 얼굴 생김새가 중요한데, 잘생기고 못생기고 보다는, 인상이 좋다거나 나쁘다거나 하는 의미를 부여한다. 얼굴 생김새는 정서를 유발한다. 마흔이 넘으면 자신의 얼굴에 책임을 져야 한다고 하는데, 이목구비보다는 얼굴에서 인품이 드러나므로 이를 잘 관리할 수 있어야 한다는 뜻이다.

두 번째로는, 옷차림새에 따라서 타인이 어떤 사람일 거라고 추론한다. 옷차림새는 수정이 가능하다. 같은 사람이라도 상황에 따라 다른 옷차림을 할 수 있어서 안정성이 있는 것은 아니다. 그때 그 상황에 적절한 옷차림을 하는 것, 그리고 주고 싶은 인상에 맞추어서 옷차림을 하는 것이 필요하다.

세 번째로, 행동단서들을 통해 인상을 형성한다. 거리를 얼마나 유지하는지, 다가오는지, 미소를 짓는지, 인상을 찌푸리는지를 통해서 그 사람이 어떤 사람일 거라는 것과 어떻게 행동할 거라고 예상한다.

인상형성 과정 중 첫 단계는 관찰한 내용에 대한 추론이다. 성격을 짐작하는데, 사람은 암묵적으로 이런 사람은 이러이러한 성격을 가지고 있을거라는 내 안에 존재하는 성격이론을 가지고 있다. 경험에 근거해서, 혹은 듣거나 읽은 자료에 근거해서 형성된 암묵적인 성격이론이다.

예를 들면, 자신에게 다가오는 사람은 호감을 가지고 있을 가능성이 높다고 추론한다. 인상이 강한 사람은 갈등을 많이 불러일으키기 때문에 호감을 가지지 않을 수 있다. 성격이 강해 보이는 사람은 자기 말에 책임을 지기 때문에 길게 볼 때는 훨씬 도움이 되는 사람일 수 있다. 크게 사람의 성격을 강하고 약함 그리고 적극적, 소극적으로 추론한다.

경험과 암묵적 성격이론이 일치하지 않을 때는 성격이론을 수정한다. 수정이 일어나지 않고 확인되지 않은 가설인데 믿으면 그것은 고정관념이다. 과거 미국의 고정관념 중에 하나는 '흑인은 지능이 낮다'였다. 흑인이 지능검사에서 점수가 낮은 것은 지능이 낮은 게 아니라 심리검사로 측정하기에는 부족한 사회환경 속에서 생활하기 때문이었다. 수행점수가 낮은 것이지 실제로 지능이 낮은 것은 아니라는 근거들이 밝혀졌지만, 이는 여전히 고정관념으로 남아 있다.

또 다른 고정관념의 예는 성역할이다. 많은 모임에서 남성이 회장을 담당하면 부회장 혹은 총무는 여성이 담당한다. 직업군에 있어서도 여성이 더 많은 직업과 남성이 더 많은 직업이 있다. 일반적으로 남성다움으로는 강한 책임감, 인생의 목표, 결단력과 성실함이, 여성다움으로는 아름다운 용모, 헌신, 순종 등이 선택된다(심미혜 · Endo Yumi, 2013).

최근에 바뀌는 고정관념 중 하나는 자녀양육과 집안살림에 대한 것이다. 부인이 사회생활을 더 하길 원할 때 남편이 집에 남기로 하면서 양육과 살림을 맡게 되는 경우가 늘어나고 있다. 유명한 만화가가 육아일기를 자료로 출판한 경우가 있는데, 자녀를 여성이 꼭 양육한다는 고정관념에 도전이 된다.

고정관념은 다양한 사람들을 몇 가지 유형으로 단순화하여 지각함으로써 지각자의 수고를 덜어준다. 그러나 이러한 고정관념은 다음과 같은 이유 때문에 주의가 필요하다. 첫째, 고정관념은 집단의 특성을 사실적으로 반영하기보다 그 집단에 대한 편향적 태도에 의해서 왜곡된 경우가 많다. 둘째, 개인을 소속집단에 대한 고정관념으로 파악하는 것은 그 개인이 지닌 독특한 개성을 무시하는 결과를 가져온다. 셋째, 특정 집단에 대한 부정적 고정관념은 그 집단의 구성원에 대한 차별을 초래할 수 있다. 고정관념의 폐해는 소수집단의 문제와 관련될 때 더욱 심각해진다.

3) 대인 지각의 경향성

대인 지각에는 경향성이라는 것이 있다. 대인 지각을 할 때 많은 정보에 노출되는데, 오감을 사용하기 때문에 눈으로 보고, 귀로 듣고, 혹은 만지거나 접촉한 것들에 노출된다. 정보체계가 많은 정보를 동시에 과정화할 수 없기 때문에 핵심 특성을 중요시하는 경향성이 나타난다. 더 중요한 특성에 관심을 가지게 된다.

경향성은 개인적인 선호도를 포함한다. 개인 특성에 따라서 어떤 정보를 중요하다고 보는지가 달라질 수가 있다. 나이가 중요할 수도 있고, 성별이 중요할 수도 있다. 더 중요하다고 생각되는 핵심 특성, 또는 그 사람을 더 많이 잘 대변할 수 있는 특성에 따라서 인상을 형성한다.

일반적으로 긍정적인 평가보다 부정적인 평가를 중요시하는 경향이 있다(전우영, 2008). 다른 사람에게 정보를 구하게 되었을 때 일반적으로는 타인에 대해서 부정적인 이야기를 잘 하지 않는다. 왜냐하면 그 사람이 없는 자리에서 부정적인 이야기를 하는 내 모습이 다른 사람에게 긍정적으로 평가될 거라고 기대하지 않기 때문이다. 일반적으로 긍정적인 혹은 중립적인 자세로 이야기한다. 그렇기 때문에 부정적인 평을 전달받게 되면, 얼마나 부정적이면 그 정보를 전달할까 하는 마음이 들기 때문에 그 사람에 대해서 부정적인 인상을 형성할 가능성이 높다.

처음에 들은 말, 처음에 본 인상에 영향을 많이 받게 되는데, 이를 초두효과라 한다. 옷차림이라는 것은 쉽게 바꿀 수 있는 것이지만 첫 만남에 그 사람이 입고 왔던 옷차림에 대한 평가가 바뀌지 않는 경우가 많다. 초두효과가 나타나는 이유는 먼저 접하는 정보에 근거하여 일단 인상을 형성하게 되면 나중에 접하는 정보는 그 인상에 일치하도록 받아들여지기 때문이다. 또 처음 제시되는 정보에 대해서는 더 많은 주의를 기울이지만 나중에 들어오는 정보에 대해서는 주의를 덜 기울이기 때문이기도 하다.

인상형성에서는 가정된 유사성이 영향을 미친다. 남성과 여성이라는 구분은 생물학적인 것으로 성격적인 특성은 아니다. 하지만 모임에 처음 참석할 때 대부분 같은 성이 있는 곳에 자리를 잡는다. 같은 성이기 때문에 그 모임에서 관계가 가까워질 가능성이 있지만, 나중에 보면 다른 성의 사람이라도 성격 특성이 맞기 때문에 혹은 목표가 같기 때문에 더 긴밀한 관계를 맺게 되기도 한다. 그런데 처음에 인상을 형성할 때는 성이 같으면 그 사람과 내가 비슷할 거라고 생각한다. 비슷한 사람이라고 생각하기 때문에 긍정적인 감정을 가지고 관계를 맺는다.

대인 지각에는 자기 봉사적 성향이 있어, 암묵적 성격 이론을 지지하는 방향으로 인상을 형성한다. 자신이 인기가 많은 사람이라고 생각하면 다른 사람이 나에게 접근하지 않을 때에 내가 인기가 많고 다른 사람들이 나에게 말을 걸기 어렵기 때문에 나한테 와서 말을 걸지 않는 것으로 생각하는 것이 그 예이다.

2. 대인 사고

대인 사고는 대인관계에서 일어나는 사건의 의미를 추론하는 과정과 추론된 사고 내용을 뜻한다. 인간은 자신의 경험을 해석하고 의미를 부여한다. 대인관계에서 일어나는 사건에 대해서는 이러한 경향이 더 활성화된다. 특히 대인관계 경험은 그 의미가 모호하거나 복합적인 경우가 많다. 특히 타인의 내면적인 의도를 행동을 통해 추론하기 때문이다. 그리고 자신의 추론이 정확한지를 확인하기가 어렵기 때문이기도 하다.

대인 사고는 신속하고 자동적으로 일어나기 때문에 잘 자각되지 않는다. 하지만 우리가 주의를 기울여 사고과정을 관찰하면 자각될 수 있다. 대인 사고 과정은 의미 추론, 의미 평가, 대처 결정 과정의 세 단계로 진행된다.

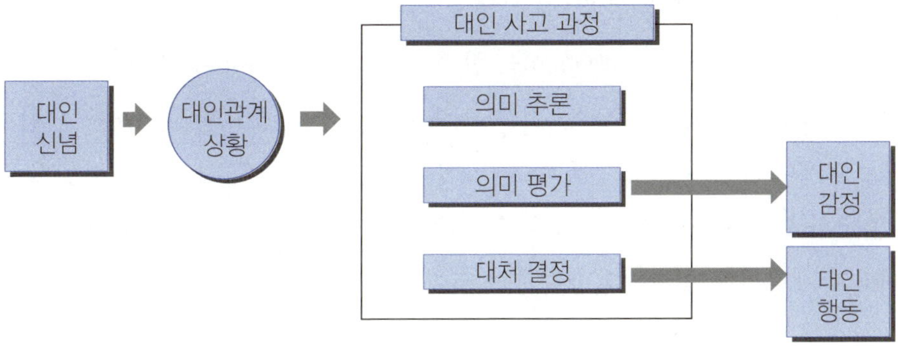

[그림 6-1] 대인 사고 과정

1) 의미 추론 과정

의미 추론 과정은 대인관계에서 일어나는 사건의 의미를 추론하는 일차적인 심리적 과정이다. 특정 상황이 발생하게 된 원인에 대해 추론하거나 특정한 행동을 한 사람의 내면적 의도를 파악한다. 타인의 행동이나 상황을 경험할 때, 우리는 '저 말은 무슨 의미인가?' 혹은 '어떤 의도로 이 행동을 하는 것일까?'라는 의문을 가진다. 그리고 스스로 그 의문에 답을 구한다.

의미 추론이 정확한 경우도 있지만, 오류가 일어나 오해가 생기기도 한다. 의미 추론의 오류는 흑백논리적 사고, 과잉일반화, 정신적 여과, 의미 확대 또는 의미 축소, 개인화, 임의적 추리, 잘못된 명명, 독심술적 사고, 예언자적 사고 등이 있다. 추론은 경험적 근거에 의해서 진실로 밝혀질 수도 있지만, 추론은 잠정적 해석으로 가지고 있으며, 경험적 근거에 의해서 수정될 수 있는 상태를 유지하는 것이 바람직하다.

흑백논리적 사고(all or nothing thinking) 혹은 이분법적 사고(dichotomous thinking)는 사건의 의미를 이분법적인 범주의 둘 중 하나로 해석하는 것이다. 흑백논리적 사고의 예로는 자신에게 부정적 행동을 한 사람은 나쁘기만 한 사람이며 좋은 점은 전혀 없다고 생각하는 것이다. 이분법적인 사고의 예로는 자신의 수행에 대해서 '성공 vs. 실패'로 의미를 부여하는 것이다.

과잉일반화(overgeneralization)는 한 번의 사건에 근거하여 일반적인 상황이 그러하다고 의미를 부여하는 것이다. 우리의 사고 중에 '항상', '모든 사람에게', '언제나'라는 용어로 언급된다. 타인이 나를 실망시킬 사건이 일어났을 수 있다. 한 번 경험한 '실망' 때문에 그 사람의 관계에서 나는 '언제나' 실망할 것이라고 생각한다면 과잉일반화하는 것이다.

정신적 여과(mental filtering)는 대인 상황에서 특정 정보에만 주의를 기울여 지각하여 전체 의미를 해석하지 못하는 오류이다. 강의 평가에서 전체 평균 점수가 좋지만, 한두 명의 부정적인 평가에 주의를 기울여서, 강의 평가가 부정적이라고 해석하는 경우가 예가 될 수 있다. 다른 예로는 회의 후에 같이 회의에 참석한 사람과 자신이 기억하는 정보가 다른 것을 확인할 때가 있는데, 참여자 각자가 정신적 여과를 하기 때문이다.

의미 확대 또는 의미 축소(magnification or minimization)는 특정 상황이나 사건의 의미를 지나치게 확대하거나 축소하는 오류이다. 부정적 정서를 이미 많이 경험한 사람은 부정적 사건의 의미를 확대하고, 긍정적 정서의 의미를 축소하는 경향이 있다. 이런 경향성은 자신의 잘못에 대해서는 관대하고 후한 기준을 적용하고, 타인의 오류에 대해서는 큰 잘못을 한 것처럼 평가하는 경우에도 나타난다.

개인화(personalization)는 자기자신과 무관한 사건을 자신과 관련된 사건으로 잘못 해석하는 오류이다. 가끔 학생들은 학교의 규정을 개인화할 때가 있다. 사이버대학은 학사처리를 온라인 학습관리 시스템(LMS)으로 운영하기 때문에, 개인적인 사정을 감안하기가 어렵다. 예를 들면, 직장에서 바쁜 업무를 수행하다 보면, 리포트 제출일을 지키지 못하는 경우가 있다. 이럴 때, '늦게라도 리포트를 받아주기'를 요청하는 경우가 있는데, LMS에서는 늦은 리포트는 업로드와 점수 부가가 가능하지 않은 경우들이 있다. 개인적으로 속상할 수 있지만, 이 경험을 개인화하지 않는 것이 바람직하다.

잘못된 명명(mis-labeling)은 타인의 특성이나 행위를 기술할 때 과장되거나 부적절한 명칭을 사용하는 것이다. 예를 들어 타인의 잘못을 과장하여, '성격 이상자 같다', '나를 노예 취급했다' 혹은 '가스라이팅 했다'라고 표현하는 경우이다. 잘못된 명명은 그 순간에 경험하는 감정에 근거한 것일 수 있다. 하지만 경험한 사건보다 과장된 명명은 향후 실제 상황보다 더 부정적인 대인 사고로 연결된다.

임의적 추리(arbitrary reasoning), 감정적 추리(emotional reasoning), 독심술적 사고(mind reading), 예언자적 사고(fortune telling)는 충분한 근거 없이 막연히 느껴지는 감정에 근거하여 결론을 내리는 경우이다.

인지적 오류는 오류이기 때문에 교정되어야 하기도 하지만, 자기 자신에 대한 귀중한 정보를 제공한다. 자신의 경향성을 점검하고, 이러한 인지적 경향성이 대인 사고에 어떠한 영향을 끼쳐왔는지를 살펴볼 필요가 있다.

2) 의미 평가 과정

의미 평가 과정은 앞 단계인 의미 추론 과정에서 파악된 의미를 평가하는 과정이다. 특정한 의미로 해석된 타인의 행동이 자신에게 어떤 영향을 미치는지에 대해서 평가한다. 의미 평가 과정에서는 개인이 지니고 있는 기준이나 기대와의 비교가 일어난다. 개인의 기준과 기대는 5장에서 설명한 대인신념이다.

사람들은 어떤 사건에 직면하면 그 사건이 자신에게 긍정적인지 부정적인지 또는 이로운 것인지 해로운 것인지를 판단한다. 이러한 평가의 결과에 따라서 대인 감정이 발생한다. 사건이 이롭고 긍정적이라고 평가하면 기쁨, 유쾌함, 사랑, 만족 등의 긍정적인 감정을 경험한다. 그러나 자신에게 해롭고 부정적이라는 평가를 하게 되면, 불안, 두려움, 죄책감, 혐오 등의 부정적인 감정을 경험한다.

3) 대처 결정 과정

대처 결정 과정은 대인 상황에서 어떤 행동을 할 것인지를 결정하는 과정이다. 대인관계 상황과 사건에 대한 의미 평가 후에 우리는 '어떻게 대응할 것인가?'를 생각한다. 이 물음에 대한 답을 찾아가는 과정이 대처 결정 과정이다.

어떤 행동을 결정하기 위해서는 먼저 자신이 동원할 수 있는 대처 자원을 평가하여야 한다. 대처 자원(coping resources)은 상황에 대처하기 위해 동원할 수 있는 신체적, 심리적, 사회적 자원을 뜻한다. 지금 이야기하고 있는 화제에 대해서 더 이상 이야기하고 싶지 않아서, 화제 전환을 하고 싶은 경우를 생각해 보자. 내가 상대보다 사회적 지위가 높다면, 화제 전환을 시도할 사회적 지위를 가지고 있기 때문에 화제 전환이 가능하다고 평가할 수 있다.

대처 자원에 대한 평가 후에는, 가능한 대처 자원을 사용하는 구체적인 방법을 결정하는 대처방식 선택과정을 시작한다. 긍정적인 감정은 대부분 표현해도 수용되기 때문에 과도하게 행동화하지만 않는다면 어떤 대처 방식을 선택하여도 좋을 수 있다. 하지만 부정적인 감정에 대처할 때에는 그 행동을 선택했을 때의 효과와 부담에 대해서 평가하여야 한다.

대처 전략은 크게 문제 초점적 전략(problem-focused coping)과 정서 초점적 전략(emotion-focused coping)으로 나뉘어진다(Lazarus, 1991). 문제 초점적 전략은 갈등이 발생한 원인을 분석하고, 그 원인을 변화시켜 갈등을 해결하고자 하는 현실적이고 직면적인 대처방식이다. 문제초점적 대처는 자신이 문제해결이나 상황변화를 유도할 수 있다고 생각되는 경우에 적용하게 된다. 예를 들면, 갈등에 포함된 사람들이 서로 양보하여 갈등을 해소하거나, 타인에게 중재를 요청하여 해결책을 찾는 것이다.

정서 초점적 대처는 갈등으로 인해 발생한 정서적 불쾌감을 해소하기 위한 대처노력을 의미한다. 바람직한 정서 초점적 대처는 다음과 같다. 불쾌한 감정을 가족이나 이해해 줄 수 있는 사람에게 이야기하여 해소하는 방법을 정서적 발산(emotional catharsis)이라 한다. 불쾌한 기분이 들 때 운동을 하거나 영화를 보면서 기분을 변화시키는 방법은 주의전환(distraction)이라 한다. 갈등상황의 중요성을 감소시키거나, 갈등을 성장과 발전의 기회로 긍정적 의미로 재해석함으로써 불쾌감을 감소시키는 방법을 인지적 재구성(cognitive re-structuring)이라 한다.

다음은 바람직하지 않은 정서 초점적 대처이다. 불쾌한 감정과 그 당시 상황을 자꾸 반복해서 생각하는 것을 반추(rumination)라 하는데, 반추는 불쾌한 감정을 지속시킨다. 갈등이 잘 해결된 상황을 상상하면서 대리적으로 만족을 느끼는 대처방법을 환상추구(fantasy seeking)라 하는데, 단기적으로는 효과가 있지만, 궁극적인 문제가 해결되지 않는다. 기도나 기원을 통해서 갈등이 해결되기를 바라고 희망함으로써 갈등상황에 대처하는 방법을 소망적 사고(wishful thinking)라 한다. 소망적 사고는 종교적 절대자의 도움을 통해 갈등을 해결하려고 한다는 점에서 영적 방법인 경우도 있지만, 자신의 기원이 현실을 변화시키는 힘을 가지고 있다고 믿는 미신적인 행동이기도 하다.

3. 대인 감정

1) 인간의 감정

대인 사고는 대인 감정을 불러일으킨다. 상담에서 많이 다루는 주제는 대인관계이며, 대인관계에 대해서는 감정에 대한 이야기가 많이 서술된다. 강한 감정적 경험을 했기 때문에, 그 감정을 이해받고자 하는 마음에서 상담을 시작하게 되는 경우가 많다. 그런데 정말로 우리가 감정을 잘 알고 있는지 한번 점검할 필요가 있다.

감정의 정의는 외부적 반응의 결과로 경험하게 되는 느낌이다. 감정이 생기려면 외부적 자극이 선행되어야 한다. 그리고 그 외부적 자극에 반응을 하게 되는데, 이 반응을 하기 이전에 들어가는 것은 지각이다. 타인이 어떠한 사람이라고 인상을 형성했기 때문에, 거기에 대한 반응의 결과로 경험하게 되는 느낌이 감정이다.

감정은 정서적 체험, 생리적 반응, 그리고 행동준비성이라는 세 가지 요소로 구성된다. 정서적 체험은 기쁘거나 화가 나거나 불안하거나 질투심 등을 경험하는 것이다. 또 다른 요소인 생리적 반응으로 기쁠 때는 심장박동이 크게 뛴다거나, 불안할 때는 손등에 땀이 난다. 즉 외부 자극에 의해서 몸이 생리적으로 반응하는 것을 생리적 반응이라고 하는데, 우리는 생리적 반응을 조절할 수 없다.

행동준비성은 감정이 행동을 하게 하는 데 얼마나 영향을 미치는가를 뜻하며 감정의 기능과 목적이다. 특정 감정을 느끼면, 그와 연관된 특정 행동들을 표출하게 되는 압력을 느끼고 행동을 할 준비가 된다. 두려움을 느끼면 도망가는 행동을 준비하고, 분노를 느끼면 상대방을 공격하는 행동을 준비한다. 특정 행동과 감정의 연합은 오랜 진화 과정에서 생존과 적응을 위해 형성되어 온 것이다. 행동준비성은 감정을 유발한 사건에 대해서 효과적인 대처를 하도록 돕는 감정의 핵심적 기능이다.

감정에는 기본 감정과 복합 감정이 있다. 문화마다 다르지만, 기본 감정을 7~8개 정도로 분류한다. 한국어의 감정 단어들을 분류한 결과 7개의 감정이 특징적으로 나타났다. 7개의 감정은 즐거움/기쁨, 성취감, 죄책감/자기 혐오, 화, 공포, 수치심/수줍음, 슬픔이었다(김송이 · 엄진섭 · 노은여 · 유성은, 2013). 서양에서의 기대와 수용이 한국에서는 성취감으로 나타나는 것으로 보인다. 성취감은 목적한 바를 이루어서 느끼는 뿌듯하고 자랑스러운 느낌이다.

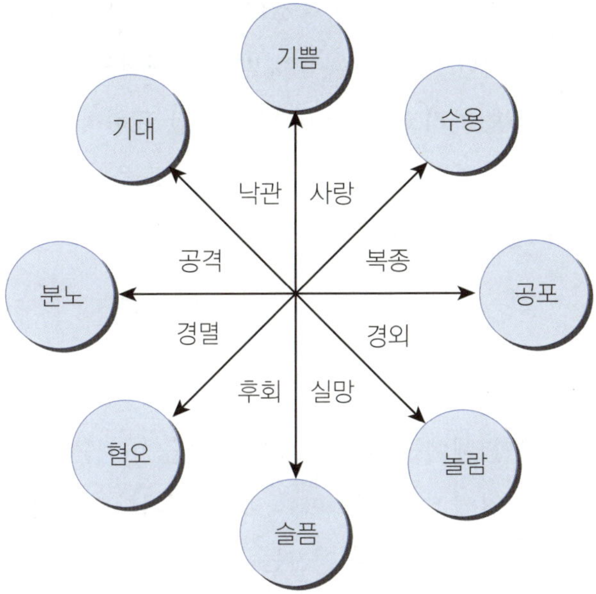

[그림 6-2] 기본 및 복합 감정

[그림 6-2]는 기본 및 복합 정서를 배치한 모형이다. 기쁨은 어떤 만족감에 의해 느끼는 즐겁고, 흥겨운 감정이다. 기쁨의 반의어는 슬픔이다. 슬픔은 심리적 욕구의 억압에 따른 괴롭고 답답한 감정이다. 수용(acceptance)은 있는 그대로의 자신이나 타인을 인정하는 마음이다. 혐오(disgust)는 수용하지 못하고 싫어하는 마음이다. 공포(fear)는 두렵고 무서운 마음이며, 반대정서는 자신의 기대 혹은 목표가 과절되었을 때 느끼는 분노(anger)이다. 놀람(surprise)은 예측하지 못한 일을 당했을 때 느끼며, 기대(expectancy)는 바라는 것을 예측하는 마음이다.

사랑이라는 감정은 기쁨과 수용의 복합감정이다. 기쁨과 기대가 만나면 낙관이 된다. 공격은 기대와 분노의 복합감정이다. 또 경멸은 분노와 혐오의 복합감정, 또 후회는 혐오와 슬픔의 복합감정이다. 슬픔과 놀람이 혼합되면 실망이, 놀람과 공포가 합쳐지면 경외라는 감정이 된다.

일상적으로 쓰는 감정 용어가 표현하고자 하는 감정을 얼마나 대변하고 있는지 생각해 보는 시간이 되었으면 좋겠다. 감정은 생리적 반응이기 때문에 몸으로 느껴진다. 하지만 내 감정을 이해받기 위해서는, 감정을 언어로 표현해야 한다. 언어로 표현하려고 할 때 내 마음을 잘 표현하는 용어를 찾는 것은 어렵다. 언어표현을 잘하려면 소설을 보는 것도 도움이 되고, 정서심리학을 공부할 필요도 있다.

2) 대인 감정

대인 감정을 체험할 때에는 대인사고가 영향을 미치는데, 이 사고는 결국 상황에 대한 평가, 개인에 대한 평가이다. 상황에 대한 평가 과정은 일차적 평가와 이차적 평가가 있다. 일차적 평가는 개인이 추구하는 목표와 관련해서 사건의 의미를 평가하는 것이다. 상황이 추구하고자 하는 목표를 이루고자 하는 데 도움이 되는 상황인지, 또는 방해가 되는 상황인지를 평가한다. 그리고 자아 가능성, 내가 나라는 사람에 대해서 평가하는 것에 이 상황이 어떤 영

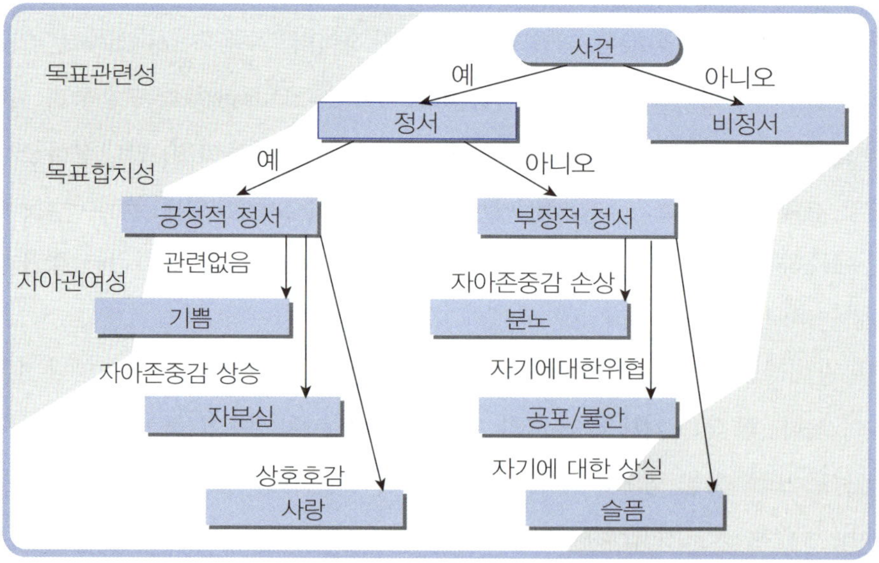

[그림 6-3] 목표관련성과 정서체험

향을 미치는지에 따라서 감정이 발생한다.

감정은 일차적 평가의 부산물이며, 목표관련성과 관련된다. 나의 목표와 관련이 없으면 정서경험을 하지 않는다. 일상에서 일어나는 많은 일들이 있지만 모든 일들이 다 정서 경험을 가져오지는 않는다. 이차적 평가는 이 상황에 대처하는 방법을 평가하는 것이다.

상담심리를 전공하려고 할 때 공부를 하고자 하는 분야와 수준 등의 목표를 가지고 있다. 하지만 어떤 사람은 공부에 대한 동기보다는 새로운 환경에서 새로운 사람 간의 관계를 추구하는 친애 동기로 학교에 입학하기도 한다. 그래서 어떤 사람은 학습에 대한 성취가 높으면 기쁨과 성취감을 맛본다. 하지만 친애 동기를 가지고 입학한 사람은 학습 결과보다는 학습경험 동안 새로운 대인관계가 형성되고 그 관계에서 만족을 느껴야 기쁨과 성취감을 맛본다.

또한 자아관련성에 따라 경험되는 정서의 종류가 달라진다. 사건이 개인의 안녕과 자존감에 어떤 영향을 미치고 있는지에 대한 평가가 자아관련성이다. 목표가 합치되어 긍정적 정서를 느낄 때, 자아관련성이 자극을 받으면 기쁨을 경험한다. 또 자아존중감이 상승하면 자부심을 느끼고 상호 호감을 느끼면 사랑을 느낄 수도 있다.

그런데 상담을 전공하면서 자신이 다른 학생들에 비해서 뒤처진다는 느낌을 받을 때가 있다. 예를 들어, 나는 이해가 되지 않아 한 질문에, 모두가 "왜 그게 이해가 안 되지?"라는 반응을 한다면, 자존심이 상한다. 그리고 자아존중감이 손상을 받으면, 수치심을 느끼거나 타인에게 분노감정을 느낀다.

이런 과정은 자동적으로 일어난다. 정서경험을 했을 때, 예를 들어 분노경험을 했다고 할 때도 타인의 행동에 대해서 당위적으로 평가한다. "그 사람이 그렇게 행동했어야 했는데 그렇게 하지 않아서 내가 많이 화가 났어요"라고 표현을 한다. 하지만 이 분노를 경험할 때 나는 왜 분노를 경험하는가에 초점을 맞추어야 한다.

3) 정서와 사고

정서는 인지적 평가, 즉 상황에 대한 이차적 평가 후에 나타나고, 각 정서를 유발하는 생각은 다음과 같다(정영목, 2013). 분노는 나와 나의 것을 모욕하는 공격을 받는다고 생각하면 경험된다. 또한 분노는 자신의 목표가 좌절되었다고 평가하면 경험된다.

불안은 불확실하고 실존적인 경험이다. 인간은 자신이 어디서 왔는지도 모르고, 언제 죽을지도 모르고, 내 앞에 어떤 미래가 펼쳐질지 모르면서, 삶을 살아가고 있는 것이다.

공포는 즉각적이고 압도적인 신체적 위협에 직면했을 때 경험한다. 공포는 수렵시대에 인간이 생존하도록 도운 감정이다. 공포를 느끼지 못하면, 자신을 보호하기 위한 조치를 취하기 어렵다.

죄책감은 도덕적 잘못을 저질렀을 때 느낀다. 죄책감과 수치심이 혼용되어서 쓰인다. 죄책감은 도덕적으로 잘못된 행동을 했을 때 느낀다. 수치심은 이상적 자아에 못 미칠 때, 나 스스로가 충분히 좋은 사람이 아닐 때 느낀다. 수치심은 자신의 인격을 부정적으로 평가할 때 느낀다.

슬픔은 돌이킬 수 없는 상실을 경험했을 때 느낀다. 상실은 물건, 지위, 사람, 그리고 그 사람과 나누었던 관계를 잃어버린 경우를 모두 포함한다. 시기는 다른 사람이 가지고 있는 것을 원하는 것, 질투는 어떤 사람에 대한 애정이나 상실을 이유로 상대를 미워하는 것을 의미한다. 혐오는 소화할 수 없는 대상이나 생각을 지니거나 너무 가까이 있을 때 내가 수용할 수 없다고 생각하는 생각이나 사람에 대해서 느끼는 정서이다.

행복감은 목표의 실현을 포함한다. 목표 달성에는 자격증을 취득하거나 취업을 하는 외현적 목표 달성과, 삶에서 중요하다고 생각하는 가치를 실현하기 위한 내현적 목표 달성이 있다. 목표가 좌절되면, 부정적 정서를 느끼게 되어 목표를 재정립한다. 행복감은 목표의 실현을 위해서 적당한 정도의 진전을 했을 때 느낀다.

자부심은 가치 있는 대상이나 자신의 성취에 근거해서 정체성이 형성될 때, 안도감은 불합치 조건이 좋은 쪽으로 변화했거나 사라졌을 때 느낀다. 희망은 최악을 두려워하지만 더 좋아지는 것을 열망하게 될 때 느낀다. 두려움도 있지만 그럼에도 불구하고 내가 더 좋아지는 것을 열망할 때 희망을 느낀다.

사랑은 상호적이지만 때로는 일방적인 애정에 대한 욕망이나 참여를 포함한다. 연민은 타인의 고통에 의해서 마음이 움직이고 도와주고 싶어 하는 것을 의미한다. 연민은 불교에서 많이 쓰이는 용어이지만, 다문화상담 장면에서는 연민을 상담자의 덕목으로 본다. 연민은 타인을 돕고자 하는 마음인데, 고통에 의해서 마음이 움직인다. 연민은 다른 사람의 힘든 이야기를 들으면서 그 사람을 도와주고 싶은 마음이 드는 상태를 말한다.

4. 대인 행동

1) 대인 행동

대인 감정은 행동을 촉진한다. 모든 대인관계의 어려움은 내가 타인의 대인 행동에 의미를 부여하고, 그 부여한 의미에 근거하여 내가 대인 행동을 하고, 타인도 나의 대인 행동에 의미를 부여하기 때문에 발생한다. 또한 대인관계 문제 해결도 궁극적으로는 대인 행동을 통해 나타난다. 정서와 생각을 포함한 모든 변화는 행동변화로 나타나야만 증명된다.

대인 행동에는 자발적인 행동이 있고, 반응적인 행동이 있다. 타인에게 내가 먼저 다가가는 것은 자발적인 행동이다. 다가오는 사람에 대해서 내가 그 사람과 관계를 맺을 수도 있고 다가오는 사람에 대해서 회피하면서 관계를 맺지 않을 수 있는 선택권이 나에게 있다.

어떤 행동은 타인을 지배하려고 한다. 영향력, 지배라는 용어에 호감을 느끼지 않는 경우가 많은데, 사람은 서로에게 영향을 미치기를 바라는 욕구가 있다. 지금 어떤 마음이 들거나 어떤 생각이나 목표가 있을 때 그것을 즉시 행동으로 옮길 수 있고 유보하여 시간을 미룬 후에 내가 행동할 수도 있다. 또 대인 행동을 적극적인 혹은 소극적인 행동으로 분류할 수 있다.

2) 다양한 대인 행동

대인 정서 경험을 한 후에 대인 행동을 하게 되는데, 대인 행동을 할 때에도 내가 다른 사람에게 영향력을 끼치려는 동기가 강한지, 그렇지 않은지, 혹은 다른 사람에게 내가 좀 더 우호적인지, 우호적이지 않은지에 따라서 [그림 6-4]와 같은 16가지 형태의 행동이 가능하다.

대화의 행동분석 시 대인 행동의 대화에서 가장 중요한 키워드는 대인 권력이다. 이는 누가 얼마나 영향력을 끼치고 싶은가와 관련된다. 두 번째 키워드는 우호성이다. 이는 관계가 얼마나 긍정적으로 관여하는지 혹은 부정적으로 관여하는지에 따라서 달라진다.

긍정적으로 관여를 하면서 대인 영향력 욕구가 강하면 공유, 협력, 주도, 제공 행동을 한다. 공유는 위안이나 연대감의 표현과 같이 상대방과 자신을 적극적으로 수용하는 행동이다. 협력은 상대방의 제안에 맞장구를 치거나 협력에 강하게 동의하는 행동이다. 약한 긍정에는 주도, 제공이 있다. 주도는 상대방에게 어떤 행동을 제안하거나 자신을 내세우려는 행동이다. 제공은 상대방에게 시험적으로 제안 또는 정보를 제공하는 행동이다.

강한 긍정 반응이지만 권력 욕구가 낮을 때는 순종, 추종, 요청, 복종의 행동을 한다. 순종은 동의, 찬성, 순응을 통해 상대방의 제안이나 진술을 기꺼이 수용하는 행동이다. 추종은 상대방의 도움이나 지시를 적극적으로 구하며 어떤 지시도 수용하려는 행동이다. 요청은 상대방에게 어떤 행위, 혹은 정보제

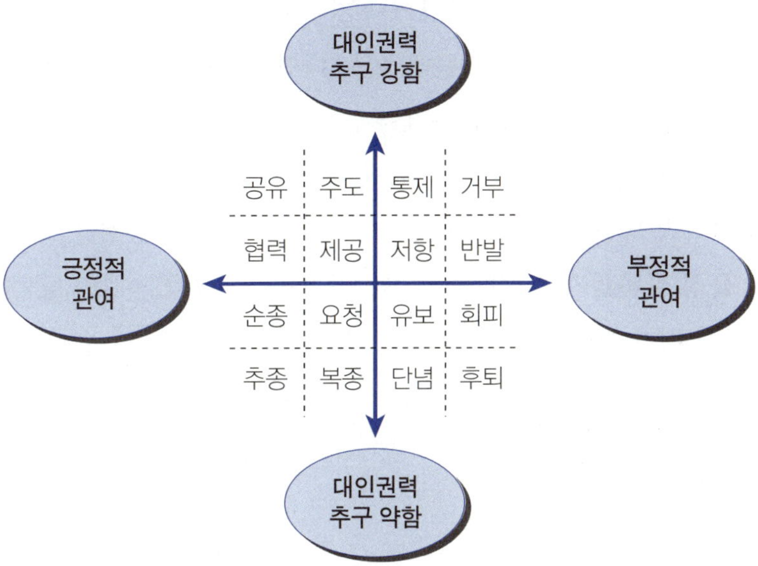

[그림 6-4] 언어행동 분류

공이나 부연설명을 요청하는 것이다. 복종은 남의 명령이나, 의사, 규칙에 조금도 어긋남이 없이 그대로 따르는 것이다.

부정적인 관여를 하면서 대인 권력을 강하게 추구하면 통제, 저항, 거부, 반발 행동을 한다. 통제는 지시나 명령을 통해서 상대방의 행위나 상태에 대한 통제력을 얻으려는 행동이다. 저항은 상대방의 제안을 강한 반발없이, 수용하지 않으며, 자기 입장을 유지하는 것이다. 거부는 적의, 불신, 분노를 표시하여 상대방에게 파괴적 영향을 미치는 공격적인 행동이다. 반발은 상대방의 제안을 거부, 거절하거나 자신의 입장만을 강하게 방어하는 행동이다.

부정적이지만 대인권력 추구가 약하면 유보, 단념, 회피, 후퇴 행동을 한다. 유보는 우유부단한 상황에서 좀 더 많은 정보가 모일 때까지 자신의 결정을 미루는 행동이다. 단념은 자신의 잘못을 인정하거나 뒤로 물러서는 등 상대방의 주도를 허용하는 행동이다. 회피는 말을 않거나 경청하지 않고 화제를 바꾸는 등 회피하려는 반응이다. 후퇴 혹은 철수는 상대방의 지시나 부름에 대꾸하지 않고 무시하는 등 대화 참여를 거부하는 행동이다.

흔히 대인관계는 어렵다고 하는데, 이는 대인관계가 복잡한 과정 속에서 일어나기 때문이다. 그 실마리를 풀기 위해서는 어떤 대인 동기로 대인관계를 시작하였고, 대인관계를 시작할 때 어떤 대인 지각과 대인 사고를 하였고, 어떤 대인 감정을 느꼈는지를 성찰할 수 있어야 한다. 대인 감정을 느끼는 이유가 나의 특성 때문인지도 성찰해야 하지만, 타인의 행동도 대인 권력과 우호성 측면에서 평가해야 한다.

성찰하기

상담에 와서 내담자들은 대부분은 힘든 관계를 이야기한다. 원래 타인은 나 자신이 아니므로 이해하기 어려우며, 내가 모르는 이익을 추구하기 때문에, 나와 타인 사이의 갈등은 항상 일어난다. 사실 나 자신의 안에도 양립할 수 없는 욕구가 있어 전쟁인데, 하물며 남과는 어떠하겠는가? 갈등이 정상이라 하여도, 여전히 우리는 대인관계 갈등 때문에 괴롭다.

졸업과 함께 취직이 되어 가족의 자랑이 된 지 얼마 지나지 않았는데, A는 바로 윗 상사인 과장 때문에 힘들다. 부장에게는 정말 입의 혀처럼 굴지만, 부하직원에게는 함부로 하는 상사이다. 심지어 A는 "뇌는 집에 두고 왔느냐"는 말도 들었다. 그래서 A는 아침에 출근하기도 싫고, 퇴근할 때면 스스로를 하찮게 느끼는 자신이 싫다. 거기다 '윗사람한테는 굽신거리고 아랫사람은 밟아버리는' 과장은 회사에서 출세할 것이 예상되고, 자신은 그렇지 않을 수도 있다는 것을 A는 안다.

B는 5년차 직장인이다. 이제 A의 상사와 같은 유형의 사람을 물리치는 법을 나름 터득했다고 여기고 있었다. 그런데 이제는 옆 부서의 같은 직급 동료가 문제다. 이 직장 동료는 항상 힘든 위기를 경험하고 있는 것처럼 B에게 자문을 구하는데, 어찌된 영문인지 나중에 보면 B가 동료를 돕고 있다. "우리 부서에서 회의가 있는데, 한 20명 참석해. 근데 내가 음료를 준비해야 하는데, 20개의 커피를 카페에서 가져오기도 그렇고. 어떻게 하면 좋을까?", "어, 우리 사무실에 캡슐 커피 머신이 있는데, 그걸 이용하면 어때?", "그래? 그랬구나. 자기네 사무실은 정말 없는 게 없네. 근데, 그날 회의 자료도 내가 탁자에 놓아두어야 하고. 자기가 커피 좀 가져다주면 안 될까? 내가 자기 사무실에서 커피를 옮겨오는 것도 그렇고." 안 된다고 말하고 싶지만, 그건 너무하는 것 같아서 결국 B는 커피 20잔을 배달한다. 그리고 매번 '왜 나는 내 일도 아닌 남의 일을 돕고 있는 것일까'라는 생각을 하며, 자신을 바보같이 느낀다. 그리고 자칫 속 좁은 사람으로 보일 수도 있기 때문에, B는 동료에 대한 불만을 이야기하지도 못한다.

직장 생활에서 A의 상사와 B의 동료와 같은 이상한 사람 혹은 '진상'을 누구나 만나게 된다. 처음에는 내가 그 사람과의 관계에서 혹은 업무에서 잘못을 한 것은 아닌가라는 의문을 가진다. 아니면 동료를 도와줄 수도 있는데, 내가 속이 좁아 너무 예민하게 구는 것은 아닌가 하는 의구심을 가진다. 하지만 시간이 지나면서 나뿐만 아니라 타인도 비슷한 경험을 한다는 것을 알게 되고, 위안을 받는다. 하지만 그렇다고 문제가 해결되는 것은 아니다.

남의 업적을 가로채는 사람, 뭐든지 아는 체하는 사람, 화를 잘 내는 사람, 치근덕거리는 사람, 거짓말을 일삼는 사람, 남의 성공을 시기하는 사람, 까다로운 척하는 사람, 불평불만이 많은 사람, 그때그때 인격이 달라지는 사람, 거저먹으려는 사람, 불행 바이러스를 퍼뜨리는 사람, 긍정을 강요하는 사람 등 우리 주변에는 다양한 '진상'이 존재한다.

'진상'을 명명하고 내가 정상임을 확인하여 안도감을 느끼는 것도 중요하지만, '나는 이 진상에게 어떻게 대처할까?'라는 화두에 더 많은 시간과 에너지를 쓰기를 바란다. '진상'은 나름 그들만의 전략으로 자신이 원하는 것을 얻고 있다. 왜 나는 그렇게 하면 안 되는가?

7장

연애관계-사랑

7장의 주제는 연애관계-사랑이다. 이 장을 읽은 후 사랑의 발전과정과 실연의 과정 및 극복방법을 설명할 수 있으면 좋겠다. 성인기의 발달과제 중 하나는 친밀한 관계 경험이다. 관계를 맺는 것도 중요하지만 헤어지는 과정도 중요하다. 결혼하고 중학생 자녀가 있어도 예전에 갑자기 마음이 변했던 연인을 이야기하는 여성 혹은 남성이 있다. 헤어진 사람으로서 어떠한 태도를 취할 것인가? 그리고 상대가 어떤 태도를 취했든지 간에 내가 어떻게 정리하면서 살아갈 것인가? 등의 주제를 점검하는 시간이 되면 좋겠다.

1. 사랑의 다양한 유형

1) 사랑의 세 가지 구성요소

사랑에는 친밀감, 열정, 헌신이라는 세 가지 구성요소가 있다(Sternberg, 1986). 친밀감(intimacy)은 얼마나 가깝게 느끼는가로, 친숙함과 유대감, 결속 등의 정서적 요소이다. 서로에 대해 잘 알고 심리적으로 가깝고, 밀착되었다고 느끼는 상태이다. 관계 초기에는 친밀감이 낮다가, 만나는 시간이 길어지면서 꾸준히 상승한다. 그리고 일정 시간이 지나면, 느리게 증가한다.

열정(passion)은 사랑하는 마음의 강도를 뜻하는데, 서로에게 향하는 열열한 마음이다. 서로에게 신체적인 매력이나 육체적인 성적 욕망을 느끼며 서로에게 더욱 열중한다. 열정은 매우 빠르게 증가하지만, 급격히 감소하는 특징이 있다. 보통 사랑이 변한다고 말하게 되는 이유이다.

헌신(commitment)은 결심으로, 인내와 책임감을 수반하는 인지적 요소이다. 현재의 사랑을 미래에도 계속 지켜 나가겠다는 결심과 약속이다. 어떤 관계에 대해서 내가 이 관계를 얼마나 유지할 것인가에 대한 것, 그런 결심과 행동을 말해주는 것을 뜻한다. 헌신은 만나면서 서로에게 신뢰를 느끼며 점점 상승해 간다. 헌신은 연애 후반기 혹은 결혼을 약속하는 관계에서 조금 더 특징적으로 나타난다.

친밀감은 안정성이 높고 어느 정도는 의식적으로 조절 가능하다. 하지만 의식적으로 가까워져야지라고 생각한다고 해서 꼭 친밀감을 높일 수 있는 것은 아니다.

단기적인 관계에서 가장 비중이 높은 것은 열정이다. 장기적인 관계에서는 친밀감과 헌신이 보다 중요하고, 열정은 보통수준으로 필요하다. 생리적 반응의 관여도는 열정이 높고, 친밀감은 보통인데, 헌신은 낮다. 의식적 자각도는 열정은 높고, 헌신도 높은 편이지만, 친밀감에서는 낮다.

〈표 7-1〉 사랑의 특성

특성	친밀감	열정	헌신
안정성	상당히 높음	낮음	상당히 높음
의식적 조절가능성	보통	낮음	높음
단기관계에서의 중요성	보통	높음	낮음
장기관계에서의 중요성	높음	보통	높음
애정관계에서의 중요성	높음	낮음	보통
생리적 반응의 관여도	보통	높음	낮음
의식적 자각도	상당히 낮음	높음	상당히 높음
체험되는 강도	불안정함	높음	불안정함

사랑을 세 가지 구성요소로 보기 때문에 친밀감, 열정, 헌신이라는 변을 가진 삼각형을 그려볼 수 있다. 세 변의 길이가 같거나 비슷하면 안정적인 삼각형이라고 한다. 열정이 큰 반면에 헌신이 적은 사랑도 있을 수 있고, 친밀감은 작으면서 열정과 헌신은 큰 삼각형을 그려볼 수도 있다. 사랑뿐만 아니라, 일반적인 대인관계에도 삼각형을 적용해 볼 수 있다. 열정을 호감 정도로 교환하면 된다. 만약에 내가 가지고 있는 삼각형과 상대가 가진 삼각형이 일치하는 부분은 충족이 된다. 삼각형이 일치하지 않는 영역에서는 기대가 충족되지 않아 갈등이나 어려움이 발생할 수 있다.

2) 사랑의 종류

사랑을 생각할 때 연애할 때의 뜨거웠던 사랑과 결혼 이후에 뜨겁지는 않지만 안정적인 사랑 정도를 많이 생각한다. 사랑은 여섯 가지 유형으로 분류하는데, 일차적인 사랑의 유형 세 가지와 이차적 사랑의 유형 세 가지로 분류한다(Hendrick & Hendrick, 1989).

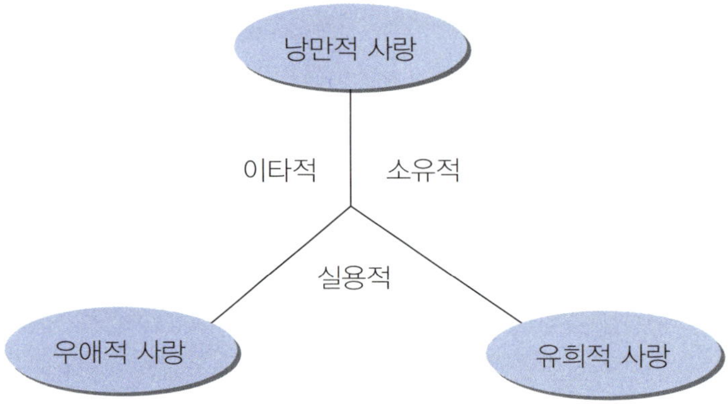

[그림 7-1] 사랑의 유형

일차적 사랑에는 낭만적 · 우애적 · 유희적 사랑이 있다. 낭만적 사랑은 연애 감정을 이야기하며, 열정과 성적인 충동을 포함한다. 가슴이 설레고, 지나고 나서 보면 그때는 젊었고 사랑을 했었나 보다라는 표현으로 묘사된다.

우애적 사랑은 우정과 같은 감정으로, 친밀감은 있지만 열정은 약한 사랑을 이야기한다. 우애적 사랑은 서서히 발달하며 오래도록 지속되는 경향이 있다. 가까이 지내면서, 편안함을 느끼고, 말이 잘 통하며, 관심과 취향이 비슷하여 서로를 잘 이해하는 친구처럼 느낀다.

낭만적 사랑과 우애적 사랑은 다시 두 가지 전형적인 범주에서 비교해 볼 수 있다. 낭만적 사랑은 격렬한 정서를 동반하고, 영원하고 이상적인 사랑으로 함께 공유할 미래의 시점과 연관이 된다. 이에 비해 우애적 사랑은 정서적인 이완과 연관되며, 현재의 시점에서 경험의 공유를 기반으로 신뢰를 쌓아가며, 안전의 욕구에 기반을 둔 일상적인 사랑으로 기술된다(신홍임 · 김민식, 2012).

유희적 사랑은 즐거움을 추구하는 사랑을 이야기한다. 낭만적이거나 우애적인 부분은 적지만 주말에 혼자 보내는 것보다는 여러 가지 활동을 같이 할 수 있기 때문에 연애를 하는 경우에 해당된다. 이러한 사랑에는 상대방에 대한 강력한 집착이나 관계의 지속을 위한 장기적인 계획이 없다.

이차적 사랑에는 실용적 · 이타적 · 소유적 사랑이 있다. 실용적 사랑은 우애적 사랑과 유희적 사랑이 결합해서 우정과 같은 친밀감이 있으면서, 기쁨을 주는 활동에 함께 참여하는 것을 이야기한다.

이타적 사랑은 낭만적 사랑과 우애적 사랑이 합쳐지고, 자기희생이 포함된다. 사랑의 대상이 사랑을 받을 자격을 가지고 있는지의 여부나 그로부터 돌아오는 보상적인 대가에 상관없이 변함없이 주어지는 헌신적인 사랑이다.

소유적 사랑은 낭만적 사랑과 유희적 사랑을 포함하지만, 일반적으로 건강하지 않다고 평가된다. 소유적 사랑은 흥분을 경험할 수는 있지만, 관계가 원하는 대로 잘 되지 않을 때 절망을 느낄 수 있는 그런 사랑이다.

흔히 연애할 때 사랑한다고 이야기하는데 낭만적 사랑인가, 우애적 사랑인가, 유희적 사랑인가를 검토할 필요가 있다. 보통 연애를 할 때 낭만적 사랑을 한다고 이야기한다면, 부부관계에서는 우애적 사랑을 한다고 본다. 우정과 같은 친밀감을 나누고는 있지만 유희적인 부분이 결여되면 부부관계가 안정적이기는 하지만 활력이 없을 수 있다.

2. 낭만적 사랑

1) 낭만적 사랑의 특성

낭만적인 사랑은 두 사람 사이의 독점적이고 배타적인 관계를 기본적인 특성으로 한다. 그래서 이 두 관계 안에는 다른 사람이 들어오지 못한다. 낭만적 사랑을 느끼는 상대를 독점하고자 하는 마음이 있고, 독점이 가능해야 만족할 수 있다. 발전속도가 빨라서 우정 관계보다 관계 맺는 속도가 빠르다(정진선 · 문미란, 2015).

대부분의 소설과 노래 가사는 사랑 경험에 대해서 이야기한다. 낭만적 사랑을 하면 행복할 것 같지만, 낭만적 사랑을 하고 있을 때도 여러 가지 부정적인 정서를 경험한다. 사귀는 사람과 연락이 안 될 때가 있다. 연락과 연락 사이의 간격이 길어질 때가 있다. 원하는 때에 연락이 잘 되지 않아 상대가 걱정이 되기도 하고, 상대의 나에 대한 사랑이 식었다고 생각하기도 한다. 그리고 분노, 불안, 염려, 외로움을 느낄 수 있다. 그래서 낭만적 사랑을 하고 있다고 하여 항상 행복하기만 하고, 안정적인 정서체험을 하는 것은 아니다.

낭만적 사랑의 함정은 감정동요이다. 과민성을 나타내거나 예민한 반응들을 많이 한다. 기쁠 때는 온전히 기쁜데, 어떨 때는 화가 나거나 혹은 불안하다. 자주 감정이 바뀌면서 힘들어하게 되는 경우가 있다.

낭만적 사랑을 하는 동안 열등감이 확대되기도 한다. 노래 가사에도 '왜 나는 이렇게 작아지는가'라는 표현이 있다. 예전에는 특별히 신경을 쓰지 않았던 자신의 특성에 대해서 부족한 것은 아닌가를 염려한다. 종종 느끼게 되는 거부에 대한 두려움, 의심, 질투도 이러한 열등감이 확대되기 때문일 수 있다.

낭만적 사랑을 하는 동안은 누구라도 정서적으로 불안정하다. 불안정감의 원인은 나라는 사람이 똑같은 사람이기는 한데 예전과는 다른 사람처럼 느껴지기 때문이다. 낭만적 사랑을 하고 있지 않을 때는 외로울 때나 혼자 있을 때 적적함이나 외로움을 느낄 수는 있지만, 거절당한 듯한 마음을 경험하지는 않는다. 그리고 적적함과 외로움을 보다 수용하는 편이다. 반면 낭만적 사랑을 하고 있을 때는 충족되는 경험을 했기 때문에 그렇지 못할 때는 외로움이 더 크게 다가온다.

그래서 낭만적 사랑은 귀하기는 하지만 나의 정서와 자신감을 뒤흔들어 놓는 경험이 되기도 한다. 그럼에도 불구하고 연애를 해보는 것은 나와 타인에 대해서 알게 되는 기회가 된다. 그 낭만적 사랑의 함정 때문에 나의 새로운 모습을 발견할 수 있다. 내가 어떤 자극에 취약한지, 내가 언제 불안을 느끼는지, 어떤 부분이 나의 열등감을 드러나게 하는지를 알게 되면서 성숙해지는 기회가 될 수 있다(주현덕, 2006).

2) 사랑의 발전과 심화

낭만적 사랑에는 발전 단계가 있다(임경수, 2013). 첫 번째 단계는 연애 상대를 만난 시기로, 상대는 첫인상으로 각인된다. 첫인상은 대인 동기, 대인 지각에 의해서 영향을 받는다. 물론 타인에 대한 관찰과 지각이 포함되기는 하지만 그 사람의 행동에 대해서 내가 어떻게 해석하는지가 포함된다.

두 번째 단계는 지향단계이다. 지향단계는 첫인상 이후 호감을 느끼다가, 독점적이고 정열적인 단계를 향해 가고 있는 단계이다. 이 단계에서는 서로 자신에 대한 피상적인 정보를 교환하고 상대방을 탐색한다. 또 상대에게 좋은 인상을 주려고 노력하며, 상대방이 자신에게 호감을 가지고 있는지 탐색한다. 자신을 긍정적으로 제시하려 하고 상대에 대해서도 비판을 회피하는 다소 긴장된 상태이다. 이 단계에서 개인적 정보에 근거하여 관계 지속 여부가 결정되며 많은 만남이 여기서 종결된다. 이 단계에서는 상대의 거부로 인해 자존심이 상할 수는 있으나 마음의 상처는 그다지 크지 않다.

탐색적 애정교환 단계는 지향단계 후에 온다. 이 시기에는 시험적으로 이 사람과 관계를 맺을 것인지 안 맺을 것인지 그리고 얼마나 장기적으로 관계를 맺을 수 있는지를 탐색한다. 탐색적 애정교환 단계에서 시간을 충분히 갖는 것이 좋다. 이 다음 단계가 애정교환 단계이기 때문에, 이 단계에서 탐색이 충분히 이루어지지 않으면 애정은 이미 교환하고 있지만 두 사람이 서로에 대해서 잘 알지 못하면서 사귀기로 결정하는 경우가 있다. 탐색적 애정교환 단계가 가장 예민하고 불안정한 단계라고 할 수 있다. 이 시기를 성공적으로 보내면 애정교환 단계로 나아가고, 그렇지 않으면 이 단계에서 관계가 단절될 수 있다. 낭만적 사랑과 관련하여 부정적인 정서경험을 할 가능성이 높은 시기이다.

마지막 단계는 안정적인 애정교환 단계이다. 탐색적인 애정교환 단계를 지나서 애정교환 단계로 진행되어, 장기적인 관계가 지속되면 안정적인 애정교환 단계가 된다. 과거에는 이 시점에서 결혼에 대해서 생각해 보았다. 지금도 결혼이 고려되지만, 결혼하지 않고 안정적인 애정교환 단계를 유지하기도 한다.

애정교환 단계에서 사랑이 더 깊어지는 계기에는 여러 가지 요소가 영향을 미친다. 사랑은 연인관계에서 경험하는 정서적 만족도에 비례해서 자라난다. 또 연인관계에 투여되는 심리적 혹은 물질적 투자의 양에 비례한다. 만나는 기간이 길었거나 혹은 짧은 기간 동안 만났지만 많은 시간을 함께 보냈는지가 영향을 미치기도 한다. 물질적으로도 누가 더 데이트 비용을 냈는지 혹은 도움을 주고받는 형태도 영향을 미친다. 미래의 연인을 위해서 투자 할 수 있는 최대의 양만큼 사랑이 심화하게 되기도 하며, 또한 상호 의존성이 충족되었을수록 사랑은 더욱 심화된다.

[그림 7-2] 사랑의 발전 단계

3) 사랑에 대한 신화와 진실

사랑을 하고 싶지만 관계가 잘 유지되지 않는 경우가 있다. 자신과 잘 맞는 상대를 만났지만, 잘못된 방식으로 사랑하고 있을 수 있다. 두 사람은 잘못된 대화 습관을 지니고 있거나, 진정한 친밀감을 형성하는 방법을 모를 수 있다. 또 어떤 커플은 서로에게 원하는 것을 요구하지 않아서 결국에는 화내기 역동을 반복한다. 또 어떤 상대는 연애 관계 자체에 태만할 수 있다.

또는 당신은 관계를 유지하기에 적절하지 않은 사람과 교제하고 있을 수 있다. 당신은 애정 스타일 혹은 생활양식이 전혀 다른 사람과 사귈 수 있다. 두 사람이 공통적으로 소유하고 있는 가치관이 없을 수 있다. 오랜 기간의 무직 혹은 폭력성 등 상대에게 치명적인 결함이 있는데도 관계를 시작하기도 한다. 두 사람이 서로의 욕구를 충족시키는 데 충분치 않을 수 있다.

적절하지 않은 사람과 만나거나, 잘못된 방식으로 관계를 맺고 있어, 고통스럽지만, 상당히 오랜 시간 만족스럽지 않은 관계를 유지하는 경우가 있다. 그것은 사람들이 연애에 대한 신화를 가지고 있기 때문이다. 자신이 가진 신화를 인지하고, 이를 교정하지 않으면, 잘못된 만남을 지속할 수 있다. 사랑의 진실에 대해서 이해할 필요가 있다.

첫 번째 신화는 '진정한 사랑은 모든 것을 이겨낸다.'이다. 이 신화를 가지고 있을 때는 어떤 문제나 갈등과 상황도 충분히 사랑한다면 극복하지 못할 것이 없다고 믿는다. 이는 비현실적이다. 이 신화를 교정한 진실은 '관계가 잘 되기 위해서는 사랑만으로는 충분하지 않다. 서로 융화할 수 있어야 하고 관계에 대한 헌신이 있어야 한다.'이다.

만남을 어느 정도 지속하면 상대에게 알코올 중독이나 폭력 성향이 있다는 것을 발견한다. 물론 상대는 이번뿐이라고 사과하고, 더 잘해 준다. 하지만 곧 그런 성향은 다시 문제가 된다. 이런 '치명적인 결함'을 나의 사랑으로 치유할 수 있다고 믿는 것은 비현실적이다.

두 번째 신화는 '진정한 사랑이라면 그 사람을 만나는 순간 알아차릴 수 있다.' 하지만 강렬한 끌림은 관계의 나머지 부분을 살피는 것을 회피한다. 신체적 매력 때문에 강한 끌림으로 관계를 시작하지만, 두 사람 사이의 상호보완성이 적으면 갈등이 쉽게 일어날 수 있다. 반대로 섬광 같은 시작이라는 신화 때문에, 현실적이고 오래 지속되는 사랑을 할 기회를 놓치기도 한다. 오랜 시간 알고 지냈지만, 강한 끌림이 없어서 관계를 시작하지 못하는 경우도 있다. 이 신화에 대한 진실은 '푹 빠지는 것은 한 순간이지만, 진정한 사랑은 시간이 필요하다.'이다.

세 번째 신화는 '완벽한 파트너라면 모든 면에서 나를 완벽하게 충족시켜 줄 것이다.'이다. 이 신화를 가지고 있으면 스스로 충족시켜야 하는 욕구를 상대가 충족시켜 주지 못한다는 이유로 좋은 관계를 알아보지 못한다. 그리고 이 신화를 가지고 있으면 다른 곳에서 찾아야 할 욕구 충족 기회를 파트너가 제공해 주지 않는다고 상대를 비난할 수 있다. 자신의 마음이 공허하다고 호소하는 분들의 많은 경우, 삶에 대한 방향과 목표가 없기 때문일 확률이 높다. 삶에 목표가 없으면, 자신의 욕구도 명료하지 않다. 그래서 자신에게도 명료하지 않은 욕구가 충족되지 않은 책임을 연애 관계의 상대에게 부과하는 경우가 많다. 이 신화에 대한 진실은 '나에게 맞는 파트너가 내가 지닌 많은 욕구들을 충족시켜 주지만, 모든 욕구들을 충족시켜 주는 것은 아니다.'이다.

네 번째 신화는 '나에게 맞는 진정한 사랑은 세상에 단 하나뿐이다.'이다. 이 신화를 가지고 있으면 현재 사귀는 사람을 환상 속의 '그 사람'과 비교하기 때문에 지금 사귀고 있는 사람의 강점과 개성을 소중히 여기지 못한다. 그리고 이 신화를 가지고 있으면, 한 관계가 끝난 후에 새로운 관계에 마음을 열지 못한다. 이 신화에 대한 현실적인 진실은 '한 사람 이상 진정한 사랑을 경험하는 것은 가능하다. 함께 있어서 행복할 수 있는 잠재적인 파트너는 많다.'이다.

다섯 번째 신화는 '누군가와 강렬한 성관계를 경험한다면 그것은 분명 사랑일 것이다.'이다. 성관계는 강한 힘이 있어서, 융화할 수 없는 사람과 사귀게 할 수 있고, 이미 끝냈어야 할 관계에 머물러 있고 헤어지지 못하게 한다. 이 신화에 대한 진실은 '좋은 성관계는 진정한 사랑과 아무런 관계가 없다.'이다.

3. 사랑의 붕괴와 종결

1) 연애 관계 종결

연애 관계가 시작되지 않아서 힘들어하는 사람도 있지만, 갑작스럽게 실연을 경험하게 되거나 혹은 본인이 관계를 정리했지만 나중에 후유증으로 힘들어하는 경우가 있다. 헤어진 관계가 잘 정리되지 않으면 향후에 다른 사람과 만났을 때 계속해서 영향을 받는다. 탐색적 애정 단계에서 호감과 매력을 잃어버리게 되면 낭만적 관계는 종결된다. 안정적인 애정 단계라 해도 상대에게 다른 연인이 나타나 나에게 느끼는 호감과 매력보다 다른 사람에게 더 호감과 매력을 느끼거나, 내가 지금 만나는 사람보다 다른 사람에게 호감과 매력을 느끼면 연애 관계는 종결된다.

또한, 호감과 매력을 느끼지만, 갈등이 크게 그리고 자주 발생하여 연애 관계가 종결되기도 한다. 갈등은 한편으로는 내가 누구인지를 알고 있어서 서로의 욕구가 충돌하는 것으로 해석할 수가 있다. 갈등이 많이 발생하는 것 자체는 문제가 되지 않는다. 갈등을 어떻게 해결하는가가 중요하다. 갈등은 해결이 되었지만, 해결하는 과정에서 부정적인 정서를 많이 경험하면 다시 이것은 호감과 매력을 상실하는 결과로 나타날 수 있다.

낭만적 사랑은 물리적 이별로 인해 종결되기도 한다. 남자 친구가 군대를 가면 '고무신을 거꾸로 신는다'는 표현을 쓰기도 하는데, 부대에 들어간 남자 친구 말고 다른 남자 친구를 사귀면서 여자 친구가 관계를 종결하는 경우를 말한다. 반대로 군대에 있는 동안 여자 친구가 헌신적이었는데 군대를 제대하기 직전에 남자 친구가 관계를 정리하는 경우도 있다. 유학이나 취업으로 서로 멀리 거주하게 되는 경우에도 물리적으로 거리가 멀어지면서 이별하는 경우가 있다.

물리적 이별에 비해 부모의 반대는 타의적으로 관계가 단절되기 때문에 더 상처가 될 수 있다. 어떤 면에서는 내가 결정한 것이 아니기 때문에 자기 삶에 대한 자신감을 잃거나 내 뜻대로 되지 않았던 좌절감을 경험한다. 사랑을 이루지 못했던 것뿐만이 아니라, 타의에 의해서 관계가 종결되었을 때 그것이 미치는 영향을 평가해야 한다.

또 사회교환이론에서는 투자와 보상의 불균형으로 사랑이 붕괴한다고 본다. 사회교환이론은 자기가 투자한 것과 보상을 비교하고 균형을 맞추려 하는 것을 인간의 본성이라 한다. 내가 헌신한 만큼, 원하는 것만큼의 돌봄을 받았다거나 친밀감을 경험했다면 관계를 유지한다. 반면 내가 더 많은 것을 주었는데 받은 것이 적다고 생각하면 관계는 단절된다. 사회교환이론은 비교에 근거한다. 첫째는, 투자한 것과 받은 보상을 비교한다는 점에서, 둘째는, 상대가 보상해 줄 수 있는 것과 지금 이 상대가 아니라 다른 상대를 만났더라면 지금 만나고 있는 상대에게서 보다 더 많은 것을 보상받고 있을지를 비교한다는 점에서 그러하다.

2) 실연의 종류

실연은 사랑의 상실이다. 사랑의 상실은 세 가지 종류로 나누어질 수 있다. 첫째는, 가장 좋은 것인 합의된 실연이다. 시간이 지나면서 두 사람이 처음에 생각했던 것과는 달리 관계가 잘 발전되었다는 느낌이 적거나 서로의 마음이 변한 경우에 발생한다. 합의된 실연은 두 사람 모두 관계를 지속시킬 만한 동기가 없다는 것을 확인했을 때 일어난다. 합의된 실연이 그렇게 쉽지는 않다. 두 사람이 동시에 마음이 떠나가면서 관계를 종결하게 되는 경우는 흔치 않다. 보통 겉으로는 합의된 실연인데 내면적으로는 두 사람 중 한 사람은 정리되지 않은 상태가 더 많다.

둘째는, 일방적인 실연으로, 이는 한 사람이 변심하여 절교를 선언하거나 실연을 당하는 경우이다. 준비되지 않은 실연을 당하게 되는 사람이 마음의 상처를 더 많이 받는다. 거절을 당한 사람의 입장에서는 부당하다고 느껴지지만 관계라는 것은 내가 할 수 있는 부분이 50%, 또 상대의 영향이 50%이다. 즉 결정권이 나와 상대에게 동등하게 있다. 실연의 단서들이 있었을 텐데 내가 그 단서를 자각하지 못한 것에 힘들어할 수 있다.

셋째는, 강요된 실연으로, 부모의 반대에 의해서 실연하게 되는 경우 등이다. 실연의 아픔 때문에 힘들어하는 경우도 있지만, 타의에 의해서 관계를 종결한 나에 대한 평가가 지속적으로 영향을 미쳐 힘들어하기도 한다. 실연을 당하면 혹은 실연을 하면 극복하는 과정이 꼭 필요하다. 실연은 사랑에 대한 상실이기 때문에, 충격과 고통의 시기가 뒤따르기 마련이므로 애도작업이 필요하다. 그러나 갑자기 가지고 있던 것을 상실하는 것과 동시에 상실 속의 새로운 내 모습을 받아들이는 시기를 경험하게 되기도 한다. 따라서 충격과 고통의 그 시기가 지나면 상처를 치유하는 시기 그리고 그 후에는 성숙하는 시기를 가지는 것이 이상적인 실연 극복의 과정이다. 보통 상처를 치유하는 시기에 상담실을 찾아온다.

3) 실연 극복 과정

연애 관계의 종결은 매우 고통스러운 스트레스로 경험된다. 이는 연애관계가 사회적 지지를 매우 다양하게 제공하는 중요한 자원이기 때문이다. 실연 경험은 정신적 문제의 발현에 큰 영향을 미치는 위험요인이고, 특히 초기 성인기에는 불면증, 우울, 자살 사고 등을 불러일으키기도 한다(임지준 · 권석만, 2014). 또한 진로 준비 및 사회적 기능에도 부정적인 영향을 미친다.

[그림 7-3] 실연의 극복 과정

실연의 첫 단계인 상실단계에서는 부정, 분노, 타협, 우울의 마음이 복합적으로 일어난다. 낙심과 함께 '설마 --- 거짓일 거야'라고 현실을 부정하며 상대방의 이별통보를 사실로 받아들이기까지 쉽지 않은 과정을 거친다. 자신을 거부한 상대에 대한 부정적인 감정이 생기는 것은 당연하다. 상대가 원망스럽고 상대에게 거부당한 내 모습에도 실망한다. 상대의 마음을 되돌리려면 어떻게 할 수 있을까? 혹은 과거에 어떤 행동을 했더라면 혹은 하지 않았더라면 헤어지지 않았을까 생각한다. 그러나 실연을 현실로 인지하고 더욱 우울한 감정에 휩싸이면서 삶에 대한 의욕을 잃는다.

상실의 감정을 느끼는 것은 자연스러운 현상이다. 오히려 아무렇지도 않은 듯 표현하지 않고 부인하거나 억압하면 더 큰 마음의 상처로 남을 수 있다. 자신이 실연으로 아파하고 슬퍼하고 있다는 것을 수용하는 게 필요하다. 말 그대로 아파하고 슬퍼하는 것이 가장 정직한 반응이고, 이 정직한 반응을 할 때 상처 치유기간이 짧아진다. 이때 '괜찮아, 괜찮아' 하다 상처를 치유할 기회를 가지지 못하면, 표현되거나 충분히 슬퍼하지 않았기 때문에 부정적인 에너지원 형태로 내면에 자리 잡게 된다. 가능하면 1~2주 정도 일상적인 생활로부터 벗어나서 정리할 시간을 가지는 것도 좋다. 자신의 힘든 감정을 솔직히 표현하며 치유될 때까지 이러한 아픈 감정을 감당하는 것이 더 건강하다. 하지만 상실의 늪에 빠져 다음 단계로 나아가지 못하는 위험에도 주의해야 한다.

실연의 두 번째 단계는 수용과 치유의 단계이다. 상실의 단계에서 아픈 감정을 쏟아내고 나면, 어느 정도 실연의 상황을 수용할 수 있는 힘이 생긴다. 더 나아가 실연의 상처도 어느덧 아물고 치유된다. 수용과 치유의 단계에서 헤어진 연인과의 안 좋았던 기억은 잊거나 자신을 성장시키는 정보로 수용하고 좋았던 기억만을 떠올리며 이제는 과거의 추억으로 정리한다.

실연의 상처를 치유하는 시간을 충분히 거치고 성숙하는 시기를 가진 후에 다른 관계를 시작하는 것이 이상적이지만 그렇게 하지 못할 때가 있다. 마음은 치유되지 않았는데 다른 사람과 관계를 맺으면, 나의 상처가 다른 사람에게 영향을 미친다. 그러면 진정한 나와 진정한 타인이 만나서 관계를 맺게 되는 과정이 어려울 수 있다. 실연을 당한 후에 곧바로 관계를 시작해서 세 달 만에 결혼했다거나 하는 경우가 있다. 결혼할 때 열정은 있을 수 있지만 친밀감은 세 달 안에 도달할 수 있는 만큼일 수 있다. 자녀양육을 하면서 갈등이 발생했을 때, 처음 관계를 시작할 때 가지고 있던 근본적인 문제가 시발점이 되는 경우가 있다. 그러므로 처음에 결혼할 때 어떠한 사랑의 발전과정을 거친 후에 결혼할 것인지 들여다볼 필요가 있다.

실연의 마지막 단계는 성숙의 단계이다. 성숙의 단계에서 여러 가지 정서를 경험하고 깊이 있는 자기 성찰을 통해 자신에 대해 더욱 알아간다. 자신과 어울리는 상대방을 파악하는 능력도 생기고 자신의 미흡한 점을 더욱 발전시켜 나가기도 하면서 한층 더 성숙해질 수 있다. 쉽지는 않지만 실연에 대해서 성찰하는 시간을 갖는 것이 좋다. 실연으로 인해 내가 어떤 영향을 받았고, 나는 상대에게 어떤 영향을 미쳤는지 성찰하는 것이 좋다. 사랑을 이루는 세 가지 구성요소가 있는데, 그중 이 관계는 어떤 요소들이 충족되었고, 충족되지 않았는지 평가해 볼 수 있다. 그리고 사랑의 발달단계가 있는데, 어떤 단계에서 좀 더 건강한 방향으로 관계를 맺기 어려웠고, 어떤 단계에서 헤어지게 되었는지를 성찰하면 궁극적으로 성숙한 사람으로 성장할 수 있다.

실연은 큰 충격을 줄 수 있는 혼란스럽고 고통스러운 경험이지만, 동시에 새로운 도전을 경험하고 새로운 능력을 발견하여 궁극적으로 더욱 성장하도록 하는 기회를 제공한다. 실연 후에 연애를 통해서 자기 자신에 대해서 더 잘 알게 되었고, 이상적인 교제 상대의 모습을 구체화하였으며, 이별을 통해 성장하였다고 보고하는 실연 경험자들도 있다(최윤정, 2008). 실연은 외상경험이기도 하다. 하지만 외상 후의 성장에 초점을 맞추면, 실연 경험에 대해 새로운 의미를 부여할 수 있을 것이다.

실연이라는 것은 누구나 경험한다. 물론 첫사랑과 결혼을 해서 백년해로하는 경우도 있지만, 확률적으로 어렵다. 사람을 만나서 사랑을 할 때 이론적인 설명을 가지고 사랑을 하는 것은 아니다. 그래도 한 번 정도 사랑에 대해, 실연을 극복하는 방법에 대해 학자들은 무엇이라고 이야기하는지 확인하는 시간이 되면 좋겠다.

성찰하기

30대 초반의 그녀는 상담 도중 갑자기 울기 시작한다. 회기를 시작한 지 얼마 되지 않아 딱히 상담 과정이 울음을 일으킨 것은 아닐 것이다. 상담자는 그녀가 진정하기를 기다린다. 그리고 울음이 작은 흐느낌으로 잦아들 때쯤 상담자는 "성과 관련된 얘긴가 봐요."라는 말로 내담자가 말할 수 있는 말문을 튼다. 그녀는 울음을 그치며 상담자를 물끄러미 바라보고, 나도 조용히 그녀를 응시한다.

상담 중에는 성과 관련된 수치스러운 사건이 심심치 않게 보고된다. 어떤 미혼 내담자는 기혼자와 불륜을 맺고 있기도 하고, 서로 배우자가 있지만 만남을 지속하기도 한다. 내담자가 성폭력의 피해자인 경우도, 가해자인 경우도 있다. 내담자가 처음 상담을 받으러 온 이유가 된 증상도, 경험한 사건도 다양하지만, 모두 내담자가 수치심을 느낀 경우이다.

상담자는 내담자를 도덕적으로 판단하지 않는다. 내담자는 이미 스스로 자신의 행동을 도덕적으로 판단하고 수치심을 느끼고 괴로워하고 있기 때문이다. 대신에 상담자는 수치심을 느끼는 사건 혹은 행동을 통해 본인이 원래 추구했던 욕구가 충족되었는지를 평가할 수 있도록 돕는다. 대부분의 비도덕적 행동은 원래 추구하던 욕구를 총족시키지 못한다. 자신의 욕구가 충족되지 않는다는 것이 명백해지면 상담자가 비도덕적 관계를 정리하라고 촉구하지 않아도 대부분의 내담자가 스스로 그 관계를 정리한다.

비도덕적인 관계를 정리한 후 내담자가 스스로에게 해야 하는 작업은 자신을 용서하고 자신이 느끼는 수치심을 극복하는 것이다. 이때 해야 할 작업은 내가 한 행동과 나라는 사람을 분리하는 것이다. 내가 했던 비도덕적인 행동에는 죄책감을 느껴야 하지만, 그런 행동을 한 나 자신에 대해 느끼는 수치감에 대해서는 연민을 느껴야 한다.

수치심을 극복하기 위해서는 나에게 동정 어린 반응을 보여줄 거라는 믿음이 가는 사람에게 수치스러운 이야기를 들려주어야 한다. 수치심이 생기면 그 사건을 비밀로 하고 싶고, 비밀로 하면 수치심은 점점 더 커지고 여기저기로 옮겨 다니며 나를 파괴한다. 하지만 수치심은 사람과 사람이 이어질 때 형성되는 강력한 유대감을 견뎌내지 못한다. 수치심을 느낀다는 것은 우리가 인간임을 뜻한다.

30대 초반의 내담자는 부적절한 성관계를 가진 적이 있다. 그 관계는 오래 지속되지도 않았고, 이미 10년 전의 일이다. 그래도 여전히 그녀는 수치심을 느끼고 그 일을 가족들이 알까 봐 두렵다. 하지만 만약 여동생이 그런 일이 있었다고 고백한다면 어떻게 반응하겠냐는 상담자의 질문에 내담자는 여동생이 너무 가엾다고 한다. 여동생이 가엾다면 나 역시 가여운 존재이다.

우리가 해야 할 일은 수치심 극복력을 향상시키는 일이다. 수치심은 사람 사이에서 발생하고, 사람 사이에서 치유된다. 나를 비난하지 않을 사람에게 수치스러웠던 일을 말하기 시작하자.

3부

가족과 더불어 살아가기

8장

결혼과 가족

8장의 주제는 결혼과 가족으로, 결혼의 선택과정과 선택에 영향을 미치는 요인에 대해서 학습한다. 이러한 학습을 통해 결혼과 가정의 기능을 사회적 시각에서 이해하게 될 것이다. 결혼을 개인적인 선택이라고 생각하지만, 결혼은 사회적 제도이다. 이 장을 학습하면서 결혼을 한 사람은 자신의 결혼 결정 과정과 가능한 변화를 탐색하면 좋겠고, 미혼인 경우에는 결혼하기 전에 어떤 준비를 하면 되는지 살펴보면 좋겠다.

1. 결혼과 가족에 대한 선택

1) 결혼과 가족에 대한 선택

우리는 자유의지로 선택을 하고, 선택에는 항상 책임이 따른다. 현재 상황이 만족스럽지 않을 때, 만족스럽지 않은 상황을 선택한 것에 책임을 느끼면 새로운 선택을 하거나 변화가 가능하다. 만족스럽지 않다면 변화를 통해서 만족할 수 있는 상태로, 또 새로운 선택을 할 수 있다는 측면에서 결혼과 가족을 보는 시각을 가졌으면 좋겠다.

결혼과 가족에 있어서 크게 다섯 가지 선택을 한다. 첫째는, 결혼할 것인가 혹은 독신으로 남을 것인가를 선택한다(이선배, 2016). 비혼은 결혼을 하지 않기로 결정한 것이다. 결혼을 하지 않는 경우에 예전에는 미혼이라는 말을 썼지만, 요즘에는 비혼이라고 한다. 미혼은 아직 못 했다는 의미가 있다면, 비혼은 결혼하지 않기로 스스로 선택한 것을 강조한다. 예전에는 미혼이었다가 비혼이 되었지만, 현재는 처음부터 결혼하지 않기로 결심하는 경우가 많다. 결혼을 하면 얻는 것과 잃는 것이 있다. 결혼을 하면 외로움이 적고, 정서적으로 그리고 경제적으로 안정적일 수 있다. 하지만 결혼을 하면 자신만의 시간이 부족하고, 의사결정을 배우자와 함께 해야 하는 번거로움을 경험할 수 있다.

두 번째로, 자녀를 가질 것인지 혹은 가지지 않을지 선택한다. 자녀를 가지는 것을 당연시하는 사회적 인식이 있었지만, 최근에는 조금씩 변화하고 있다. 자녀를 가지지 않은 사람들의 모임 등도 활성화되고 있고, 자녀를 가지지 않기로 결심하는 여러 개인적인 이유에 대해 논의가 되고 있다. 반대로 자연임신이 잘 되지 않는 경우에 자녀를 가지기로 결정하였다면, 의학의 도움을 받아 자녀를 출산하는 경우도 있다. 최근에는 국가에서 난임치료에 대한 재정지원을 제공하고 있다.

세 번째로는, 경제활동을 누가 할 것인가를 결정해야 한다. 과거에는 남편이 좋은 직장을 다니면 부인이 직장을 그만두었다. 하지만 지금은 맞벌이가 선호된다. 그런데 맞벌이를 하기로 했지만 자녀양육과 직장생활을 병행하기 어려워 직장생활을 그만두게 된 경우들이 있다. 부인이 혼자 맞벌이를 하기로 결정하는 것이 아니라 부부가 함께 맞벌이를 하기로 결정한 것이기 때문에, 맞벌이를 하는 남편은 어떤 역할을 담당할 것인지도 함께 결정하여야 한다(박은선 · 손은영 · 임지숙, 2016). 홑벌이를 하는 것과 어떻게 다르게 가정생활을 운영할 것인지를 논의하면, 여성들에게 일방적인 부담이 지워지지 않을 것이다.

네 번째 선택은 배우자 사이의 순결 여부이다. 순결이라는 용어를 들으면 혼전순결을 생각하게 되는데, 결혼과 가정생활에 있어서는 성적으로 일부일처제에 동의하는지를 뜻한다(전명희, 2011). 부부 외의 사람과 성관계를 하지 않는 것에 대해서 어떻게 생각하고 있는지 이야기를 나누어 볼 필요가 있다. 드라마에서만 외도사건이 많이 나타나는 것이 아니라, 실제 상담 사례 중에는 외도사건들이 많다.

혼외정사는 절대 안 되며, 일어나지 않을 거라고 생각하면서 결혼을 한다 해도 모든 가능성을 열어놓고 그런 일이 일어날 때 어떤 선택을 할 것인가를 생각해 보아야 한다. 예전에는 남편이 외도를 해도 부인이 실수로 치부하여 이를 용납해 주고 결혼생활을 유지하는 경우가 많았다. 그러나 최근에는 여성들의 외도도 많아졌다. 또 여성이 외도한 뒤에도 남편은 결혼생활을 유지하기를 원하지만 부인이 이혼하기를 원하는 경우도 많다.

마지막으로 결혼생활의 다양한 사건을 긍정적 시각으로 바라볼 것인지 부정적 시각으로 바라볼 것인지 선택한다(김경희 · 이희경, 2013). 결혼은 긍정적인 부분만 있는 것은 아니다. 긍정적인 부분이 많을수록 좋지만 부정적인 측면도 가지고 있다. 결혼 혹은 배우자를 긍정적으로 볼 것인지 부정적으로 볼 것인지도 선택이다. "배우자가 부정적인 부분도 있는데 그게 어떻게 나의 선택인가요?"라고 반문할 수 있다. 하지만 찾아보면 누구에게라도 부정적인 측면이 있고, 긍정적인 측면이 있다. 긍정적인 쪽을 먼저 보고 부정적인 면을 그 사람의 취약점으로 볼 것인가, 아니면 그 사람의 부정적인 것을 크게 볼 것인가를 선택해야 한다.

2) 선택의 특성

한국 문화에서는 개인의 선택을 강조하지 않는다. 한국인은 주어진 것을 따라 하는 것에 어느 정도 문화적으로 적응되어 있는 상태라고 할 수 있다. 그래서 "내가 결정하지 않았어요"라는 표현을 많이 한다. 결혼을 할 때에도 자신이 선택했다기보다는 "부모님이 정해주어서", "상대가 너무도 원해서"라는 표현을 쓰는 경우가 많다. 하지만 결정했다고 표현하지 않아도 실제로는 결정한 것이다.

성관계를 하는데 피임을 하지 않으면 자녀를 출산할 용의가 있다고 결정한 것을 의미한다. 어떤 행동을 하지 않았다는 것도 선택이다. 선택에는 항상 책임이 따르기 때문에 적극적으로 선택을 하지 않는다고 해서 선택하지 않은 것은 아니다.

최상의 선택은 확률이다(조지희, 2016). 결혼을 할 때 그 시점에서 A라는 사람과도 결혼할 가능성이 있고 B라는 사람과의 결혼 가능성도 있다고 가정해 보자. B라는 사람과 결혼을 하고는 A라는 사람과 결혼을 했으면 좀 더 좋았을 텐데라고 후회하는 경우가 있다. 하지만 확률이기 때문에 이는 알 수 없다. 그래서 결혼하는 시점에 최선의 선택을 해야 하고 그 예측이 실현될 확률도 있지만 그렇게 예측한 형태로 되지 않을 미래가 펼쳐질 가능성이 있음을 또한 고려해야 한다.

선택은 연속적이다. 선택은 어떤 시점에 한 번만 하는 것이 아니라 계속해서 해야 하는 것이다. 처음에 결혼할 것인가 혹은 독신으로 남을 것인가를 결정하면, 그 다음에는 자녀를 낳을 것인가를 그리고 맞벌이를 할 것인가라는 선택도 한다. 맞벌이를 하기로 선택하였을 경우 맞벌이를 하다가 여러 시점에서 자녀양육이 문제가 되는데, 자녀양육을 맡아주시던 친정 혹은 시어머니가 돌아가시면서 직장을 그만둔 사례도 있다. 또 아이가 한 명일 때는 부모의 도움을 받으면서 자녀를 양육했지만 아이가 둘이 되면서 남의 도움을 받는다는 것에 회의를 느끼며 직장을 그만두게 된 경우가 있다. 처음에는 맞벌이를 하기로 선택했지만 나중에는 한 명의 배우자만 경제활동을 하게 되었다. 그런데 자녀가 다 자라 내 손이 많이 필요하지 않게 될 때, 어머니는 집안 살림만 계속할 것인가 아니면 경제활동을 시작할 것인가를 다시 선택하게 된다(김유선 · 김명소 · 한영석, 2013). 그래서 선택이라는 것은 연속적이다. 우리에게는 계속해서 선택해야 할 과제들이 나타나며, 개인은 계속해서 선택해야 할 상황에 놓인다.

이혼도 선택이다. 결혼했지만 결혼생활이 만족스럽지 않거나 길게 봤을 때 자신에게 그리고 자녀에게 도움이 되지 않을 때 결혼생활을 유지하지 않기로 선택하는 것이다.

선택은 역관계를 수반한다. 모든 것을 다 얻는 선택은 없다. 어떤 것은 얻고, 어떤 것은 잃는다. 결혼을 하면 정서적인 안정감은 높아질 수 있지만 자유시간이 줄어들고 다른 상대를 만나서 관계를 맺을 수 있는 기회를 상실한다. 비혼으로 있으면 자기 스스로를 위한 시간을 많이 가질 수는 있지만 외로움을 느낄 수 있다. 또 비혼자는 사회 다수가 결혼 생활을 하기 때문에 주변 사람들로부터 이해받지 못 하는 부분이 있다. 한 50세 독신 여성은 직장에서 토요일에 근무해야 하는 상황이 돌아오면 완강히 피한다. 주말에 누군가 나와서 근무해야 할 때 결혼한 사람은 자녀들을 돌봐야 하기 때문에 주말 근무는 피하고 싶다고 하면 이해를 받는다. 그러나 비혼의 경우에는 토요일에 근무하는 것을 싫어할 이유가 없다고 당연하게 생각하기 때문에 오히려 주말 근무를 강요받기 때문이다.

그래서 선택을 할 때 모든 것을 얻을 수 없고, 이 선택에서 어떤 것이 플러스로 작용할 것이고 어떤 부분에 있어서 마이너스로 작용할 수 있는지를 생각해 보아야 한다. 맞벌이를 하게 되는 경우에 경제적으로는 플러스일 수 있지만 삶의 질 측면에서는 마이너스일 수 있다.

대부분의 선택은 취소 혹은 수정할 수 있다. 결혼도 심지어는 이혼을 통해 취소 혹은 수정할 수 있다. 취소 혹은 수정할 수 없는 것은 부모 · 자녀 관계이다. 그래서 결혼한 후에는 부모가 되는 것을 자연스러운 과정이라고 생각하기보다는 자녀를 낳은 후에는 취소나 수정할 수 없는 선택을 하는 것으로 인식해야 한다. 직접 양육하지 않더라도, 같이 살지 않더라도 이 혈연관계는 끝나지 않기 때문이다. 자녀를 출산할 것인지, 출산한다면 감당해야 하는 책임은 무엇인지, 책임이 어디까지인지 등을 더 많이 생각하고 선택해야 한다.

선택은 사회적 상황이나 사회적 힘에 영향을 받는다(김동수 · 박미형 · 정태연, 2009). 중 · 고등학교 학부모 모임을 가면 어머니 중 일반기업체에 다니는 사람의 수는 적다. 어머니의 직업군은 교사와 간호사 직종이 가장 많다. 여성이 사회적으로 인정을 받으면서 계속해서 할 수 있는 직종이기 때문이다. 맞벌이는 자녀양육이 가능하고, 여성이 직장생활 유지가 가능한 사회적 조건이 갖추어져야 가능하다. 그래서 직업선택을 할 때에도 자기선택이라고 이야기하지만 실제로 사회적 상황과 사회적 힘에 영향을 받는다.

결혼에 많은 영향을 미치는 것은 부모의 의견이다. 본인이 배우자의 가능성과 함께했을 때 어떤 미래가 펼쳐질지도 평가하지만, 주변 사람들이 자신의 배우자에 대해서 어떠한 평가를 하는지도 많은 영향을 미친다. 결혼에 대한 사회적 고정관념 또한 영향을 미친다. 결혼비용으로 가장 많이 거론되는 것은 주거지 마련이다. 아파트 전세를 얻으려면 얼마가 드는데, 집은 남자가 구해야 한다와 같은 사회적인 통념도 무시할 수 없는 영향을 미친다.

3) 비혼

비혼은 좁은 범위에서는 '결혼 경험이 없으며 현재 결혼하지 않은 상태'로 범주화하며, 광의로는 '결혼 경험이 없는 독신, 이혼, 사별 등으로 현재 배우자가 없는 상태'를 통칭한다.

비혼 1인 가구의 급격한 증가는 결혼과 가족에 대한 새로운 패러다임의 전환을 요구한다. 1인 가구 비율이 미국은 약 34%, 영국은 40%, 서울은 24%이다(이성은, 2015). 가족변화의 관점에서는 전형적 가족은 역사적으로 존재하지 않았으며, 늘 변화해 왔으며, 사회구조의 변화와 더불어 발생하게 되는 가족의 변화로 이해해야 한다.

비혼을 선택하는 이유는 성별에 따라 다르다. 여성의 경우는 연령이라는 사회적 규범이 결혼으로의 이행에 강한 영향을 미치는 것으로 보인다. 많은 여성들이 결혼으로 처하게 될 일과 가정의 양립이라는 문제로 결혼을 주저하는 '자기선택형 비혼'에 집중되어 있다. 다양한 원인에 의한 이혼율의 증가로 인해 여성들은 더 이상 결혼이 평생 직장이나 생존을 보장하기에는 불완전한 관계라는 점을 인식하게 되었으며, 여성들을 결혼이라는 제도가 절대적인 것이 아니라는 결론에 도달하게 된다. 여성의 결혼에 대한 피로감은 가족의 과다한 기능에 피로함을 느낀 세대가 가족 형성을 기피하여 비혼이라는 형태로 나타나고 있다(박수민, 2018).

남성의 경우 경제상황으로 인한 '여건미비형 비혼'에 상대적으로 집중되어 있는 것으로 분석된다(이창순, 2012). 남성의 경우는 결혼으로 이행하는 데 있어서 직장이라는 순서 규범이 충족되어야 한다. 지속적으로 상승하는 초혼연령을 이해하기 위해서 한국남성의 결혼 연령에 영향을 미치는 요인, 즉 직업적인 요소를 주목해야 한다. 이는 곧 노동시장의 불안정으로 인한 청년 실업이 결혼 시기를 연장시키는 주요 요인 중 하나라는 주장과 뜻을 같이 한다. 이제 남성생계부양 모델의 지속은 지속되기 어려울 수도 있다(박수민, 2018).

비혼의 삶을 살아간다는 것은 일회적인 결정이 아니라, 사회적으로 비혼을 바라보는 시선, 편견 등과 협상하면서 자신의 삶을 성찰하는 지속적인 과정을 동반한다. 결혼하지 않은 사람은 관계적 결핍을 가진 존재이며 미성숙하며 자기중심적인 결점을 가진 사람이라는 사회적 편견을 경험한다(김순남, 2016). 이들은 비혼을 위한 삶의 모델의 부재 속에서 삶의 불안전성을 경험한다. 지속가능한 비혼의 삶은 경제적 책임과 노후 준비를 포함한다.

비혼은 결혼 외의 다른 친밀한 관계를 형성하여 외로움을 해소한다. 비혼자이지만 연애 혹은 동거를 하는 경우도 많다. 그리고 비혼자에게는 우정을 유지하는 것은 중요한 주제이다. 동반자로서의 우정적인 관계는 정서적인 소속감이나 결속을 넘어서 가족으로 표현되기도 하며, 현재와 노후를 살아내는 중요한 자원이다.

비혼에 대한 설명의 참조체계로 결혼을 설정하는 것은 결혼과 대비되는 특성으로만 비혼을 설명하게 한다. 하지만 결혼하지 않은 이들에게 더 중요한 것은 현재의 삶과 연속된 지평에 있는 미래에 대한 계획일 것이다. 비혼자들이 청소년기를 지내면서 만들어오고 추구해 온 삶의 자원, 행위의 습관, 가치관, 의미체계 등에 초점을 맞출 필요가 있다. 현대는 가족에 기대지 않고 살 수 있는 환경을 제공하고 있다. 편의점, 오피스텔 등 혼자 살 수 있는 물질적 조건이 가능하며, 식사, 여행 등을 혼자 하는 '나홀로족'의 증가는 새로운 문화적 규범이 되어가고 있다. 따라서 현재는 비혼을 선택하고 유지하는 힘은 결혼이나 가부장제에 대한 반대라기보다는, 자신이 향유하는 문화적 가치체계와 행위 양식의 지속으로 해석할 수 있다.

가족의 다양성을 인정한다는 것은 가족의 다양성이 증가할수록 삶에 대한 선택지가 넓어지고, 선택지의 증가는 자유와 권리, 나아가 행복의 증진이므로 가족의 다양성을 옹호할 필요가 있다.

2. 결혼이란 무엇인가?

1) 결혼의 정의

결혼은 정서적인 관계이다(김승주 · 정영숙, 2014). 신혼 초에 정서적인 관계였다가 그 이후에는 가정사의 업무처리를 같이하는 동반자의 분위기로 바뀌기도 한다. 하지만 결혼은 정서적인 관계로 정의할 수 있다.

결혼은 성적인 일부일처의 관계이다(최상진 · 김은미 · 차영란, 2006). 일부다처제를 허용하는 사회와 종교가 있기는 하지만, 우리나라는 법적으로 일부일처제를 규정하고 있다. 가끔 보면 유명인사의 혼외정사와 혼외자녀가 문제가 된다. 물론 보도를 할 때는 도덕성에 근거해서 이야기를 하지만, 법적으로도 가족법이라는 체제에 대한 일탈 행위이다. 성적 순결을 개인적인 수준의 결정이라고 생각하지만, 가족법을 위반하고 있는 것이다.

결혼은 법적 책임의 관계로, 배우자에 대한 법적 의무가 있다. 또 결혼은 자녀의 적출을 보장하는 관계이다. 경제적으로 소득을 분배할 권리도 있어서 고인의 재산을 상속을 받을 권리가 있으며, 자녀를 양육할 법적인 책임도 있다.

결혼은 공적 의식의 관계이다(반신환 · 유 옥, 2011). 사적인 관계라는 것은 기록에 남지 않고 자유의사에 따라 언제든지 벗어날 수 있다. 공적 의식이라는 것은 사회가 인정하는 관계라는 뜻이다. 결혼은 공적 의사에 의한 관계이기 때문에 실제로 동거를 하지 않는다고 해서 관계가 종결되는 것이 아니라 이혼이라는 공식적인 절차에 의해서 관계가 정리되어야 한다.

결혼은 정서적인 관계라는 것 외에는 법적이고 사회가 관여하는 관계이다. 결혼할 때는 보통 사랑만 이야기하기 때문에 결혼이 가지고 있는 사회적 의미와 법적인 책임 등이 간과되는 경향이 있다.

2) 결혼의 동기

결혼의 동기는 개인적 욕구를 충족시키는 개인적 동기와 사회 전체의 요구를 충족시키려는 사회적 동기로 크게 구분된다(김정옥 외, 2000). 전자는 성적 만족, 정서적 안정, 자녀출산에 대한 욕구, 경제적 보장을, 후자는 사회적 지위 획득 등의 동기를 말한다. 결혼의 개인적 동기와 사회적 동기를 포함하여 대부분의 사람들이 결혼을 하는 이유는 다음과 같다.

결혼의 동기에는, 사랑의 실현과 성적 욕구의 충족이 있다. 현대의 결혼 욕구 중 가장 강한 동기는 사랑하는 사람과 함께 살고 싶은 것이다. 성적 욕구는 개인적인 측면에서는 충족하는 것이지만, 사회적으로는 성적 문란 방지 기능을 한다. 법적으로 일부일처제라는 체제 속에서 살고 있기 때문에 배우자 외의 사람과는 성관계를 하지 않음으로 해서 사회적으로도 성적으로 문란한 행동이 일어나지 않도록 규제한다.

또 자녀출산의 기회를 가지려고 하고, 이는 성인으로서의 신분을 획득하는 의미가 있다. 결혼을 하지 않으면 나이를 먹어도 온전한 성인은 되지 않는다는 사회적인 통념이 있다. 결혼을 하면 확대가족 내에서, 배우자, 자녀와의 관계 속에서 자신의 뜻대로 되지 않는 것을 경험하면서 타인을 수용하는 폭이 넓어지고, 자신이 원하는 것을 포기하는 경험도 하게 된다. 그러면서 조금은 삶을 있는 그대로 수용하는 성숙한 모습을 갖추어 간다. 비혼은 상대적으로 자기실현을 더 추구하고, 타인과의 조율 경험을 덜 갖게 된다.

결혼을 통해 사회적 기대에 부응할 수 있다. 비혼일 때는 언제 결혼하는지 혹은 결혼해야지가 주요 화제고, 아이가 없을 때는 이제 자녀를 낳아야지가 화제가 된다. 이런 대화는 사회적 기대를 보여준다.

3) 바람직하지 않은 결혼 동기

사랑의 실현과 성적 욕구 충족의 결혼 동기는 개인적인 욕구 실현이기도 하면서, 결혼이 원래 가지고 있는 본연의 모습이다. 사회적 기대에의 부응은 의미 있는 결혼의 동기이고, 사회적 보상을 얻을 수 있다. 그런데 개인적 욕구가 충족이 되지 않았는데 사회적 기대에 부응하기 위해서 결혼하는 경우에는 여러 가지 문제가 발생할 수 있다. 따라서 자신이 아직 결혼에 대해서 준비가 되지 않았거나 혹은 배우자 선택에 있어서 충분한 고려를 하지 못했는데 사회적 기대에 부응하기 위해 결혼을 선택하지는 않았는지 생각해 보아야 한다.

바람직하지 않은 결혼의 동기로는 현실도피가 있다. 대학입시에 실패했는데 재수가 힘겨우니까 결혼을 하거나 직장생활이 너무 따분하고 지겨웠던 찰나 오랫동안 알고 지내던 사람이 결혼을 제안했을 때 얼른 결혼하는 경우도 있다. 가장 많은 경우는 부모 혹은 가족에 반발하면서 원가족을 떠나기 위해서 결혼을 선택하는 경우이다. 이 경우 좋은 배우자를 만나면 많은 부분에서 문제가 해결되고, 도움을 받을 수 있는 반면 반대로 원가족을 떠났지만, 더 큰 문제를 만나기도 한다.

지위상승의 욕구도 바람직하지 않은 결혼 동기이다. 이는 결혼을 통해서 지위를 상승하거나, 지위를 안정적으로 확보하려는 노력을 하는 것이다. 결혼을 함으로써 이 동기가 충족될 수 있지만 정서적 안정과 성적 욕구, 친밀감 욕구가 충족되지 않을 때는 많은 어려움을 경험할 수 있다.

순간적인 열정이 동기가 되어 결혼하는 것도 바람직하지 않다. 만난 지 얼마 안 되었는데 결혼하는 경우 로맨틱해 보이지만, 두 사람 모두 모험심이 강한 것일 수 있다. 순간적인 열정에 의해서 결혼했더라도 만족스러운 결혼관계를 유지할 수도 있다. 하지만 많은 부분에서 서로 맞춰보지 않고 결혼하게 되면서 그 이후에 더 많은 문제들을 경험하는 경우가 있다.

또 임신 때문에 결혼하게 되는 경우가 있다. 자녀가 생겼기 때문에 결혼하게 되면, 결혼 후 불만이 생기면 자녀 탓으로 돌릴 수 있다. 자녀와의 관계에서도 여러 가지 어려움을 야기하게 되고, 자녀가 자신의 존재감에 대해서 긍정적인 의미를 부여하기가 어렵다.

3. 가족이란 무엇인가?

1) 가족의 정의

태어났을 때부터 가족 속에서 살았기 때문에 가족이란 무엇인가를 설명하기는 어렵다. 가족은 일차적 집단이라고 하는데, 일차적인 집단은 나에게 주어진 집단이다. 일차적 집단의 상대어는 이차적 집단으로, 이차적 집단은 선택 가능한 집단이다. 물론 결혼할 때는 가족 구성원을 선택한다. 배우자는 가족 구성원이면서 유일하게 선택할 수 있는 사람이다. 배우자와의 관계 속에서 자녀를 만나지만, 자녀를 선택할 수는 없다. 자녀의 입장에서도 부모는 주어진 존재이다.

가족은 공동 사회 집단이다. 가족은 공동 사회 집단원의 희생으로 유지 가능하다. 희생을 강요하는 것은 바람직하지 않지만, 기꺼이 희생하는 것이 가능한 유일한 집단이다.

가족은 폐쇄적 집단으로 경계가 분명한 집단이다. 그래서 내 가족과 가족이 아닌 사람으로 분명히 나누어지는 집단이다. 그렇지만 결혼으로 인해서 새로운 가족 구성원이 유입될 수 있다.

가족은 공식적 집단이다. 결혼의 의미에서도 나오지만, 법적인, 사회적인 의식을 공식적으로 치르게 되는 집단이다. 가족은 피로 연결된 혈연집단이다.

가족의 독특성은 이질적인 구성원들로 이루어진 집단이라는 것이다. 가족

만큼 구성원이 이질적인 경우는 드물다. 부모와 자녀는 연령대별로 다른 존재이다. 세대갈등이라고 이야기하지만 연령으로 볼 때 다른 문화권에 속한 사람들이다. 남성과 여성이 존재한다. 이들의 교육수준도 다 다르다. 또 취미활동, 관심사도 다르다. 집 안에 TV가 한 대 있는데 식구가 네 명일 때 각자 보고 싶은 채널이 다르다. 네 명이 다 한 프로그램을 보기로 동의하는 경우는 드물다. 이질적인 집단 구성원이 모여 있는데 폐쇄적인 집단이어서 이 안에 들어오면 나갈 수도 없으며 가족이라는 이름으로 묶여 있게 된다. 내가 희생을 해야 할 때도 있지만 다른 구성원도 나를 위해서 희생해 줄 수 있는 그런 독특한 집단이다.

가족의 형태를 보면, 출생 가족, 생식 가족, 핵가족, 확대가족, 수정 핵가족, 수정 확대가족이 있다(반신환 · 유 옥, 2011). 출생 가족과 생식 가족은 태어나서, 같이 생활하는 것에 초점을 맞춘다. 출생가족은 내가 자녀로서 출생하여 형성된 가족이며, 생식가족은 내가 결혼하여 만든 가족이다. 기능적인 측면에서 볼 때는 핵가족에서 수정 핵가족이나 수정 확대가족으로 넘어가고 있는 측면이 있다. 같은 공간에 거주하지 않지만 가까운 근거리에 살면서 확대가족의 형태로 또는 핵가족의 형태를 띠고 있지만, 확대가족과 같은 기능을 하는 경우가 증가하고 있다.

가족의 형태가 다양해져서 1인 가족도 가능하다. 과거에는 1인 가족이 비혼으로 혼자 살았다면, 요즘은 1인 가구들이 가족 공동체를 형성하면서 살기도 한다. 집을 공동으로 짓고, 공유하는 공간이 있고, 각자의 공간들로 집을 구성한다. 향후에는 혈연이 덜 강조되고, 공동체적인 가족구성의 의미가 확대될 것으로 예측된다. 한부모 가정, 다문화 가정도 과거의 가족형태와는 다른 형태의 가족이다.

2) 가족의 기능

가족의 고유기능은 애정을 나누고 생식과 양육을 하는 것이다(남순현, 2004). 가족은 고유기능 외에 기초기능을 수행한다. 기초기능에는 사회적인 의미가 강조된다. 사회가 어떻게 유지되는가에 의미를 둔 기능이다. 예전의 가족은 생산과 소비의 기능을 수행했다. 가족 구성원들이 가족 안에서 필요한 모든 것을 생산하던 시기가 있었다. 농업으로 식량을 공급하고, 일상의 물품들도 수공업을 통해서 생산한 시절이 있었다. 그리고 가족에서 생산하지 못하는 것을 다른 가족과의 협의를 통해 조달했던 경제적인 기능을 하였다. 지금은 생산과 소비가 직접적으로 눈에 보이지는 않는다. 하지만 간접적으로 내가 생산한 것이 사회에 제공되고 나도 어떤 형태로든 소비를 하면서 생활하고 있다.

노동력 제공과 생활보장의 기능이 기초기능이라고 할 수 있다. 그런 의미에서 이 사회가 유지되는 데 가족은 자녀출산을 통해서 일정 수준의 국민의 수를 유지하여 국가가 그리고 사회가 존재할 수 있도록 기여하고 있다.

부차적 기능을 보면 교육과 보호, 휴식, 오락, 종교의 기능이 있다. 부차적 기능도 가족이 담당하는 사회 구성원의 건강한 모습을 강조한다. 사회화 과정은 교육을 통해서 일어난다. 가정에서 교육을 담당하게 되면서 사회가 다음 세대에게 전수하기를 원하는 기능이나 가치관 등이 전수된다. 구성원들을 보호하고, 휴식하고, 오락하여, 가족 안에서 사회활동을 하기에 충분한 에너지원을 충전해서 다시 사회로 나올 수 있도록 하는 것도 가족의 기능이다.

사회적인 측면에서 가족을 볼 필요가 있다. 결혼해서 어떤 삶을 살 것이라는 개인적인 관점도 중요하다. 나의 개인적인 선택이 그리고 사회 구성원 다수의 선택이 사회를 어떻게 변화시킬 수 있는지 그리고 사회가 변화하게 될 때 나의 개인적인 생활이 어떻게 달라질 수 있는지를 보면 좋겠다.

3) 가족생활 주기

가족생활은 시간의 흐름에 따라서 즉 주기별로 발달한다(김민녀 · 채규만, 2006). 첫 번째 단계에 미혼 자녀는 가정을 떠난다. 결혼으로 가정을 이루기 전에 먼저 집을 떠나는 것이 포함된다. 물론 많은 이론들이 서양에서 왔기 때문에, 결혼 전에 주거가 분리되는 것을 가정한다. 우리나라는 결혼하기 전까지는 부모와 같이 거주하는 경우가 많다. 그럼에도 불구하고 가정을 떠난다는 표현을 쓰는 것은 물리적인 거주의 독립도 필요하지만, 정서적 독립을 이루어야 하기 때문이다.

이 시기에는 정서적 · 경제적 책임을 수용하는 것이 발달 과제이다. 자신이 남과 어떻게 다른지 그리고 타인의 요구와 욕구가 자신의 욕구와 어떻게 병행될 수 있는지, 또 어디까지 내가 감당할 수 있는지 등을 잘 파악하는 것을 분화라고 한다. 친밀한 동료관계를 유지하고, 일과 경제적인 독립을 결혼하기 전에 이루어야 한다.

부부 문제가 일어나는 여러 가지 원인이 있을 수 있지만 한국 문화에서는 이 단계 즉 원가정을 떠나는 단계가 활성화되지 않아서 발생하는 경우가 많다. 결혼을 하면 성인이 된다고 생각하고, 경제적 · 심리적으로 독립하지 않았는데 결혼을 한다. 자신에 대해서도 잘 알고, 경제적 책임에 있어서도 준비가 된 후에 결혼을 할 때 건강한 가정을 이룰 수 있다.

두 번째 단계는 결혼으로 가족을 세우는 단계이다. 부부는 새로운 가족체계에 헌신해야 한다. 신혼 때 힘든 것은 결혼은 하였으나 자신이 결혼 전에 누리던 것을 유지하고자 하면서 문제가 되는 경우이다. 게임을 좋아하는 남편들은 결혼 후에도 퇴근하고 집에 와서 자기 방에서 게임을 하느라 안 나오는 경우가 많다. 이때 부인이 결혼하면 모든 걸 같이 해야 한다고 생각하면 갈등은 커진다. 과도하지 않다면 서로 독립적으로 취미생활을 할 수 있는 것도 필요하다. 한 사람은 예전에 하던 것을 계속하려고 하고, 한 사람은 결혼했기 때문에 모든 것을 같이 해야 한다고 생각하면 갈등이 일어난다. 그리고 이 시기에는 부부체계를 형성하고 배우자에 의해서 생긴 대가족과 친구 관계를 재조정하는 것도 발달 과제이다.

세 번째는 자녀 출생 단계이다. 부부가 자녀를 가지게 되면, 어린 자녀를 가족체계의 새 구성원으로 수용하는 정서적인 과정을 거친다. 부부체계 안에 자녀를 받아들이기 위해서 적응하는 것, 자녀 양육, 경제, 가사 업무를 위해서 부부가 어떻게 새로운 형태로 연합할 것인지를 조율해야 한다. 부부뿐만 아니라 부모와 조부모역할을 위해 대가족과의 역할 재조정도 필요하다. 실질적으로 도움을 받게 되는 경우도 있지만, 그렇지 않은 경우에도 조부모는 새로 태어난 손자녀에게 어떤 역할을 해야 하는지 정립할 필요가 있다.

네 번째 단계는 청소년 자녀 시기이다. 일반적으로 자녀가 청소년기일 때 가족이 더 힘들다고 이야기를 한다. 실제로는 매 단계별로 새로운 단계에 적응하는 것이 가족의 스트레스가 된다. 청소년기 자녀는 아동기 때 보였던 모습과 다른 모습을 보여주고, 다른 형태의 관계를 요구한다. 자녀는 자기 발달 단계대로 충분히 발현하고 있는데, 부모가 적응하지 못해서 어려워하는 경우도 많다. 청소년 자녀는 정서적 독립과 경제적으로 독립을 성취하지 않은 상태이다. 그래서 다 자란 성인처럼 행동하지만, 어떤 부분에서는 미성숙한 모습을 보여주는 존재라고 할 수 있다.

부모는 청소년 자녀가 체계 안과 밖으로 출입하는 것을 허용해야 한다. 아동기 자녀가 가족 안에서만 주로 생활했다면, 청소년 자녀는 부모가 포함되지 않은 다른 체계에 소속하려고 한다. 또래 관계가 부모와의 관계보다 더 중요한 시점이 도래하면서, 부모만 찾았던 자녀가 이제 부모를 찾지 않는다. 부모 입장에서 서운할 수도 있고 소외감을 느낄 수도 있지만, 그렇다고 해서 자녀가 또래하고만 관계를 하고 부모하고의 관계를 맺지 않는 것은 아니다. 청소년들에게 또래문화가 중요하지만 교육적인 결정을 하거나 진로결정을 할 때와 같은 경우에는 부모의 의견을 듣기 원한다.

중년에 들어선 부부는 부부 관계와 직업적인 문제에 다시 초점을 맞춘다(임재연 · 김지현, 2014). 이 시기가 되면 조직에서 관리자 입장이 되고, 새로운 역할들을 수행해야 하는 단계에 도달한다.

청소년 자녀가 성인이 되면, 원가족을 떠난다. 부모는 자녀를 떠나보내고, 또 자녀의 배우자를 가족체계에 들어오도록 수용할 필요가 있다. 자녀가 떠났기 때문에 두 사람만의 부부체계를 어떻게 새롭게 구성할 것인가를 타협할 필요도 있다. 또 성인이 된 자녀와 성인 대 성인으로서의 관계를 발전시켜야 한다. 자녀가 성장한 만큼 부모도 자녀를 성인으로 대하면서 관계를 맺어야 한다.

자녀가 결혼을 하면 사돈과 손주로 인해 생긴 관계를 재조정해야 한다. 또 부모의 노년기와 관련된 신체적 어려움과 부모의 죽음에 대처해야 한다. 노년기에 들어서면 신체 기능의 손실로 인해 부모가 장애를 경험할 수 있다. 또 부모의 사망을 받아들여야 한다.

마지막 단계는 노년기이다. 자신이 노년이 되었을 때는 세대 간의 역할변화를 수용해야 한다(김호영, 2015). 자신이 생리적으로 약해지는 단계에 있기 때문에 자신이나 부부의 기능과 관심을 유지하는 것이 필요하다. 또 가족관계 내의 새로운 관계를 탐색하는 것이 필요하다. 최근에 전문직에 종사하다가 은퇴를 하고, 손주 양육에 몰입하여 육아책을 내는 분들이 그러한 예이다. 자신이 예전에 가지고 있던 많은 기능들을 상실하고 역할들도 주어지지 않는데, 할 수 있는 역할들을 찾고 그 역할들을 충실하게 경험하는 것이 노년기의 과제이다.

자신이 노인이 되면 성인 자녀가 중간세대가 된다. 그 중간세대가 좀 더 중심적인 역할을 할 수 있도록 의사결정권을 자녀에게 이양해야 한다. 그리고 자신과 주변인의 죽음을 준비해야 한다. 발달 과제를 수행하며 사는 동안 노년기에 대해서는 많이 생각하지 못한다. 전체 생애를 조망하면 현재를 대하는 시각이 달라진다.

〈표 8-1〉 가족생활 주기

단계	정서적 과정	수행해야 할 변화
가정을 떠남: 미혼의 젊은 성인	자신에 대한 정서적, 경제적 책임을 받아들임	• 가족에서 자신을 분화 • 친밀한 동료관계의 발전 • 일과 경제적인 독립으로 자신을 확립
결혼으로 가족을 이룸: 새로운 부부	새로운 체계에 헌신	• 부부체계의 형성 • 배우자에 의해 생긴 대가족과 친구관계의 재조정
어린 자녀가 있는 가족	체계에 새 구성원을 수용	• 부부 체계 안에 자녀를 받아들이기 위해 적응 • 자녀 양육, 경제, 가사 업무를 위한 연합 • 부모와 조부모역할을 위해 대가족과의 관계를 재조정
청소년 자녀를 둔 가족	자녀의 독립과 조부모의 노약함을 지지하기 위해 가족경계의 융통성 증가	• 청소년 자녀가 체계 안과 밖으로 출입할 것을 허용 • 중년에 부부와 직업 주제에 재초점 • 노인 세대를 돌보는 변화를 시작
자녀를 떠나 보내기	가족체계로부터 나가고 들어오는 것을 수용	• 두 사람으로서 부부체계를 재타협 • 성인 자녀와의 관계를 성인 대 성인의 관계로 발전 • 사돈과 손주로 인해 생긴 관계의 재조정 • 부모/조부모의 장애와 사망에 대처
노년의 가족	세대 간의 역할변화를 수용	• 생리적으로 약해지는 단계에서 자신/부부의 기능과 관심의 유지: 가족과 사회 내 새로운 역할 탐색 • 중간 세대가 좀 더 중심적인 역할을 하도록 지지 • 주변인과 자신의 죽음을 준비

이미 결혼을 했더라도 결혼 생활을 재조명할 수 있는 기회가 되면 좋겠다. 지금이라도 어떤 동기로 결혼을 했을까를 생각해 보자. 지금의 문제가 꼭 지금 현재 일어난 것이라기보다는 어떻게 보면 결혼을 결심했을 때부터 문제의

씨앗을 안고 있었던 것일 수 있다. 선택은 연속적이기 때문에 동기가 잘못되어서 현재의 어려움이 발생했을 수 있다. 그렇다면 이 시점에서 그 문제 해결을 위해 나는 어떤 노력을 할 수 있는지와 같은 관점으로 생각해 보는 자세를 가지면 좋겠다.

성찰하기

많은 사람들은 관계에서 받은 상처를 안고 상담을 받으러 온다. 관계에서 받은 상처란 상대가 한 말이나, 상대가 하지 않은 말 때문에 일어난다. 그리고 타인에게 받은 상처는 또 상대의 말 한마디에 치유가 되기도 한다.

삼십 대의 미혼 여성이 자주 어머니와 격하게 싸움을 하고, 싸움 후에는 심한 우울을 경험하여 상담을 받으러 왔다. 고등학교 삼 학년 되기 전 겨울방학에 가정형편이 나빠졌고, 이 여성은 스스로 대학 진학을 포기하였다. 아무도 대학을 가지 말라고 직접 말한 적이 없기 때문에, 굳이 다른 사람을 탓할 수도 없었다.

하지만 이 여성은 "엄마가 미안하다. 지금은 상황이 좋지 않아 너에게 대학을 가라고 할 수가 없구나. 하지만 상황이 좋아지면 꼭 대학을 보내줄게."라는 말을 하지 않았던 어머니에게 십여 년 동안 화를 내고 있었던 것이다. 상담을 통해 어머니에게 듣고 싶었던 말이 명확해지자, 이 여성은 어머니에게 그때 왜 그런 말을 해 주지 않았는지 물었다. 어머니는 "어떻게 말해야 될지 몰라서 그랬지, 엄마 마음이 왜 안 그랬겠니."라고 말하며 울음을 터트렸다.

말로 표현하지는 않았지만 어머니가 내가 원하는 마음을 가졌다는 것을 확인한 이 여성은 십 년 늦었지만 대학에 입학했다. 그리고 첫 학기는 온전히 어머니가 마련한 등록금으로 다녔다. 현재 나이가 아니라, 십년 전 열아홉 살로 돌아가, 어머니의 뒷바라지를 받는다는 토큰이 필요했기 때문이다.

기업 상담분야에서 가장 많이 언급되는, "직장 생활이 어려워서요", 혹은 "직장에서 스트레스 많이 받아요."는 "직장에서 나에게 상처주는 사람이 있어요."로 재진술될 수 있다. 더 나아가 "직장의 누구 때문에 힘들어요." 혹은 "누가 ~라는 말을 해서 상처받았어요."라고 재진술하여야 어려움이 구체화된다. 그 상황에서 내가 듣고 싶었던 말을 확인하고, 상처를 준 타인에게서 그 진술을 들을 수 있다면 상처는 치유된다. 그게 어렵다면 스스로에게 듣고 싶었던 말을 들려주며 스스로를 다독여야 한다.

상처를 잘 받는 사람이라고 해서 타인에게 상처를 주지 않는 것은 아니다. 내가 무심코 내뱉은 말 한마디가 타인에게 상처가 된다. 또 알겠거니 하고 해주지 않은 말 한마디가 타인에게 오랜 시간 응어리가 되어 남을 수 있다.

상대를 사랑하고 배려하는 마음은 말로 표현을 잘못하여도 그리고 표현하지 않아도 상대에게 전달되지 않는다. 사랑하고 배려하는 사람에게 나의 마음을 어떻게 전달할지 함께 고민해 보자. 그리고 마음을 담는 그릇인 말을 날마다 정성스럽게 닦아주자.

9장

부부 관계 개선하기

9장은 부부 관계 개선하기로, 부부 관계에 대한 고정관념, 부부 관계의 패턴을 인식하는 것을 학습 내용으로 한다. 현재 결혼한 사람은 부부 관계 개선하기라는 제목만 들어도 무슨 내용일까 궁금할 것이다. 그리고 우리 부부에게 어떤 문제가 있는지 생각하면서 읽게 될 것이다. 부부 관계에서 가지는 고정관념이지만 대인관계의 고정관념으로도, 또 부부 관계의 패턴이지만 대인관계의 패턴으로도 인식을 넓혀 살펴보면 좋겠다.

1. 부부 관계에 대한 고정관념 수정하기

만족스러운 결혼 생활을 오래 지속하는 것이 목표라면 관계를 지속시키기 위해 사실에 바탕을 둔 청사진을 그려야 한다. 이러한 청사진은 적응과 변화에 강하고 여러 가지 삶의 문제와 위기를 이겨내는 데 도움이 될 것이다. 고정관념이 아닌 사실에 뿌리를 둔 결혼 생활은 폭풍우 속의 따듯한 은신처처럼 안전하다. 반대로 고정관념을 토대로 한 결혼 생활은 유지하거나 회복할 힘이 없는 관계가 되어 폭풍우 속으로 던져질 것이다.

다음의 결혼 생활에 대한 고정관념을 살펴보자. 우선 자신에게 해당되는 고정관념이 있는지 스스로에게 물어보자. 그런 다음 그 고정관념이 결혼 생활에 상처가 되고 있지는 않은지 생각해 보자.

1) 결혼에 대한 고정관념

결혼에 있어 첫 번째 고정관념은 '사랑은 느낌이다'이다(제석봉, 2001). 결혼에서의 사랑은 의지, 헌신의 의미가 크다. 열정은 시간이 지나면서 변화한다. 결혼을 결정할 때는 성적 욕구에 기반한 사랑이 더 중요할 수 있다. 성적 욕구가 충족된 이후의 사랑은 의지와 헌신이 강조되어야 한다. 사랑은 느낌이고 부부간에도 사랑이 가장 중요하다고 한다면 사랑이라는 정서반응이 줄어들었을 때, 다른 사랑을 찾아가는 일탈 행동이 일어날 수 있다.

결혼 생활을 하다 보면 의지와 헌신만 강조되고, 정열을 느끼지 못하는 경우가 많다. 그러면 이상적인 연인은 남편이나 부인이 아니라 밖에서 찾아야 한다고 이야기한다. 그러나 이상적인 연인이라는 것이 존재하는가에 대해서 생각해 볼 필요가 있다. 물론 처음에 연애를 시작할 때는 연인이 이상적이고, 단점도 없고, 장점은 많고, 나를 사랑해 주는 것으로 여겨진다. 하지만 이상적인 연인상이라는 것은 환상일 수 있다. 그 사람을 있는 그대로 보는 것이 아니라, 환상을 그 사람에게 투사하고 그런 사람이라 믿고 결혼 생활을 시작하는 것이다. 그러다가 결혼해서 일상에서 배우자의 있는 그대로의 모습을 관찰하게 되면 그 환상이 깨진다.

이상적인 연인은 존재하지 않기 때문에, 결혼을 하기 전에 배우자가 매력적이라고 느꼈던 점이 무엇인지 기억하려고 노력해야 한다. '왜 이런 사람을 선택했을까?'라고 후회하지만, 처음에 결혼을 결심하게 만들었던 강점을 배우자는 여전히 가지고 있는 경우가 많다.

한 부부의 사례를 들어보자. 남편이 사업을 크게 하다 잘못되었다. 남편은 채권자들을 피해 도피하였고 남편이 도피하게 된 것에 대해서도 부인은 이해를 했다. 그런데 그 시기에 부인이 수술을 하게 되어, 남편에게 연락을 했지만 남편이 오지 않았다. 부인에게는 이것이 상처가 되었고 이로 인해 상담을 받게 되었다. 상담을 진행하다 보니 이 상처만이 아니라 과거 남편의 사업이 잘될 때 외로웠던 상처가 이미 자리하고 있었던 것이었다. 그때는 사업이 잘되어 경제적으로 부유했기 때문에 외로워도 '행복하지 않다'라는 말을 차마 하지 못했다고 한다. 타인에게도 하지 못하고, 스스로도 풍족하지만 외롭기 때문에 행복하지 않다고 하는 자신을 수용하지 못했다. 회상해 보니까 우울증 수준이었는데, 그때는 간과하다가 상담을 받으면서 밝혀지게 되었다.

남편을 대학교 때 처음 만나 연애해서 결혼을 했는데 남편이 지닌 장점 중 성실성을 크게 보았다고 한다. 대학교를 다닐 때 수업이나 학원에 한 번도 빠지지 않았었고 사업을 할 때에 성실했다고 한다. 사업이 잘못된 것은 대기업에 기술을 빼앗기게 되면서 일어난 사태여서, 남편에게만 책임이 있다고 보기도 어려웠다. 성실성은 남편의 강점으로, 부인이 매력을 느꼈던 부분이며, 미래에도 남편에게 기대할 수 있는 특성이다. 또 부인은 남편이 성실로 경제적 어려움을 타개할 수 있다고 믿고 있었다. 그러므로 이 부부에게는 정서적 교류에 대한 주제에 초점을 맞출 필요가 있다.

두 번째 고정관념은 '배우자는 내 인생의 전부이다' 혹은 '배우자는 나의 모든 욕구를 충족시켜 주어야 한다'이다. 보다 건강한 믿음은 '배우자는 내 인생의 일부이다'이다(김명식, 2014). 결혼을 결심할 때 그리고 신혼 부부는 배우자가 내 인생의 전부인 것처럼 생각하는 경우가 많다. 하지만 결혼할 때부터 배우자는 내 일생의 일부라고 생각하는 것이 바람직하다. 부부관계가 좋지 않으면 삶에 대한 만족도가 떨어진다. 그런데 삶에 대한 만족도가 배우자와의 관계에서만 얻어지는 것은 아니다. 한편으로는 지금 삶에 만족을 느끼지 못한다면 그게 배우자와 관계가 좋지 않기 때문만인지를 평가해 보아야 한다. 배우자가 인생의 일부이고 부부관계 역시 내가 맺고 있는 여러 관계들 중의 하나라고 생각한다면, 다른 삶의 영역에 대한 평가를 해볼 필요가 있다. 부부관계가 좋지 않은 만큼의 삶에 대한 만족도가 떨어지는 수준인 것인지, 아니면 부부관계뿐만 아니라 다른 삶의 영역에 있어서의 만족도가 떨어질 때 그 원인을 배우자와의 관계 속에서 찾고 있는 것은 아닌지도 검토해 볼 필요가 있다.

내가 가진 욕구는 어떤 것이 있을까? 배우자를 통해 가장 충족시키고자 하는 욕구는 사랑받고자 하는 욕구일 것이다. 배우자로부터 충족시키고자 하는 다른 욕구로는 동료애, 소속감, 자율성, 협동의 욕구가 있을 수 있다. 물론 배우자가 내 욕구를 충족시켜 줄 수 있는 부분이 있다. 하지만 나의 더 광범위한 욕구를 볼 때는 배우자 외의 다른 사람을 통해서 충족시켜야 하는 욕구도 있다. 배우자가 내 인생의 전부이고 내 인생의 모든 욕구를 충족시켜 주어야 한다고 믿는다면, 실제로 그런 배우자는 존재하지 않기 때문에, 배우자가 좋은 사람일지라도 삶에 대한 만족도는 떨어질 수밖에 없다.

세 번째 고정관념은 '부모의 결혼 생활이 원만하면 내 결혼 생활도 그럴 것이다'이다. 부모의 결혼 생활이 원만했으면 나도 그럴 거라고 생각했기 때문에, 이혼해야 할 때 혹은 부부간에 문제가 있을 때 이를 인정하는 데 시간이 오래 걸리는 경우가 있다. 또 부모가 이혼에 대해서 어떻게 생각하는지에 따라서도 이혼을 결정하는 데 영향을 받는다. 부모의 부부 관계와 나 자신의 부부 관계는 다르다. 부모 역시 자녀의 부부 관계가 자신이 경험한 부부 관계와는 다르다는 것을 인정해야 한다.

어린 시절에 부모가 이혼하면서 힘든 시절을 겪은 사람이 있지만, 그 사람이 나중에 결혼해서 꼭 이혼하는 것은 아니다. 오히려 더 잘 살기도 하고 갈등이 되었던 부분에 대해 더 많이 고민을 하면서 부부 관계에 더 몰입할 수도 있다. 반대로 부모는 한평생 좋은 부부 관계를 가졌지만, 자녀는 이혼할 수도 있다.

2) 변화와 노력

변화에 대한 첫 번째 고정관념은 '부부 관계를 개선시키려면 부부가 함께 변해야 한다'(신희천 외, 2009). 이 문장이 맞는지를 ○×로 물으면 대부분 ○라고 대답한다. 이상적으로는 관계를 개선시키려면 부부가 함께 변하려고 노력하는 것이 좋다. 하지만 꼭 두 사람이 함께 변해야만 관계가 개선되는 것은 아니다.

한 사람만 변해도 관계는 변화한다. 함께 변해야 한다고 생각하기 때문에 상담을 받으러 와서, 상담에 오지 않은 배우자에 대한 부정적인 이야기를 길게 한다. 그리고 부부 관계가 개선되지 않은 책임을 배우자에게 지운다. 물론 답답한 마음을 해소하는 것도 필요하다. 자신의 입장에서 부당하거나 이해가 되지 않는 배우자의 특성에 대해서 이야기할 필요가 있다. 하지만 함께 변해야 한다고 생각하기 때문에, 배우자가 상담에 참여하지 않기 때문에, 부부 관계를 개선시킬 수 없다는 생각은 바꾸어야 한다. 또 자신은 노력하지만 배우자는 노력하지 않기 때문에 부부관계가 변하지 않는다고 생각하는 것도 교정되어야 한다.

관계 속에는 두 사람이 있다. 그리고 두 사람이 관계를 맺는 패턴이 있다.

그런데 A라는 사람이 다른 행동을 한다. 그때 B라는 사람은 예전의 행동을 하려고 하다가, 무언가 이상하다고 생각하면서, 다른 형태의 반응을 한다. 그래서 한 사람만 변해도 관계는 변화한다. 따라서 처음에 더 문제의식을 느끼는 사람 혹은 부부 관계가 개선되기를 원하는 사람이 변화를 시도하는 것이 중요하다.

두 번째 고정관념은 '내가 더 열심히 노력하면 배우자를 바꿀 수 있다'이다(정홍기, 2016). 사람은 잘 바뀌지 않는다. 상담은 사람을 변화시키는 과정이고 상담장면에서 변화하는 사람은 내담자이다. 하지만 내담자는 기본적으로 변화하기를 원하는 사람이다. 일반적으로 변하려는 의지가 없거나 변화가 필요하다는 인식이 없는 사람은 잘 바뀌지 않는다. 그리고 특히나 내 배우자는 바꿀 수 없다. 결혼 기간이 긴 부부들은 동의할 것이다.

내가 열심히 노력해도 배우자가 바뀌지 않을 수 있다는 것을 수용하는 것이 좋다. 그럼 배우자는 변하지 않는데 어떡해야 할까? 한 사람만 변해도 관계가 변할 수 있기 때문에 배우자가 변하지 않더라도 내 스스로 변화하는 것을 부부 상담의 목표로 삼아야 한다.

세 번째 고정관념은 '결혼 생활은 많은 노력이 필요치 않다' 혹은 '부부간의 역할은 지속되고 부부 관계의 변화는 없다'이다(이기복, 2010). 대개 결혼을 할 때 '아 정말 결혼 생활은 많은 노력이 필요해' 혹은 '나는 충분히 노력할 만큼 결심이 서 있어'라고 생각하지는 않는다. 결혼에 대해서 환상을 갖기보다는, 결혼 후 마주하게 될 상황들 또는 감당해야 하는 역할들에 대해서 조금 더 실제적인 관점에서 바라볼 필요가 있다. 노력이 필요하기 때문에 헌신이 강조되어야 한다.

문제를 느끼는 경우에 부부 안에서의 역할이 지속되고, 결혼은 변화가 없다고 느끼기 때문에 고통을 더 많이 느낀다. 이런 감정이 지속되면 우울한 정서를 느끼고 더 나아가 부당하다고 느낄 수 있다.

8장의 가족생활 주기를 통해 본 것처럼 모든 가족 구성원의 역할들은 변한다. 역할을 바꾸기로 결심해야만 변화가 일어나는 것이 아니라, 시간이 흐르면서 경험하게 되는 가족생활 주기에 따라서도 부부간의 역할이나 결혼 생활은 변화한다. 이 변화에 대해서 어떠한 태도를 취할 것인가에 대해서 고민을 해보아야 한다. 변화에 대한 가장 좋은 태도는 변화를 수용하는 것이다. 따라서 변화가 일어날 때 어떻게 수용할 수 있는지에 대해서 생각해 볼 필요가 있다.

네 번째 고정관념은 '큰 변화가 있어야 결혼 생활을 바꿀 수 있다'이다. 결혼 생활에서 큰 변화가 일어나야 삶에 대한 만족도가 올라가고 긍정적으로 변한다고 생각하는 것이다. 해결중심 치료에서는 기적 질문을 한다. 기적이 일어난다면, 즉 모든 문제가 다 사라진다면 어떤 상황일까를 상상하고 상담 목표로 잡기도 한다. 궁극적으로 목표하는 지향점을 명확히 하면 도움이 되기는 하지만 실제로 기적을 원하는 것보다는 기적이 일어나기 위해서 무엇을 바꿀 수 있을까를 질문한다.

작은 변화로도 결혼생활을 바꿀 수 있다. 애정표현을 어려워하는 부부는 서로에게 핸드폰 문자 보내기에서부터 시작할 수 있다. 얼굴을 맞대면서 하기는 어려운데 문자 정도는 할 수 있다. 자기 상황에 대해서 그리고 정서를 이야기하는 것부터 시작할 수 있다. 다음에 전화로 옮겨가고 그 다음에 면대면으로 할 수 있다. 부부관계 변화의 시작점은 언제나 작은 변화에서 시작한다.

2. 관계 패턴의 법칙

1) 다양한 관계 패턴

한 사람이 변화하면 부부 관계가 변화할 수 있으므로, 관계 패턴은 두 사람 공동의 책임이다. 그래서 '배우자가 바뀌면 부부 관계가 바뀔 수 있다'라고 이야기하는데 실제로는 시작을 누가 했는지도 어느 시점에서 보느냐에 따라서 달라진다. 닭이 먼저인지 달걀이 먼저인지처럼 부인이 잔소리를 하기 때문에 남편이 부인을 멀리하는 것인지, 남편이 부인을 멀리하기 때문에 계속해서 남편과 관계를 맺으려고 좇아가는 형태로 관계를 하고 있는 것인지를 명료화하기 어렵다. 결국 의사소통은 두 사람의 몫이기 때문에 두 사람이 각각 어떤 역할을 감당하고 있는지를 살펴볼 필요가 있다.

갈등 혹은 싸움은 예측 가능한 과정과 패턴을 가진다(신희천 외, 2009). 상담에 오면 부부들은 자신들이 경험하는 갈등의 여러 사례를 자세히 이야기하고 싶어 한다. 몇 가지 사건만 정리해도 패턴을 찾을 수 있다. 그 두 사람의 관계 패턴은 부부 두 사람보다 더 크다. 관계 패턴이 한번 자리를 잡으면 예측 가능해서 소재만 다를 뿐 같은 패턴으로 일어난다. 패턴은 이미 습관화되어 자동적으로 발생하므로 변화가 어렵다. 그러나 변화하지 않고 안정적이라는 것이 항상 건강한 것은 아니다.

좇기와 거리두기 패턴은 한 사람은 거리를 두려고 하고, 상대는 그 거리를 좁히려고 하는 것이다. 남편이 컴퓨터 게임을 좋아한다고 가정해 보자. 남편은 퇴근하고 컴퓨터 게임을 하러 자기 방에 들어가서 나오지 않는다. 부인은 결혼하고 나면 남편과 연애할 때처럼 모든 일을 공유할 거라고 생각했는데, 집에 들어온 남편은 방에 들어가고 자기는 혼자 남겨지게 된다. 남편이 생각하는 거리는 집에만 들어오면 괜찮은 것이다. 남편은 두 사람 간에 정서적 공유라거나 활동을 같이 해야겠다는 결심은 없는데, 부인은 두 사람 간에 정서적 공유와 공동 활동이 있어야 한다고 주장한다. 두 사람 모두 다 자기가 원하는 거리를 확보하기 위해서 남편은 문을 닫고 게임을 하고 부인은 게임을 하러 간 남편 방을 계속 방문한다.

처음에는 간식을 챙겨주면서 대화를 시도한다. 그런데 남편은 초점을 게임에서 부인으로 옮기지 않는다. 그러면 부인은 불평을 한다. 그러면 두 사람이 싸우게 된다. 부인은 "집에 오면 두 사람이 같이해야지. 그렇게 게임만 할 수 있냐"라고 한다. 그럼 이제 그 잔소리를 듣기 싫은 남편은 게임방에서 더 나오지 않는다.

대부분의 부부 상담은 남편과 정서 교류를 하고 싶은 부인이 시작한다. 관계 패턴을 바꾸는 전략에서 다시 다루겠지만 이때에는 안 하던 행동을 해야 한다. 그래서 이런 경우에는 정서적 교류를 좁히려 했던 사람이 넓힌다. 그러면 넓히려 했던 사람이 정서적 욕구가 다시 올라오면서 거리를 좁히는 행동을 한다.

남편이 게임을 안 한다면 부인은 같이 뭘 하고 싶은지를 탐색해야 한다. 마트에 가서 장도 보고 그 다음에 영화도 보러 가는 등 같이 하고 싶은 것들을 이야기한다. 그렇지만 영화를 친구들하고 볼 수도 있고 마트에 혼자 갈 수도 있으며 지역사회에서 사귄 친구와 같이 갈 수도 있다. 그 전에는 남편만 바라보기 때문에 그 지역사회에 어떤 사람이 살고 있는지를 몰랐는데 이제 이 부인은 자신의 아파트 단지 내에서 자기하고 나이가 비슷한 친구를 사귄다. 함께 영화도 보러 가고, 마트에 장 보러도 같이 가게 되어 후에는 그 부부는 양쪽 부부가 같이 만나는 부부동반 모임을 하는 것으로 관계가 발전할 수 있다.

남편이 직장에서 긴장하고 스트레스가 많기 때문에, 게임을 하면서 가상세계에 빠져 현실에서 느꼈던 긴장감을 해소한다고 설명한다. 그것을 허용했을 때 부인은 자기가 원하는 욕구를 남편은 아니지만 다른 대상으로부터 충족하였다. 그 과정에서 남편도 부인의 사회관계 속에 다시 들어오게 되었다. 게임이라는 것이 우리가 추천하는 좋은 방법은 아니지만 적어도 자기가 그 게임에 왜 몰입하는지를 알고 있고 게임이 필요하다고 당위적으로 설명할 때에는 그것을 존중해 줄 필요도 있다. 남편에게도 자기 욕구를 충족시키는 것과 같이 무언가를 공유하고자 하는 배우자를 어떻게 존중할 것인가를 주제로 다룰 수도 있다.

어느 상황에서나 두 사람이 있으면 한 사람은 기능을 많이 하고, 다른 사람은 상대적으로 기능을 적게 하는 경향이 나타난다(신영호, 2016). 과대 기능을 하는 사람의 입장은 상대가 너무 안 하기 때문에 공동체를 이루면서 살 때 가족 안에서나 혹은 직장에서 달성해야 할 목표, 이루어져야 한다거나 처리해야 하는 과정들을 충족시키기 위해 부담을 느끼면서 여러 가지 일들을 수행한다. 과소 기능을 하는 사람은 자신도 하려고 했다고 한다. 서로 어떤 일이 처리되어야 한다는 시점에 대한 지각이 다른 것이다. 상대가 다 하기 때문에 내가 하려고 마음먹었을 때는 이미 상대가 다 일을 끝낸 상태이다.

과소 기능을 하는 사람이 여러 가지 역할 혹은 이루어져야 하는 과제에 대해서 자각을 높이는 것이 쉽지 않다. 본인이 그 일이 상황 속에서 처리되지 않았을 때 어떤 일이 일어나는지를 체험해야 자각이 생긴다. 가장 현실적인 해결은 과대 기능을 하는 사람이 기능을 축소하는 것이다. 꼭 해야만 하는 것과 아니면 최대한 미루는 것을 연습한다. 아니면 분담한다. 어떤 것까지는 내가 하고 어떤 것까지는 하지 않는다는 기준을 정한다.

과대 기능을 하는 사람은 소진된다. 결국 하고자 하는 욕구도 떨어지게 되고, 정서적인 수준도 낮아진다. 소진이 되면 효율성이 떨어진다. 그래서 소진한 상태로 과대 기능을 해도 기능 자체가 원활하게 수행되지는 않는다. 할 수 있는 만큼으로 기능을 축소하는 것, 그리고 필요한 것만 수행하고 미룰 수 있는 것을 최대한 미루는 것, 그리고 배우자와 분담하는 것이 필요하다. 분담을 하거나 미루면 과소 기능을 하는 사람도 어떤 기능이 수행되어야 할 필요성을 자각하게 되면서 기능을 수행한다.

부모가 과대/과소 기능을 한 경우, 건강하지 않다고 생각하지만 무의식중에 자녀도 과대 기능을 하거나 과소 기능을 한다. 한쪽 부모를 동일시한 결과이다. 부부 중 한 사람은 과소 기능을 하고 한 사람은 과대 기능을 해서 균형을 이룬다. 하지만 그게 건강한 형태의 균형은 아니기 때문에 건강한 형태의 균형을 맞추기 위해서 어떤 것들을 해야 하는지 계획할 필요가 있다.

부부 사이에 지배적/복종적 관계 패턴이 나타나기도 한다(이인수 · 최대헌 · 최명구, 2007). 좋게 생각하여 지배적인 사람이 리더가 되어서 지도력을 발휘하고 복종적인 사람은 그에 따르면 이상적이다. 그건 긍정적인 모습일 때이다. 부부의 힘이 평등해야 하는데 그렇지 않을 때 지배적/복종적 관계 패턴이 나타난다. 부인이 친정에 가려고 하는데 남편이 반대해서 가지 못했다면, 부부간의 갈등이라고 생각한다. 실제로는 부부가 지배-복종 관계라고 보아야 한다. 결정권을 누가 가졌느냐라는 문제로 보아야 한다. 집안에 일어나는 여러 가지 대소사가 있기 마련인데 그 대소사에서 누가 결정권을 가지고 있는지를 생각해 보아야 한다.

지배적인 사람은 자기가 결정권을 가지고 있기 때문에 결정권을 놓지 않을 텐데, 그럼 이 관계는 변하지 않을 거 아니냐는 의문을 제기할 수 있다. 그러나 모든 인간관계는 얻는 것이 있으면 잃는 것도 있다. 지배적인 사람이 겉으로 볼 때는 결정권을 많이 가지고 있지만 실제로 보이지 않는 영역에 있어서는 그렇지 않다. 겉으로 볼 때는 아버지가 큰소리를 내고 결정을 해서 힘을 많이 가진 것처럼 보이지만 자녀들이 아버지하고 교류하지 않는다. 그리고 큰 문제에 있어서는 아버지가 자기가 생각했던 것들을 이야기하면서 결정을 내릴 수 있지만, 겉으로 보이는 큰 의사결정 외에 작은 의사결정들이 있다. 그런 것들은 자녀와 어머니가 대부분 상의해서 결정한다.

결정권이 분배되지 않으면 소외현상이 일어난다. 그래서 결정권을 가지지만 소외되어도 좋은가 고민을 해보아야 한다. 아버지가 은퇴한 이후에 갈 자리가 없다거나, 황혼 이혼의 증가는 지배적 · 복종적 패턴이 계속 일어났을 때 나타나는 부정적인 결과라고 볼 수 있다.

자녀와 부모와의 관계에서도 부모가 지배적이고 자녀가 복종적이면 겉으로 볼 때는 자녀가 순종적이면서 사춘기가 무난하게 지나갔다고 한다. 하지만 자녀가 내면적으로 상처를 많이 가지고 있거나 아니면 이후에 더 큰 일탈 행동을 하기도 한다. 사춘기 시절에 어머니하고 갈등을 경험한 아이들이 대학을 가거나 성인이 되었을 때는 이미 이전의 자기주장들이 많이 쌓여 자기 삶을 건설적으로 사는 경우가 많다. 반대로 순종적으로 따라왔던 자녀들이 대학을 다 졸업한 이후에 하고 싶은 게 없다거나 혹은 직장을 구하지 않으면서 부모가 원하는 방향으로 나아가지 않는 경우도 많다.

미국에서는 백인 남성들의 자살률이 높은 편이다. 미국에서는 여성 혹은 백인이 아닌 다른 인종인 경우에 지배권, 결정권이 없고 소수자 집단이라고 이야기한다. 백인 남성이 겉으로 볼 때는 의사결정권을 가지고 사회를 지배하는 것처럼 보이지만 내부적으로는 어떤 공동체에도 소속되지 않으면서 정서적으로 소외감을 느끼기 때문에 자살률이 높다는 연구결과가 있다.

쫓기와 거리두기 패턴과 비슷한 싸움과 도주 패턴이 있다(신영호, 2016). 어떤 사람은 비난하면서 싸움을 건다. 다른 사람은 비난을 피하여 도주한다. 이 경우 비난하는 사람이 비난을 줄이는 것이 가장 바람직할 것이다. 그러나 비난하는 본인은 비난이라고 생각하지 않는다. 좋은 말이고 가족들을 격려하고 가정이 나아가야 할 방향을 강조하는 것뿐이라고 한다. 하지만 배우자는 비난하는 사람을 피한다.

비난은 욕구가 충족되지 않을 때 나타난다. 그래서 비난하는 사람은 돌봄받기를 원하고, 충족되고 싶은 욕구를 가진 사람으로 보아야 한다. 충족되지 않은 욕구를 진술하는 형태로 바꾸어 되돌려 주어야 한다. 욕구가 충족되지 않았을 때 외현적 행동은 싸움을 거는 형태로 나타나지만, 돌봄을 받고 싶은 마음을 표현하는 것이다. 그래서 도주하는 사람이 도주하지 않고, 비난하는 사람이 정말 원하는 것이 무엇인지 들으려는 자세를 가지면, 비난은 욕구 진술문 형태로 바뀐다.

부부관계는 생각과 패턴을 강화하기 때문에 관계 패턴은 계속 강화될 가능성이 높다. 결혼 초기에 흔히 기선제압해야 한다고 이야기한다. 그러나 기선제압이 아니라, 초기에 관계 패턴을 어떻게 형성할지를 고민해야 한다. 첫 부부싸움을 했을 때 그 관계 패턴이 어떤 것이었는지 평가해야 한다. 그리고 장기적으로 다른 영역에도 일반화될 가능성이 높은데, 이 의사소통 패턴이 건강한가를 확인하고, 건강하게 갈등을 해결할 수 있도록 노력해야 한다.

2) 관계 패턴 수정하기

관계 패턴을 수정하기 위해서는 제일 먼저 어디에 문제가 있는지를 확인해야 한다. 처음에는 여러 가지 일화들을 이야기한다. 불만이 생길 때는, 특정 상황에서 발생한 행동과 대화, 그리고 상호작용을 설명해야 한다. 그리고 그 일화들을 다 수집한 후에는 가장 문제가 되고 있는 문제영역을 찾아내야 한다. 공동 생활에 있어서의 문제라거나, 아니면 재정적인 배분에 대한 문제라거나, 아니면 의사결정을 하는 데 있어서 누가 결정하는가의 문제 등의 영역으로 나눌 수 있다.

그 다음에 패턴을 확인해야 한다. 패턴이 어떻게 나타나는지를 분명히 파악해야 한다. 앞에 설명된 패턴들 중에서 쫓기-거리두기 패턴인지, 과대 기능-과소 기능, 지배적-복종적 관계 패턴을 하고 있는지, 싸움과 도주 패턴인지를 확인한다.

패턴을 확인한 다음에는 패턴에서 자신이 어떤 역할을 하고 있는지를 보아야 한다. 보통은 배우자가 어떻게 해서라고 이야기하는데 배우자의 행동 이전에 자신의 행동을 파악한다. 그리고 배우자가 먼저 패턴 행동을 시작했다고 보기보다는 자신의 어떤 행동에 배우자가 어떤 행동으로 반응하는지로 다시 본다. 자신의 행동을 어떻게 변화시킬 수 있는지에 대해서 이야기를 하고 그 변화를 훈련하는 단계로 진행한다. 이 훈련 단계가 지나면 처음 정했던 영역이 아니라 다른 영역에 있어서도 관계 패턴을 어떻게 달리할 수 있는지 고려한다.

관계 패턴 바꾸기 전략의 첫 번째 단계는 건설적 혼란이다. '혼란스럽다'라는 표현은 긍정적이기보다는 부정적으로 여겨지지만 건설적일 수 있다. 패턴이라는 표현 자체는 변화하기 어렵다는 것을 포함한다. 그런데 건설적 혼란은 어떤 형태로든 변화하는 것을 뜻한다. 자신의 행동에 배우자는 반응을 한다. 또 배우자가 반응을 하면 거기에 자신도 반응을 한다. 그래서 건설적인 혼란은 처음에 시작하는 자신의 행동을 바꾸고 배우자가 어떤 행동을 했을 때 반응하는 방법을 바꾼다. 그러면 배우자는 혼란을 느끼고, 패턴이 지속되지 않게 하였기 때문에 건설적이다.

앞의 예에서 컴퓨터 게임을 하러 남편은 방에 들어간다. 부인은 방에 남편을 찾아간다. 그리고 자신의 요구를 표현한다. 이것이 패턴이다. 그러면 아내의 요구에 남편은 짜증을 낸다. 남편이 짜증을 내면 아내는 슬프고, 외롭다. 부인이 더 이상 찾아가 자신의 요구를 하지 않을 수도 있다. 남편이 나도 나만의 시간이 필요하다고 하면 부인도 그걸 있는 그대로 수용해 줄 수 있다. 그러면 '나랑 같이 있기 싫으니까 컴퓨터를 하지'라고 생각하지 않기 때문에 슬픔과 외로움을 경험하지 않는다. 남편이 스트레스를 많이 받아서 정말로 시간이 필요한 거라고 수용하면 나하고 아무 상관이 없다. 나의 욕구가 좌절될 수는 있지만 내가 슬픔과 외로움, 분노를 느낄 필요는 없다.

건설적 혼란 단계에서 아내는 찾아가서 요구하지 않는다. 아내는 자신이 하고 싶은 활동목록을 적는다. 그리고 활동목록 안에서 남편과 하는 것이 1순위이기는 하지만 2순위로는 누구와 할 수 있는지를 검토한다. 같은 아파트 단지에 사는 친구를 찾는다. 게임을 하다 문득 아내가 방문하지 않는다는 걸 남편이 인식한다면 건설적 혼란이 시작된 것이다.

두 번째는 질문하기로, 바꾸어 말하기와 같다. 배우자의 행동에 반응할 때, 자신의 반응을 질문형태로 제시한다. 질문은 상대편의 의도와 욕구를 읽어주려는 노력을 한다.

같이 직장생활을 하는 부부가 있다. 주말에 집안일을 해야 하는데 남편은 TV 시청을 하고, 부인은 집안일을 하고 있다. 그러면 보통 부인은 남편에게 "내가 일하고 있는 게 안 보여?"라고 한다. 물론 질문이기는 하지만 비난이다. 비난을 받은 남편은 '차라리 요구를 했으면 좋겠다'라고 한다. 예를 들면, 아내가 지금 주방을 청소하고 있으니까 남편은 욕실을 청소하라고 하면 좋겠다고 한다. 아내는 언제까지 TV를 볼 것인지, 지금 보고 있는 프로그램은 무엇인지, 재미가 있는지, 중요한 내용인지를 질문할 수 있다. 순수한 오락을 위해서일 수도, 관심사여서 TV를 보는 경우도 있다. 휴식의 욕구든, 오락의 욕구든, 욕구를 충족하는 것을 확인할 수 있다. 그 다음에 '그 TV 프로그램은 언제 끝나는지' 물어볼 수 있다. 그 다음에 TV 시청 후의 일정은 무엇인지 물어볼 수 있다.

비난하는 것이 아니고 남편의 스케줄을 확인하고, 공동의 과제인 집안일에 배우자가 어느 정도 참여할 수 있는지에 대해서 이야기하는 것이 바람직하다. 그리고 TV 시청에 관련된 질문이 끝난 후에 같이 해야 할 일을 상의할 수 있다.

바꾸어 말하기는 비난의 형태로 주어질 때 충족되지 않은 욕구는 무엇인지를 진술하는 것이다. 보통 사람은 비난을 받으면 방어적으로 된다. 방어 말고 상대가 정말로 원하는 욕구는 무엇인지 확인해야 한다.

세 번째는 주제에 머무르기이다. 부부가 추구하고 있는 목표는 '저축을 한다 혹은 풍요롭게 산다'라기보다는, '재정을 효율적으로 사용한다'이다. 그런데 재정을 효율적으로 쓰기 위해서 필수품이 아닌 것에 대해서는 비용을 거의 지불하지 않아야 한다는 사람이 있다. 하지만 배우자는 그런 것도 필수품에 포함된다고 본다. 부부가 의견이 다를 수 있다. 무엇을 필수품으로 보는가에 대해서 대화를 하기보다는, 중간에 '짠돌이'라거나 '낭비벽' 등의 표현으로 마음이 상한다. 마음이 상하면 원래 목표인 '저축'에 초점을 맞추지 못한다. '어떻게 나를 이렇게 볼 수가 있는가', '나를 존중하지 않는다'로 주제가 바뀌면서 다툼이 시작된다.

과대 기능-과소 기능 관계 패턴에서도 서로가 느끼는 필요수준에 대한 것, 누가 무엇을 할 것인가에 대한 분배의 문제가 있는데, 그것보다는 누가 짜증을 먼저 냈는가를 주제로 다툰다. 원래 부부가 해야 하는 기능이 얼마나 실현되고 있는가에 머무르기보다는 부정적인 정서를 교류하면서 그 정서에 머물러 있는 경우가 있다(최성애, 2014). 감정이 상하면 감정을 상하게 한 주제에 머무르게 되어, 처음에 대화를 시작했던 더 중요한 주제로 돌아가지 못하는 경우가 있다. 그래서 대화가 다른 곳으로 흘러갈 때 중단하고, 원래 목적한 주제로 돌아올 수 있도록 노력해야 한다.

기본적이지만 망각하며 살고 있는 질문은 '내 욕구는 무엇인가'이다. 우리는 대부분 당위에 머무른다. 부부가 함께하는 시간이거나 함께 활동을 하는 것이 욕구라면, 시간과 활동에 대해서 두 사람이 어떤 개념을 가지고 있는지 확인하여야 한다. 자신의 욕구에 상대가 동의하지 않는데 강요할 수는 없다. 결국은 두 사람의 욕구가 어떤 것인지, 또 자신의 욕구가 어떤 수준에서 충족되었을 때 그래도 지금보다는 더 만족스러운 형태가 될 수 있는지를 확인하면서 대화를 할 필요가 있다.

3. 안정애착 형성하기

1) 애착

애착(attachment)은 한 개인이 자신과 가장 가까운 사람에게 느끼는 친밀하고 강한 정서적 유대감이다(Bowlby, 1982). 유아는 태어날 때부터 부모에게 애착되도록 동기화되어 있다. 유아의 빨기, 따라다니기, 매달리기, 울기, 미소짓기와 같은 본능적인 반응은 양육자를 향한 애착행동으로 통합된다. 이러한 반응은 유아와 양육자의 역동적인 상호작용을 촉진하게 되고 유아는 이로써 안전과 생존을 보장받게 된다.

볼비(Bowlby, 1982)의 애착행동체계(attachment behavioral system)에 따르면 유아는 양육자가 근처에 있고 잘 응답하는 것으로 지각할 때 안전감을 느끼고, 세상을 탐색하며, 위협을 느끼게 되면 즉시 애착행동체계를 활성화시켜 애착 대상에게 돌아가 지지와 위안을 얻는다. 즉 유아는 양육자를 안전기지로 활용함으로써 안정감을 되찾게 된다. 이러한 과정을 거쳐 애착 행동체계가 비활성화되면 유아는 다시 새로운 탐색을 시작한다.

이러한 과정에서 유아는 자신의 요구에 양육자가 적절한 보살핌과 지지를 제공하느냐에 따라 양육자와 자신의 관계에 대한 정보를 조직화하여 내적작동모델(internal working model)을 발달시킨다. 유아는 애착 대상이 대체적으로 따뜻하고 반응을 잘 하며 지지와 격려를 제공할 경우 안정된 애착을 형성하게 되고 타인을 신뢰할 수 있는 내적작동모델을 형성하게 된다. 그러나 애착 대상이 냉정하고 거부적이고 예측 불가능할 경우 유아는 불안정 애착을 형성하게 되고 타인에게 지지와 위안을 받을 수 없을 것이라고 생각하는 내적작동모델을 발달시킨다.

이러한 내적작동모델은 의식적이며 무의식적인 표상의 형태로 유아의 성격특성으로 자리 잡게 된다. 이러한 관계의 표상은 전생애 동안 영속적으로 유지된다. 즉 애착은 어린 시절에는 유아와 양육자와의 관계를 통해, 그리고 성인기에 이르러서는 친밀한 대인관계 상황까지 전 생애에 걸쳐 개인의 사고와 행동에 영향을 미친다.

2) 성인애착

성인애착은 한 개인이 신체적, 심리적으로 편안함과 안정감을 주는 소수의 특정한 인물과 친밀감 및 근접성을 유지하려는 개인의 안정된 성향이다(Berman & Sperling, 1994). 생애 초기 영아에게는 부모가 중요한 애착 대상이었지만 아동기와 청소년기를 지나면서 또래 혹은 이성으로 애착 대상의 변화가 일어난다. 즉 애착은 유아기로부터 성인기에 이르기까지 전 생애적인 발달을 지속하면서 성인기의 감정적 유대관계에 영향을 미친다.

성인애착은 초기 애착의 경험 자체보다는 현재의 마음 상태와 경험을 어떻게 전달하는지를 기준으로 결정된다. 또한 성인애착은 고정된 것이 아니라 개인이 경험하는 관계의 내용이나 질에 따라 수시로 변화할 수 있으며, 상호작용하는 상대가 달라짐에 따라 한 사람이 동시에 다양한 애착 형태를 가질 수 있다.

성인의 로맨틱한 사랑에는 애착의 세 가지의 개별적인 행동 체계인 애착, 보살핌, 성이 서로 상호작용한다. 애착 체계는 생애 초기에 발달되며, 이후 보살핌과 성적 행동 체계 형성에 영향을 미친다. 성적 행동 체계는 연인 혹은 배우자와 정서적으로 서로 밀접하게 연결되어 있는 공통된 느낌을 발달시켜 애착에 도움이 되도록 이바지한다. 애착체계는 근접성 추구 기능을 가진다. 근접성 추구는 부모애착에서 유아가 양육자와 가깝게 지낼 수 있도록 기능을 하지만 성인애착에서는 근접성 추구가 성적매력과 성적활동을 통한 친밀감을 통해 정서적 친밀감을 추구하고 편안함과 지지를 얻으려는 기본적 동기의 힘으로 기능한다.

애착체계는 안전한 안식처로 기능하는데 유아는 지지와 편안함을 꾀하기 위해 스트레스를 받거나 두려움을 받는 상황에서 자신의 양육자를 찾고 양육자 곁으로 간다. 이와 달리 성인애착에서는 한 사람의 일방적인 보살핌과 애착이 아니라 배우자 상호 양육적인 지지관계를 유지한다. 상대방의 애착행동에 대한 반응행동으로 배우자에게 얼마나 평안함과 안전한 안식처를 제공해주는 좋은 보살핌 제공자로 지각되느냐에 따라 관계만족도가 달라진다. 유아의 경우 새로운 환경에서 사물이나 현상을 살피거나 성장이나 성취 행동을 할 때 양육자를 안전한 기지로 여긴다. 이에 반해 성인애착에서 안전기지는 배우자의 정서적 욕구를 수용할 수 있고 존중해 주며 일과 여가를 즐기며 개인적인 목표와 외부 환경에 대한 호기심과 탐색을 허용하고 격려하는 안전기지를 제공한다.

성인의 애착 유형은 안정애착(secure), 애착회피(avoidant), 애착불안(anxious, ambivalent)으로 분류된다(Ainsworth, 1978). 성인애착이 안정애착일 경우 배우자에게 의지하거나 배우자에게 자신을 개방하는 것을 편하게 여긴다. 자기 자신이 존중받을 만한 가치가 있고, 타인의 관심과 사랑을 받을 가치가 있는 사람이라고 믿는다. 또한 관계에 대한 만족도가 높으며 친밀한 관계를 유지하고 형성하는 것을 두려워하지 않는다.

애착회피 성향의 개인은 타인을 부정적으로 바라보기 때문에 타인의 중요성을 감소시키고 다른 사람들에게 도움을 구하는 것을 피하기 위해 그들로부터 거리를 유지하는 경향이 있다. 낭만적 관계나 사랑에 별 관심이 없으며, 과거 연애관계에서 헤어짐을 겪었을 확률이 안정애착보다 높으며 헤어짐에 대해서도 별로 슬퍼하지 않는다. 수줍어하거나 자기 주장적이지 못하는 경우도 있다.

애착불안 성향의 개인은 거부, 거절, 버려짐에 대한 과도한 두려움 때문에 상대방에게 지나치게 집착하거나 자신의 정서를 과도하게 표현하는 특성이 있다. 애착불안을 가진 개인은 자신을 부정적으로 바라보기 때문에 자신이 처한 심리적 어려움을 과장하는 경향이 있다. 애착불안이 높으면 관계만족도가 낮고, 부부관계에서 어려움을 느낀다.

3) 부부로서 안정애착 형성하기

애착은 원가족(자신이 자녀인 가족)에서 형성되며, 원가족에서 형성된 애착을 가지고 성인은 부부관계를 형성하게 된다. 연애단계에서 원가족으로부터 형성된 애착불안이나 애착회피가 치유되고 안정애착을 형성하지 못했다면, 부부관계에서 안정애착을 형성할 수 있도록 부부 모두 함께 노력할 필요가 있다.

특히나 갈등이 심한 부부의 경우 현재 진행되는 사안에 대한 갈등이 알아차리기 어려울 만큼 빠른 속도로 성인애착 유형에 따른 반응으로 인한 갈등으로 발전한다. 앞에서 쫓기와 거리두기 패턴은 애착불안 특성을 가진 배우자는 쫓기를, 애착회피 특성을 가진 배우자는 거리두기를 시도할 수 있다. 현재의 관계패턴을 명료화하고 관계패턴 수정하기 작업을 진행하지만, 여전히 변화가 어렵다면, 부부는 자신의 성인애착 유형을 확인할 필요가 있다.

자신의 성인애착 유형을 이해했다면, 갈등 상황에서 현재 사안으로 논의를 하고 있는지, 아니면 자신의 애착 유형으로 상황에 반응하고 있는지를 판단할 필요가 있다. 현재 다루어야 하는 주제와 자신의 애착 유형 반응이 구분되었다면, 갈등에서는 현재 다루어야 하는 주제에 초점을 맞추어야 한다. 그리고 그 주제가 해결된 후 자신의 애착 유형 반응에 대한 교정, 즉 지금 배우자의 반응을 나를 버리려는 시도로 해석하고 있는지 혹은 배우자의 반응을 평가 절하하고 있는지에 대한 교정 작업이 필요하다.

9장은 부부관계에서 고정관념과 관계 패턴을 수정하기를 다루었다. 부부가 갈등상황에 있을 때 비디오로 찍어서 본다면 어떤 장면들이 연출될 것인지를 상상해 보는 것은 좋은 연습이다. 부부관계는 아니어도 사귀고 있는 사람, 동성 친구 혹은 직장에서 관계가 가장 힘든 사람과의 상황들을 생각해 보면서 연습해 보면 좋겠다. 또 내가 가장 추구하고자 하는 욕구는 무엇이고, 가장 많이 좌절된 욕구는 무엇인지를 성찰하는 시간을 가지면 좋겠다.

성찰하기

한 여성이 아들이 결혼을 염두에 두고 교제하고 있는 여자 친구가 맘에 들지 않는다며 상담실을 찾아왔다. 그 여자 친구가 마음에 들지 않는 이유는 몸이 건강하지 않기 때문인데, 자신이 몸이 허약해서 평생 남편과 아들의 뒷바라지를 충분히 하지 못했던 것 같아서 미안한데, 아들이 또 자신과 비슷한 여성을 만나 같은 경험을 하는 것이 싫다는 것이다. 그러던 중 이 여성은 친구들과의 모임에서 밀가루 면 요리를 먹고 체해서 그 다음날 아침에 힘들어 남편의 아침밥을 차려주지 못하였다. 부인이 미안하다고 했는데, 남편은 "당신은 일부러 그러는 것 같다"라고 하였다. 부인은 자신이 몸이 약해서 그러는데, 남편의 '일부러'라는 표현이 상처가 된다고 하소연을 한다.

부인은 정말 일부러 소화가 되지 않는 밀가루 음식을 먹고, 다음날 아프려고 했을 수도 있다. 위가 약해서 밀가루 음식을 먹으면 소화에 어려움을 겪는다는 것을 잘 알고 있는 부인은 굳이 중식당에서 진행된 모임에서 밀가루 음식을 먹지 않아도 되었다. 중화요리에도 밥 종류가 있으며, 친한 친구들의 모임이므로 혹시 단체로 모두 짜장면을 먹더라도 "나는 소화가 잘 안되니 밥을 먹을게"라고 말해도 어색하지 않았을 것이다.

누구나 건강한 신체를 타고 나는 것은 아니다. 다만 자신의 체력과 신체적 조건을 알게 되면 누구나 이를 가장 최적화해서 살아가는 전략을 세우기 마련이다. 그게 타고난 생존 전략이다. 그런데 그 생존 전략을 사용하지 않는 것처럼 보인다면 그 안의 심리적 생존 전략을 살펴보아야 한다.

부인은 상처를 받았다고 하지만, 부인이 일부러 소화 장애를 일으키는 음식을 선택했다는 남편의 평가는 정확했다. 물론 부인이 꼭 의식적으로 '소화 장애를 경험해야지' 라고 선택을 하지는 않았을 수 있다. 이 부인은 소화 장애를 경험하면, 그 다음날 식구들의 보살핌을 받고, 이는 부인의 욕구를 충족시킨다. 그리고 자신이 몸이 허약하기 때문에 남편과 아들로부터 받았던 보살핌과 의무가 축소되는 역동을 미래의 며느리도 사용할 것이라고 생각하기 때문에, 몸이 허약한 며느리를 비슷한 점을 가진 여성으로 보아 연대하기보다는 수용할 수 없는 것이다.

상담은 정신 건강을 위한 대화이다. 그리고 신체 건강과 정신 건강은 별개의 문제는 아니다. 건강이 증진되는 섭식을 추구하는 것이 건강한 태도이고, 그렇지 않을 때는 그 이유에 대해 성찰해 볼 필요가 있다.

10장

이혼과 재혼

10장의 주제는 이혼과 재혼이다. 결혼하는 것, 결혼생활을 유지하는 것, 자녀와 좋은 관계를 유지하는 것은 많이 강조되는 반면에, 증가하는 이혼과 재혼이라는 주제는 일상에서 덜 다루어진다. 자신에게 닥치기 전까지는 이혼과 재혼은 자신과 무관하다고 생각하는 경향이 있다. 이미 이혼과 재혼을 한 사람들도 이야기하기를 꺼린다. 이혼이라는 말을 들었을 때 스스로 불안, 두려움, 혹은 수치심을 느끼는지 관찰하기 바란다. 다른 사람이 이혼한다는 말을 들었을 때 얼마나 힘들었을까라고 생각하는지, 아니면 좀 더 참고 살지 그랬나라는 생각을 하는지 점검해 보기를 바란다. 재혼에 대해서도 평소 본인이 재혼을 하는 것이 더 좋다고 생각하는지 그렇지 않은지 생각해 보면 좋겠다. 10장에서 이혼과 재혼에 대한 편견을 탐색하고, 이혼과 재혼에 대해서 올바로 이해하게 되면 좋겠다.

1. 이혼

1) 이혼의 증가

역사적 배경을 살펴보면 이혼은 동서양을 막론하고 저지하는 요인이 많았다(김정옥 외, 1999). 이혼을 저지하는 요인의 예로는 신부값 혹은 지참금이 있다. 지참금은 남자가 결혼을 할 때 여자의 집에 지불하는 금전으로, 이혼할 경우 다시 돌려받는다. 이렇듯 경제적인 문제와도 얽혀 있어 이혼이라는 주제가 거론되는 것 자체가 어려웠다.

과거의 결혼 관계가 제도적 가족 관계라면, 현재의 결혼 관계는 우애적 가족 관계이다. 과거 신분 사회일 때는 신분이 같은 계급끼리 결혼을 하고, 이러한 경우 이혼으로 인해 자녀가 사회적 신분에서 불이익을 받을 수 있기에 결혼 관계를 해체하기가 어렵다. 또한 한국 전통사회에서는 이혼은 남편만이 할 수 있는 것으로, 부인이 이혼의 권리를 주장하는 것이 어려웠다(최상진 · 김은미 · 차영란, 2006). 남편은 이혼을 선언할 수는 있었지만, 남편 또한 신분제도하에서 이혼하기는 어려웠다. 결혼과 이혼이 신분, 성별과 같은 사회적 요인들의 영향을 많이 받을 때, 이를 제도적 가족관계라 한다.

그러나 이혼에 대한 가치관이 변화하면서 이혼 또한 증가하였다. 과거에는 그냥 참고 살아야지 혹은 배우자와의 관계가 원만하지 않더라도 자녀를 보고 살아야지 등의 생각이 있었기 때문에 이혼하기가 어려웠다. 지금도 여전히 이런 생각으로 이혼을 결정하지 못하는 경우는 많다.

그렇지만 요즘은 이러한 경우, 오히려 자녀들을 위해서 이혼해야 한다고 이야기하기도 한다. 부부가 극심한 갈등 속에 있을 때 자녀가 느끼는 불안이 더 크기 때문이다(유정이 · 금명자 · 이지은 · 이호준 · 김수리, 2006). '자녀를 불안한 환경 속에서 키우는 것이 과연 옳은가?'라는 고민을 해 볼 필요가 있다. '배우자가 과도한 혹은 상식에 벗어나는 행동을 할 때 그 영향 아래 자녀가 있는 것이 좋은가?'라는 질문 또한 부모가 극심한 고통을 감내하면서까지 자녀(들)에게 인내하는 모습만을 보여주는 것이 좋을지도 고민해 보아야 한다.

여성의 지위 향상과 경제적 자립은 이혼의 증가에 영향을 끼쳤다. 이는 남녀 불평등이 결혼과 이혼에 얼마나 크게 영향을 끼치는지를 보여준다. 예전에는 여성의 사회적 지위가 높지 않았고 경제활동을 하기도 어려웠기에, 이혼한 여성은 사회에서 자리매김하기가 어려웠다. 고도의 성장을 추구하는 사회일 때는 남성의 노동력이 훨씬 더 많은 가치를 가졌다. 하지만 경제적 저성장 시기가 길어질수록 남자들이 일할 곳들을 많이 잃게 되었다. 일자리가 줄어들면 50세 이후에 일자리를 유지하는 것이 어려워진다. 그러나 여성들은 일용직 근무가 가능하다. 그래서 50세 이후에는 여성이 남성보다 더 경제적으로 자립하기 쉬운 상황이 된다. 경제적 자립을 이룬 여성은 불평등 혹은 불만족스러운 결혼생활을 더 이상 유지하지 않기로 결정하고 이혼을 선택할 가능성이 높아진다.

이혼에 대한 법적 제재 약화도 이혼 증가에 영향을 끼쳤다. 합의 이혼 및 재산분할이 가능해졌다. 과거에는 여성이 외부에서 소득을 창출하지 않은 경우 재산을 요구하기가 어려웠다. 위자료를 받지만 여성이 결혼생활을 유지하기 위해 기여했던 노력에 비해서는 적었다. 지금은 전업주부였어도 결혼 이후에 생성된 재산에 대해서 재산분할 청구를 할 수 있다.

이혼에 대한 종교적 규제도 완화되었다. 예전에는 종교 공동체가 이혼을 허용하지 않는 경향이 강했다. 여전히 이혼이라는 선택에 우호적이지는 않지만 이혼한 신자의 종교 생활 참여를 거부하지는 않는다. 이혼을 종교적으로 죄를 짓는 것으로 여기는 경향도 적어지고 있다.

사회적 유대감 약화 또한 이혼 증가에 영향을 미쳤다. 과거 친족사회에서는 친척들이 가까운 곳에 살고 이웃과의 소통이 원활하였다. 때문에 좁은 지역사회에서는 이혼했다는 것이 만천하에 드러나게 되고 이혼한 당사자뿐만 아니라 가족들이 수치심을 경험했다. 지금은 나에 대해서 알지 못하는 사람들과 같은 지역 내에서 살고 있는 경우가 많다. 가장 흔한 거주 양식인 아파트에서는, 이웃이더라도 누가 이혼했는지는 알기가 어렵다. 사회적으로 바람직하지 않은 모습이라는 분위기 속에서 벗어났기 때문에 이혼에 대해 더 쉽게 생각해 볼 수 있게 되었다.

결혼의 의미도 변화하였다. 과거에는 가족을 유지시키는 것, 노동력을 제공하는 것이 중요한 가치였다. 지금은 얼마나 사랑을 나누며 개인적인 만족을 얻을 수 있는지가 결혼에서 중요한 의미를 차지한다. '그래서 만족스럽지 않은 결혼생활을 유지하는 것이 가치로운가?'라는 의문을 제기하게 된다.

성에 대한 인식도 변화하였다. 예전에는 결혼이라는 제도가 없으면 성관계를 맺기 어려웠다. 그러나 최근 혼전순결을 유지하는 성향은 약화되었다. 첫 성경험 연령은 점점 낮아지고 있으며, 가족센터의 상담 주제 중 많은 사례는 외도를 포함한다.

또 자녀 수가 감소하는 것도 이혼 결정을 용이하게 하였다. 자녀의 수가 많으면 이혼하고 양육을 담당할 부모의 부담이 크다. 그리고 이혼이 여러 자녀들에게 미칠 영향에 대한 부담도 크다. 자녀의 수가 적을수록 양육부담도 적어지며 그 아이가 상처를 좀 덜 받도록 도와줄 가능성이 크다.

안타깝게도 이혼은 증가할 것으로 여겨진다. 그리고 이혼을 고려하는 상담사례도 증가할 것으로 보인다. 지금은 이혼이 많이 증가하였기 때문에, 현실 수용의 차원에서는 이혼을 결혼의 발달 단계 속에 포함하기도 한다. 그러므로 부부관계를 돌보고 가꾸는 노력이 필요하다. 그리고 이혼 가능성을 염두에 둘 때 결혼선택도 신중하게 해야 한다. 하지만, 피하려고 노력함에도 불구하고 이혼은 일어날 수 있는 인생 경험이므로 구체적으로 논의할 필요가 있다.

2) 협의이혼

협의이혼은 사유와 관계없이 부부가 합의하면 가능하다. 그래서 이혼 사유보다는 당사자 간 합의여부가 더 중요하다. 이혼에는 외도, 경제적 파탄, 성격 불일치 등의 사유가 많다.

이혼을 하려면 부부 중 한 사람의 주소지 관할 가정법원 가사과에 이혼합의서를 접수해야 한다. 가족관계 증명서와 주민등록증을 지참한 채, 부부가 함께 이혼에 필요한 서류를 접수하고 접수확인서를 받아야 한다.

이혼 접수 후에는 이혼숙려 기간이 있다. 힘든 갈등 속에서 해결점을 찾지 못해 이혼을 결심했지만, 이혼결정에 대해서 다시 생각해 보는 시간을 갖는 것이다. 이때 상담사를 만나도록 되어 있는데, 상담사를 만나면서 이혼에 대해서 생각을 바꿀 수 있는 기회를 갖는다. 협의이혼은 이혼 절차가 간단하기 때문에 이런 기간을 두게 한 것이다. 이혼숙려 기간은 1개월이고, 자녀가 미성년인 경우에 3개월이다.

법원에서 지정한 날에 부부가 함께 참석하여 이혼신고서의 진정성을 확인받은 후 판사의 서명 날인이 있는 이혼확인서를 받아야 한다. 법원으로부터 이혼확인서를 받은 날로부터 3개월 이내에 본적지나 주소지에 이혼신고를 마쳐야 효력이 발생하게 되고, 3개월이 넘어 간 신고는 무효가 된다.

합의이혼에서는 이혼 여부뿐 아니라 재산분할, 자녀양육 권한을 누가 갖게 되는지를 정하는 양육권 등을 협의한다. 이 협의과정에서 부정적인 감정이 올라오기 때문에 이혼을 하기로 동의는 했지만 합의를 하기가 어려운 경우가 많다.

여러 가지 사항에서 합의가 되지 않을 때는 재판을 받는다. 재판으로 이혼을 진행할 경우 결혼관계에 부정적인 영향을 덜 미친 부모가 자녀 양육권을 갖게 되는 경우가 많다.

협의이혼이 취소가 되는 경우가 있다(이종한 · 이윤희, 2000). 한 배우자가 상대가 모르게 일방적으로 이혼신고를 한 경우이다. 이혼을 위해서는 두 사람이 함께 법원에 출석해야 한다. 출석하지 못할 때에는 이혼 합의서를 우편으로 송부하게 되어 있다. 배우자가 한국에 거주하고 있지 않거나 출석을 하지 못할 만한 이유가 있을 때이다. 한 배우자가 서류를 위조한채 몰래 이혼을 신고한 경우에는 이혼신청이 취소된다. 극심한 정신적 장애로 인해 의사결정 능력이 손상되었을 때에도 이혼신청이 취소될 수 있다. 사기나 강요에 의한 이혼이었을 경우도 해당된다. 이혼 판결을 받았더라도 두 사람이 이혼 의사를 철회하는 경우나, 상대방이 이혼신고를 하기 전에 이혼 의사 철회서를 제출한 경우에는 협의이혼이라도 취소된다.

빚을 청산하기 위해서 이혼을 하는 경우가 있다. 남편이 사업에 실패해서 채무가 있는 경우에 부인도 채무를 감당할 의무를 함께 진다. 이러한 경우 이혼을 하면 부인은 채무를 책임지지 않게 된다. 부인은 법적으로 빚을 갚지 않아도 되기 때문에, 재산을 부인 명의로 하고 이혼을 하는 경우가 있다. 처음에는 이혼할 의사가 없고 경제적인 이유 때문에 법적으로 이혼을 한다. 하지만 시간이 흐르면서 실제로 이혼을 하는 경우가 많다. 법적으로도 이혼이 된 다음에는 처음 의도와는 다르게 이혼을 받아들인다. 혹은 다시 결혼 관계를 유지하는 것이 정말로 원하는 것인가를 고민하고, 이혼한다.

3) 재판이혼

협의이혼과 대조적인 개념은 재판이혼이다. 재판이혼에서는 누구의 과실로 이혼을 하게 되었는지 따진다. 재판상 이혼의 사유는 배우자의 부정한 행위나 배우자가 악의로 유기한 경우가 될 수 있다. 오랫동안 소식이 두절되거나, 결혼한 이후에 배우자와 시간을 많이 보내지 않은 것도 이혼의 사유가 될 수 있다.

우리나라는 사회적으로 남자가 일을 많이 하는 것에 대해서 성실하다 혹은 어쩔 수 없다라는 인식이 많이 있다. 그러나 외국의 경우에는 배우자와 시간을 많이 같이 보내지 않는 것도 이혼의 사유에 들어간다. 우리 사회도 남편의 역할을 경제적인 지원에 한정하는 것에서 점점 벗어나는 방향으로 가고 있다.

배우자 또는 직계 존속으로부터 심한, 부당한 대우를 받았을 때, 자기의 직계 존속이 배우자로부터 부당한 대우를 받았을 때, 내가 배우자나 배우자의 가족으로부터 심한 대우를 받았을 때, 내 가족이 배우자로부터 심한 대우를 받았을 때도 이혼이 가능하다. 부부싸움이 가족들 간의 싸움이 되거나, 심하게 부당한 대우를 받은 경우에도 재판상 이혼을 진행한다.

배우자의 생사가 3년 이상 불명인 경우에도 결혼생활을 유지하지 않은 것이 명백하기 때문에 이혼사유가 된다. 기타 결혼생활을 지속하기 어려운 이유는 중대한 사유가 있을 때라고 하는데, 이 중대한 사유 중의 하나는 경제적 파탄이다. 그래서 빚 보증을 잘못 서서 집안의 재산을 잘 지키지 못했다거나, 오랜 기간 소득이 없는 경우에도 이혼이 가능하다.

또 가정폭력뿐만 아니라 언어폭력이, 일방적으로 성관계를 하지 않으면서 괴로움을 준 경우가 있다. 이러한 윤리적 · 정신적 파탄으로 판명된 경우에도 이혼을 요구할 수 있다.

4) 이혼에 따른 어려움

이혼을 하는 것이 최선의 선택은 아니지만, 가족 간의 갈등에 대한 해결책 중의 하나로 볼 필요가 있다(유정이 · 금명자 · 이지은 · 이호준 · 김수리, 2006). 갈등을 긍정적인 방향으로 해결하는 경우도 있지만, 갈등이 너무 커서 관계를 유지하는 것보다 관계를 정리하는 것이 바람직할 수 있다. 이혼은 관계의 단절은 아니다. 자녀가 있는 경우는 지속적으로 관계를 맺게 되며, 자녀가 없는 경우에도 향후 배우자에게도 영향을 미친다.

이혼에 따르는 문제점들이 많기 때문에 이혼을 부정적으로 봐왔던 것이 사실이다. 하지만 이혼이 아니더라도 다음과 같은 문제는 일어날 수 있으며, 이혼 때문에 일어나는 일이라고 단정 짓지 말아야 한다.

이혼으로 인한 어려움 중 첫 번째로는 자녀 양육의 문제가 발생할 수 있다(이경림 · 권정혜, 2012). 이혼 부부의 자녀가 받게 되는 심리적 고통이 있는데, 자녀는 이혼을 부부간의 갈등으로 보는 것이 아니라 이혼의 이유가 자신 때문이라고 생각한다. 자녀들이 이에 대해 언급하면 부모가 그렇지 않다고 이야기해 줄 수 있는 기회가 있지만, 직접 말하지 않고 '내 탓'이라고 마음속에 지니고 있으면 죄책감을 가지게 된다. 그리고 죄책감은 자기 자신을 좋아하는 것을 어렵게 만든다. 자기 자신을 좋아하지 않으면, 성장하면서 다른 발달과제를 수행하기 어렵고, 특히 대인관계에서 어려움을 겪게 된다.

어떤 경우에도 삶은 이상적이지 않다. 어떤 부부라도 항상 관계가 좋은 것은 아니고 갈등도 있고 차이도 있고 합의하지 못하는 것들이 있다. 그 불완전한 상태로 부부생활을 유지하는 것을 보이는 것이 자녀들에게 건강한 부부의 모습을 보여주는 것일 수도 있다. 한쪽 성의 부모가 같이 거주하지 않는 경우 아이들은 다른 성과 관계를 맺는 방법이나 다른 성이 어떤 역할을 하는지 등을 볼 기회가 줄어든다.

두 부모 모두가 건강한 부모역할을 수행하면 남녀의 성역할과 부부가 갈등을 해결하는 것을 볼 수 있는 관찰학습이 일어날 수 있다. 그런데 부부가 결혼상태를 유지한다고 해도, 부모가 자녀 양육에 참여하지 않으면 자녀들은 여전히 다른 성이 어떤 삶을 살고 있는지 보지 못하는 것은 마찬가지일 수 있다. 한 쪽 부모가 계속해서 외도를 해도 결혼체제가 유지되는 것을 보면, 자녀는 외도하는 부모를 싫어하지만 나중에 본인도 부적절한 관계를 형성하는 경우들이 있다. 그래서 두 가지 측면을 모두 보아야 한다.

완벽한 모습이라는 것은 없고 부모도 한계와 약점을 지닌 인간인 것을 인정해야 한다. 배우자도 마찬가지여서 불완전한 관계임에도 불구하고 가족관계를 유지하는 모습을 보여주는 것이 자녀에게 자존감의 원천이 되어 건강하게 자랄 수 있게 한다는 것과, 반대로 부적절한 결혼 관계를 유지하는 것이 자녀에게 장기적으로 볼 때 부정적인 영향이 있을 수 있음도 기억하자.

부모와 자녀는 다른 세대이다. 요즘은 자녀가 부모의 이혼을 원하는 경우도 많다. 자녀들이 부모에게 "결혼할 때 무엇을 보고 결혼했는가?"라는 질문을 한다. 부모 세대는 연령이 높을수록 이혼을 받아들이기 어렵지만, 자녀들은 이혼을 더 쉽게 받아들일 수 있다. 지금은 이혼가정이 많기 때문에 예전보다 사회적 낙인의 여파는 크지 않다.

두 번째는, 경제적인 어려움이 발생할 확률이 높다(이경성, 2001). 물론 이혼 후 경제력이 좋아지는 경우도 있다. 하지만 일반적으로는 경제적으로 어려워지고 그로 인한 여러 가지 문제들이 발생한다. 한쪽 배우자라도 경제력이 탄탄하고, 이혼한 후에도 경제적인 지원을 해주면 괜찮지만 그렇지 않으면 어렵다. 부모가 이혼을 하지 않았더라면 자녀의 진로에 투자할 수 있었을 텐데 그렇게 하지 못했던 것을 아쉬워하는 경우가 있다. 준비 없이 이혼하는 경우에는 여성이 자립하기 어렵다. 남성 또한 갑자기 이혼한 경우 한부모 가정이 되면서 아이를 양육하는 데 타인이나 기관의 도움을 받는 비용이 발생할 수 있다.

세 번째로, 친척 관계 등 사회적 관계 문제가 있을 수 있다. 이혼을 결정할 때까지 많은 고민, 고통, 어려움을 경험한다. 그럼에도 불구하고 이혼하는 것이 자신의 삶에 더 나은 방향이라고 생각이 들어서 이혼을 한다. 하지만 주변 사람들은 처음 그 소식을 들으면 "한번 더 생각해 보지"라는 반응을 자연스럽게 한다. 우리가 오랫동안 가지고 있는 이혼에 대한, 그리고 이혼이 자녀들에 미칠 영향에 대한 고정관념에 근거한 자연스러운 반응일 수도 있다. 하지만 당사자들은 수용받지 못하고 공격당한다거나 실패자라는 느낌을 받는다. 그래서 초기에는 친척이나 사회적 관계에서 철수하는 경우가 많다.

그러나 상황이 달라졌으니 새로운 사회적 관계를 형성해야 할 필요가 있다. 이혼과 관련된 정서적 문제가 어느 정도 해결된 후에는 의도적으로 이전에 가졌던 관계들과 교류하려는 노력을 하는 것이 좋다(유경희 · 김기중, 2004). 상대가 이혼했다고 말하는 것에 대해서도 "얼마나 힘들었으면 그런 결정을 했겠니, 그 결정 후에 너의 상황이 좀 더 나아지면 좋겠구나"라고 반응할 필요가 있다. 부모도 자녀의 이혼을 수용하기 어려워하는 경우가 있지만, 어느 시점이 지나면 부모도 그 상태를 수용한다. 그리고 이혼한 자녀에게 가장 많은 도움을 줄 수 있는 자원이 된다. 주변에 자신을 도와줄 사람이 많은 것이 건강하게 살아가는 데 도움이 된다. 교류를 끊으면 소외감을 느낀다. 그 소외감을 극복하는 방안으로 예전의 관계를 유지하거나 새로운 관계에 의도적으로 참여할 수 있도록 노력하는 것이 좋다.

2. 한부모가족

1) 한부모가족

[한부모가족지원법]에서 정의하는 한부모가족은 18세 미만의 아동을 양육하는 자로 배우자와 사별, 이혼 혹은 유기된 자, 미혼자와 그 자녀를 의미한다. 세대주가 남성이면 부자가족, 세대주가 여성이면 모자가족을 의미하며, 사실혼 관계에 있는 경우를 제외한다. 한부모가구가 전체 가구 수에서 차지하는 비율은 약 10%이고 향후 더 증가할 것으로 여겨진다(통계청, 2024). 한부모가족 형성 원인은 이혼이 약 35%로 가장 많고, 사별은 약 30%, 다음은 유배우자 26%, 미혼이 12%로 나타났다(여성가족부, 2015).

남성한부모는 이전에 수행해 왔던 역할 외에 그동안 어머니가 수행했던 가사 및 자녀양육 모두를 수행해야 하기 때문에 어려움에 봉착한다. 부자가족의 자녀는 어머니의 부재로 감정이나 애정을 표현하는 등의 정서적 지지가 부족하며 감정표현 경험을 가질 기회가 없어짐으로써 타인과 친밀감 형성에 큰 어려움을 겪어 아버지와 자녀 간의 관계 형성에 어려움을 겪는다.

모자가족은 아버지의 부재로 특히 경제적 문제에 직면한다. 주 부양자였던 남편의 상실로 부자가족보다 경제적 곤란이 더 심각하게 초래된다. 여성의 재취업의 어려움, 경력단절, 자녀양육 문제 등으로 부자가족보다 더 취약한 상황에 놓인다. 또한 여성한부모는 가족부양자로서 아버지의 존재가 상실되면서 모든 가사나 자녀양육 이외에 생계까지 책임져야 하는 역할 변화를 경험하면서 역할 과중으로 인한 긴장과 스트레스를 받는다.

한부모의 역할과중과 역할긴장 등은 양육스트레스로 이어지기 쉬우며 낮은 생활만족도를 경험한다. 부모의 피곤과 스트레스는 자녀를 양육하는 태도에 그대로 반영되어 자녀를 방치하거나 일관성 없는 태도로 지도할 수 있으며 긴장과 갈등을 유발하기 쉽다.

우리나라는 한부모가족지원법을 근거로 저소득 한부모가족 복지 급여, 청소년 한부모 자립지원 복지급여, 주거와 교육 및 양육지원, 근로 소득공제 등 한부모가족 지원정책을 실시하고 있다. 한부모가족의 세대주는 거주지 주민센터 담당 공무원에게 대상자 신청을 하여 소득, 재산, 근로능력을 바탕으로 공적 자료 확인 및 사실 조사를 실시한다. 신청 접수 후 14일에서 최대 30일에 거쳐 확인 및 조사가 끝나면 조사결과를 통지받는다. 대상자로 선정이 될 경우 법적지원과 복지급여를 지급받고 지속적으로 소득재산 등 변동사항을 관리, 확인하며 선정 기준을 초과할 시 급여와 보호가 정지된다.

2) 한부모가족 부모의 경험

한부모가족 중, 특히 여성한부모들은 대부분 경제적 어려움을 경험한다. 최근에는 한부모가족 어머니의 학력이 이전보다 높아졌고 직업경험이 있었던 경우가 많지만, 어머니들은 여전히 자녀의 양육비와 교육비에 과중한 부담을 느낀다. 이전에 경제활동을 하지 않았던 한부모가족 어머니들은 생계를 담당했던 배우자의 상실로 인해 소득이 절반까지 감소되거나 사라져 저소득층이 되는 경우가 많다.

한부모가족의 열악한 경제적 사정은 자녀의 교육비나 양육비의 격차를 가져온다. 한부모가족 부모들은 자녀의 보육시설을 무료로 이용하거나 보육료 지원에 도움을 받고 있으나, 실제적인 도움이 되기에는 부족할 수 있다. 또한 부모들의 경제적 취약성으로 인해 주거환경도 비교적 열악한 편으로, 자가보다는 전세, 월세, 무보증 임대, 무상 주택 등 불안정한 주거 형태를 보인다.

한부모가족 부모들은 심리적 측면에서도 어려움을 경험한다. 한부모가족 어머니의 우울증상 위험도는 배우자가 있는 경우보다 높으며, 자살충동 위험도와 알코올 의존도도 매우 높다.

고립감과 죄책감도 한부모가족 부모들의 심리적 어려움이다. 한부모가족 부모는 배우자의 부재로 인해 주변에서 부정적 시각을 느끼며, 사별의 경우보다 이혼한 부모의 경우 사회로부터 더 많은 고립감을 겪는다. 이혼의 경우 성격이 좋지 않다거나 부모로서의 결함이 있어 한부모가족이 되었다는 부정적 편견이 많다. 한부모가족 부모가 배우자 없이 혼자 살고 있다는 사실이 드러나게 되면, 직장에서 부정적인 시선을 받고 사회적 박탈감과 배제를 겪기도 한다. 미혼 부모의 경우에도 결혼한 부모보다 사회적으로 고립감을 느끼고 주변으로부터 낮은 정서적 지원을 받는다. 이러한 사회적 낙인과 배제는 한부모가족 부모의 외로움, 상실감, 우울, 불안 등과 같은 부정적인 정서를 가져오는 원인이 된다.

또한 한부모가족 부모들은 자녀를 올바르게 통제하고 훈육하지 못하는 것에 대한 죄책감을 갖기 쉽다. 홀로 자녀를 양육해야 한다는 부담과 생계 부양자로서의 역할 과중을 경험하면서 어디에 우선순위를 두어야 할지 혼란을 느끼며, 경제활동에 치중할 경우 자녀에게 큰 신경을 쓰지 못해 부모로서의 역할을 다하지 못한다는 생각을 한다.

한부모가족 부모들은 양적으로나 질적으로나 자녀와 공유할 수 있는 시간을 갖지 못하는 편이며, 자녀를 직접 돌보지 못하고 혼자 지내게 하는 경우도 있어 자녀에게 미안한 마음을 갖기 쉽다. 부모와 자녀 관계가 수평적이고 평등한 관계로 지속될 경우 서로 갈등이 표출되기 쉬워 감정적으로 대응하거나 일관되지 못한 태도를 보여, 어머니들은 자녀양육에 대한 죄책감을 갖게 된다.

한부모가족 부모들은 가정의 해체를 경험하는 과정에서 사회적 관계가 축소되는데, 형제자매나 친정 부모와의 관계가 멀어지게 된다. 이는 이혼이나 비혼 부모가 되는 것을 가족이 반대하여 연락을 끊거나 부모님이 충격이나 상처를 받지 않도록 한부모가족 부모가 연락을 취하지 않기 때문이다. 한부모가족 부모는 자녀양육을 비롯한 생활전반에 있어 확대가족의 지원을 받지 못하고 있는 편이며, 한부모가족의 사회경제적 지위가 낮을수록 가족의 지지가 더 부족하다.

한부모가족 부모의 경우 가족에게 이혼 사실을 인정받지 못하면 가족에게 공격적인 태도를 취하거나 무기력한 태도를 보임으로써 관계를 단절시키는 것으로 나타났다. 비혼 부모를 선택한 경우에도 사회적 편견을 갖는 가족과 관계를 단절하고 홀로 자녀양육을 하는 경우가 많았다. 이는 한부모가족 부모가 일과 자녀양육을 병행해야 할 경우 일하는 동안 자녀를 돌봐줄 지지망을 구축하지 못해 자녀를 혼자 두는 시간이 길어지는 현상으로 이어진다.

또한 한부모가족 부모들은 기존에 관계를 맺고 있었던 친구나 직장동료, 이웃과의 관계가 약화된다. 한부모가 된 이후 취업, 가사관리, 자녀양육 등 바쁘고 긴박한 상황들이 이루어져야 하므로 사회적 관계를 유지할 시간이 부족해지는 편이다. 한부모가족 부모는 새롭게 일을 찾아 생계유지에 치중하게 되면서 타인의 시선을 불편하게 인식하며, 사회적 모임 자체를 회피하기도 한다. 한부모가족 부모는 자신의 달라진 삶에 적응하기 위하여 모든 문제를 혼자 해결하고 결정해야 한다는 생각이 강하고, 주변에 자신의 상황을 숨기려는 경향이 있어 관계가 소원해지게 되는 경우도 있다.

3) 한부모가족 자녀의 경험

한부모가족 자녀들은 평일 방과 후 돌봐 주는 어른 없이 혼자 보내는 시간이 많아, 정서적 지원을 받지 못한다. 혼자 시간을 보내면서 인터넷을 과도하게 사용하고, 청소년의 경우 음주, 흡연 등과 같은 행동적인 문제가 발생되기도 한다. 정서적으로는 우울과 불안, 고립감과 무력감과 같은 심리적 소외감을 느낀다.

한부모가족 자녀들은 학업 성취도가 낮고, 학교생활에 부적응을 보이는 경향이 있다. 학업성취도가 낮은 이유는 단순히 부모의 부재가 아니라 경제적 수입이 감소되어 교육의 기회가 줄어들기 때문이다. 한부모가족 자녀들은 또래관계에서의 어려움을 경험하는데 또래관계에 필요한 사회적 기술이 낮은 편이기 때문이다.

한부모가족 자녀들은 부모와의 관계에서도 어려움을 겪는다. 모자관계에서는 일상생활에서 자녀는 어머니의 보살핌을 기대하고, 어머니는 경제적 부담으로 인한 체력 고갈과 스트레스로 자녀가 기대하는 보살핌을 제공하지 못하여 잦은 갈등을 경험한다.

부자가족의 아버지는 자녀와 애착관계를 쉽게 형성하지 못하고, 자녀에게 감정적 표현과 애정표현에 있어서 어려움을 경험한다. 특히 청소년기 이후 부자가족에서 자녀들은 소통부재 및 대화단절을 경험하게 되는 경우가 많다. 또한 부자가족의 경우 아버지가 양육을 책임지는 경우도 있지만, 종종 친조모가 자녀 양육에 참여하게 되는데, 친조모와 청소년 자녀 사이에서도 잦은 갈등이 일어난다.

한부모가족의 자녀들은 사회적 편견 및 실존적 어려움으로 인해 자신을 피해자로 개념화하기도 한다. 실제로 결핍경험으로 인한 어려움뿐만 아니라 자신을 피해자로 인식하면, 자신의 어려움을 타인의 탓으로 돌리며 분노폭발을 정당화하게 되고, 실제 일상생활 및 발달과제 수행에 대한 책임을 다하지 않게 된다. 더 나아가 피해자 정체성은 장기적으로 성격특성으로 자리잡아, 자신의 아동, 청소년기의 결핍에 대한 보상을 무의식 중에 타인에게 부과하여, 지금-여기에서의 경험을 저해한다.

3. 재혼

1) 재혼

재혼은 이미 한 번 또는 그 이상 결혼하여 가정을 이룬 남성이나 여성이 다른 배우자와 새롭게 가정을 재구성하는 것이다. 최근 들어 전체 결혼의 약 25%는 재혼이다(통계청, 2024). 과거에는 사별한 후에 재혼했다면, 지금은 이혼한 후에 재혼하는 경우가 훨씬 많다. 많은 수의 이혼자들이 생기기 때문에, 이혼자들이 비슷한 경험을 한 사람들과 다시 만난다. 초혼자와 재혼자가 결혼하는 경우도 증가하고 있다. 부부 관계에서의 갈등을 해결하는 방법으로 이혼을 선택하고, 이혼을 한 후에는 다른 형태의 가족을 형성하기를 원하는 마음에서 재혼을 선택한다. 이혼율이 상승하기 때문에 재혼율이 상승하는 것은 당연하다.

재혼이 점점 늘어나고 있지만, 재혼가정에 대한 편견과 고정관념은 여전히 존재한다. 가까운 지인 중에 재혼한 사람이 있어도, 자신의 이야기를 하지 않으면 상황을 알기 어렵고, 또한 주변인이 묻기도 어렵다. 이렇게 재혼가정의 이야기는 비가시화되고, 정상가족 이데올로기는 강화된다. 정상가족 이데올로기란 법적 혼인 상태인 이성애자 여성과 남성 부부와 그들과 혈연으로 이루어진 자녀로 구성된 핵가족을 정상인 것으로 간주하는 왜곡된 관념을 일컫는다(김혜경 · 배은경, 2019). 비가시화는 자신의 경험과 관련된 고통을 드러내는 것 자체가 더 큰 불이익과 고통을 가져올 수 있다는 인식과 구조적 차별 때문에 발생한다. 재혼의 비가시화는 개인의 의지로 드러낼 수 없다기보다는 사회구조적인 외부 원인으로 강제되는 상황이기도 하다. 자신의 의지가 아닌 사회구조적 힘으로 인해, 알려지면 자신의 약점이 될 수도 있는 경험을 숨기면서 산다는 것은, 그 자체로 개인에게 부정적인 영향을 줄 수밖에 없다. 따라서 재혼뿐만 아니라 사회적 규범에 의해 비가시화된 정보는, 적어도 개인이 안전감을 느끼는 사람과 공동체에서는 개방하는 것이 정신건강에 도움이 된다.

과거에는 살고 있는 아버지와 성이 다른 것으로 인해서 재혼가정이라는 것이 드러나 사회적 낙인이 찍히는 경우가 많았다. 하지만 사회적 낙인을 줄일 수 있는 제도들이 시행되고 있다. 과거에는 어머니가 재혼해도 새아버지의 성을 따르는 것이 불가능했었지만, 지금은 자녀가 성을 선택할 수 있다. 지금은 자녀가 아버지의 성이 아닌 어머니의 성을 따를 수 있고, 어머니가 재혼한 경우에 새아버지의 성을 따를 수도 있다.

재혼율은 사회경제적 요인의 영향을 받는다. 남성의 경우 경제 사정이 좋지 않으면 초혼 연령이 높아지고, 재혼율은 감소한다. 과거에는 경제적인 기반이 없어도 두 사람만 열심히 살면 어떤 형태로든 경제적 살림을 장만할 수 있다고 생각했던 반면에, 지금은 그것이 어렵다고 생각하기 때문에 양쪽 모두 경제적 기반을 마련한 다음에 결혼하기로 결정하는 경우가 많다.

남성의 재혼율은 여성보다 큰 폭으로 떨어지고 있는데, 이것은 남성이 사별한 후에 재혼하는 경우가 줄어들고 있기 때문이다. 특히 예전에는 아이가 있는 여성이 재혼하는 것이 어려웠지만 요즘은 아이가 있는 여자가 초혼인 남자와 결혼하는 경향이 늘어나고 있다.

재혼에 대해서는 통계자료뿐만 아니라 다른 가족관계나 재혼가정이 겪게 되는 어려움과 관련된 자료가 아직 충분하지 않다. 겉으로 드러나는 행동 특성을 관찰하는 연구들은 대부분 재혼가정의 아이들을 문제아로 여기는 경우가 많았다. 하지만 공개적으로 연구참여자를 구해서 연구를 진행하기가 어려워 이러한 인식이 쉽게 바뀌지는 않았다.

이혼이라는 것이 사회적 · 통계적으로 어느 정도의 숫자가 잡히게 되면 주변에서 이혼과 관련된 상황과 사람들을 손쉽게 만나게 된다. 주변에서 만날 수 있다는 것은 나에게도 일어날 가능성이 있는 것으로 여기는 것이 좋다. 재혼도 마찬가지이다. 주변에도 재혼이 늘어나게 될 것이고 실제로 재혼한 사람들과 교류하게 될 것이다.

재혼을 통한 계부모 가정의 특성을 보면, 초기에 부모는 이상적인 가정을 만들고자 하는 환상을 가지고 있다. 환상을 가질 때는 유사 친밀 단계이다. 겉으로 볼 때는 친밀하지만 진정성은 없는 상태이다.

환상 다음에는 갈등 시기가 있다. 환상이 깨지면 배우자들이 자신의 차이점을 터놓으면서 이야기하게 된다. 환상 속에서 보았던 배우자의 모습뿐만 아니라 객관적으로 배우자가 어떤 특성을 가진 사람인지 보게 된다. 이 단계에서는 결혼과 생활과정에서 느낀 점을 표현하기 시작한다.

후기 단계가 되면 갈등이 해소되면서 진실로 친밀한 관계가 유지된다(김미옥 · 천성문, 2014). 갈등, 자신이 진정으로 바라는 모습, 욕구, 불만족한 것들을 표현하고 그것을 수용받은 후에 성립되는 친밀감이 진정한 친밀감이다. 모든 가정에서도 이런 경험을 하게 되지만 재혼가정은 구성원이 바뀌면서 이 과정을 다시 겪어야 한다. 그리고 이전 가족 구성원들과 어떠한 관계를 유지하면서 지금 가족을 구성하는 사람들과 지낼 것인가를 결정해야 한다.

예를 들면, 가정폭력의 피해자였던 어머니가 이혼했다가 재혼하는 경우 계부가 좋은 사람일 수 있다. 자녀에게 계부가 도움이 되는 사람이고, 계부가 자녀를 진정으로 사랑해도, 자녀는 폭력적이었던 아버지에 대한 미움과 충성심의 양가감정에 괴로워하며 계부가 제공하는 것들을 받아들이지 못하는 경우도 있다.

좋은 배우자와 노년까지 함께하기를 바랐지만, 이혼과 재혼을 선택할 수밖에 없었던 상황에서는 그 이후에 또 다른 희망을 찾아서 개인이 행복을 추구하려는 노력을 할 필요가 있다. 그리고 우리는 그러한 노력을 존중할 필요가 있다. 나에게도 일어날 수 있는 일이기 때문이다.

재혼을 할 때에는 결혼할 때와 마찬가지로 환상을 다시 한번 가진다. 이혼한 아픔을 극복하고자 재혼하는 경우도 있다. 이혼을 실패경험이라고 생각하고 실패를 만회하려는 동기를 가지기도 한다.

그런데 결혼에서의 실패가 인생 전체의 실패일 필요는 없다. 이는 과잉적으로 평가되는 측면이 있다. 이전 결혼에 실패했기 때문에 이번에는 성공하리라 하면서 과도하게 환상을 가지고, 또 이전 결혼생활에서 하지 않았던 행동을 하거나 배우자에게도 과도한 기대를 하는 경우가 있다. 그런 특징을 가지기 때문에 초기의 환상에서 벗어나, 실제 있는 그대로의 배우자 혹은 배우자의 자녀 혹은 내 자녀가 내가 선택한 배우자에게 보이는 행동을 객관적으로 보는 것이 필요하다.

2) 재혼가족 부모의 경험

재혼가족은 한쪽 배우자만 자녀를 데리고 재혼한 단순 재혼가족, 부부 모두 자녀를 데리고 재혼한 복합 재혼가족으로 구분된다. 이혼뿐만 아니라 사별 후에도 재혼이 일어날 수 있는데, 사별 후 재혼은 죽음으로 인해 의미 있는 관계를 맺고 있는 대상을 상실한 이후부터 새로운 가족관계에 적응을 시작한다.

재혼가족 부모들은 재혼에 상실의 극복이라는 의미를 부여한다. 이혼한 이들에게는 가정의 해체로 인한 상실과 슬픔을 동반할 뿐 아니라 특정 사회와의 연결망과 관계들이 단절되는 변화를 가져온다. 또한 인생의 실패자와 같은 느낌을 강하게 받는다. 이혼경험은 사회적 편견으로 인해 당사자가 위축

되기도 하지만, 믿었던 사람에게 배신당했다는 큰 상처로 인해 오랫동안 마음의 상처로 남기도 한다. 자신에게는 이혼이 발생하지 않을 것이라는 절대적 믿음은 한순간에 깨짐으로써 부모들은 갑자기 바뀐 상황들을 받아들이기가 쉽지 않다. 그런 가운데 현실적인 문제로 생계를 위해 일도 해야 한다. 한동안 상실의 고통에 빠져있던 부모들은 바쁜 일상을 통해 자신의 고통을 잊으려 하며, 예전처럼 살지 않겠다는 다짐을 한다. 그리고 사람에게 입은 상처는 사람으로 치유된다는 말처럼, 재혼하게 된 배우자에게 자신의 이혼 경험을 이해받으면서 이혼의 상처를 극복해 나간다.

재혼은 새로운 관계 만들기이며, 이혼한 어머니는 남편과의 관계에서 경제력을 기반으로 한 그리고 이혼한 아버지는 가정 운영을 기반으로 한 친밀성의 욕구가 충족된다. 이혼 후 남성과 여성 모두 홀로 살겠다고 결심하는 경우보다, 자신에게 재혼의 기회가 올 수 있을까라는 의문을 가지는 경우가 더 많다. 어머니들은 재혼한 남편과의 정서적 교류가 재혼으로 이어지게 되는 중요한 요인이라고 밝히면서도, 경제적 여건이 재혼의 전제 조건이 되었다. 이혼을 통해 경제적 어려움을 경험하던 중 경제적 책임을 맡아주거나 적어도 경제적으로 의지할 수 있는 남성이면서도, 대화도 잘 되며 특히나 재혼 후 집안일을 나누어 할 때 친밀성을 경험하였다. 서구의 친밀성이 성적 친밀감을 의미한다면 한국에서는 정으로 표현되며, 집안일을 돕거나 자녀양육과 서로에 대한 감사하는 마음으로 친밀성을 느낀다(강예원, 2024).

이혼한 아버지는 자녀 양육과 살림은 어머니에게 의존하거나 자신이 직접 담당하면서 어려움을 경험했다. 특히 자녀가 조모와 갈등을 표현하고, 자신과는 대화를 하지 않으려 하는 경험을 하기도 한다. 재혼하기로 한 여성이 집안 살림을 맡아주고, 자녀에게 상냥하게 대하며, 어머니가 재혼을 통해 자녀양육과 살림의 책임에서 벗어나게 되면서, 남성은 재혼하기로 결심한다.

이혼한 부모가 재혼하기로 결심하는 데는 정상성에 대한 동경이 동기로 작용한다. 이혼한 부모는 이혼이라는 사회적 편견뿐만 아니라 스스로 자신을 검열하면서 정상적이지 않다는 평가 때문에 힘들어한다. 경제적 어려움이나 집단 대소사를 처리하는 데 남편이 없어 어려웠던 점이 현실적인 어려움에 해당된다면, 주인 없는 여자라는 이혼녀에 대한 편견은 여성으로서 경험하게 되는 독특한 어려움이다(장화경 · 정영애, 2020). 이혼한 아버지의 경우는 어머니의 보살핌의 부재로 일어나는 상황들을 정상화하고자 하는 욕구가 동기로 작용한다.

재혼한 부모는, 특히 어머니는 친자녀 및 계자녀에게 자기 자신을 스스로 돌보게 하는 편이며, 교육에 있어서도 강요하지 않는 편이었다. 어머니들은 재혼 전 소득활동을 하면서, 한국 사회가 암묵적으로 부여하고 있는 보살핌을 제공하기 어려웠다. 생계를 책임졌던 어머니의 부족한 시간과 에너지는 자녀가 집안일에 참여하고 자기 스스로를 보살피게 하였다. 그리고 생계를 책임지는 동안 자녀의 교육에 초점을 맞추며, 학교를 방문하는 기회를 가지지 못하면서, 학습을 자녀 스스로에게 맡겨두게 되었다. 계자녀들은 아버지와 거주하는 동안에도 집안일에 참여하였기 때문에 계모와 함께 살게 되면서 집안일에 참여하여도 이전보다 맡는 역할이 줄어들었다고 느낀다. 또한 계자녀는 친조모와 지낸 경우가 많아, 계모와 지내면서 옷차림이나 식사가 더 좋아졌다고 느끼는 경우가 많았다.

재혼한 부모들은 계자녀와의 관계를 협상된 헌신(negotiated commitment)이라고 표현한다. 남편들은 아내가 계자녀에 대한 모성역할을 수행하는 것을 당연한 것으로 인식하며 친밀하게 지내기를 기대한다. 어머니들 또한 계자녀와 잘 지낼 것이라는 막연한 기대를 갖기도 한다. 그래서 사랑하는 남편의 자녀와 잘 지내기 위해 여성 자신이 계자녀를 위해 하기에 적당한 일을 하는 것으로 협상된 헌신을 시작한다. 처음에는 의도된 관심을 계자녀들에게 보내고 그리고 시간이 지나면서 아이들에 대한 관심과 표현은 자연스러운 것이 된다. 하지만 가족구성원으로서 서로를 이해하고 받아들이는 시간을 갖기도 전에 무조건 잘해주고 친해져야 한다는 강박으로 인해 오히려 불협화음을 만들기도 한다.

재혼한 부모는 배우자가 경제적, 정서적 돌봄 제공자로서 친밀감을 느끼고, 친자녀와의 갈등을 이해해 주고, 친자녀에게 잘해 줄 때 감사함을 느낀다. 하지만 자녀를 두고 온 부모는, 특히 어머니들은 재혼한 배우자가 자녀를 데려오라는 명확한 입장을 밝히지 않으면 자녀를 데리고 올 수 없어, 남편이 숨은 권력을 가지고 있다고 진술하기도 한다. 또한 남편은 계자녀 양육의 대부분은 재혼한 부인에게 맡기고 가끔은 감시자처럼 확인할 때도 있으며, 부인은 남편이 남편의 친자녀와만의 시간을 가질 때 소외감을 느끼기도 한다.

재혼한 부모들은 배우자의 원가족과의 관계에서 성별에 따라 다른 경험을 하는 경향이 있다. 재혼한 어머니는 정도의 차이는 있지만 시어머니와 불편한 순간들을 경험한다. 시어머니는 아들의 재혼을 반가워한다. 공석이었던 며느리 자리 때문에 계자녀의 양육뿐만 아니라 집안의 대소사를 책임지는 것이 버거웠기 때문이다. 시대가 변하면서 고부 관계도 많이 바뀌었지만, 여전히 고부 관계에는 세대차와 입장차가 있다. 재혼한 어머니는 시어머니가 전 며느리와 비교할 때 불쾌감을 느꼈고, 과도한 역할을 기대하여 부담을 받기도 하였다. 그리고 시어머니는 가끔 자신이 없을 때 계자녀들에게 자신이 잘해 주느냐고 묻는다는 것을 알게 된다.

재혼한 아버지는 배우자의 원가족들로부터 환영을 받는다. 원가족은 딸이 다시 이혼하기를 바라지 않기 때문에, 재혼한 남편이나 계자녀에게 과도하게 잘하는 경향이 있다. 하지만 원가족이 재혼한 아버지에게 딸에게도 잘하기를 강요하기도 하고, 딸이나 손자녀에게 잘하고 있는지 확인하기도 한다.

3) 재혼가족 자녀의 경험

재혼가족 자녀는 충성심 갈등을 경험한다(정현숙 · 유계숙 · 최연실, 2002). 자녀는 "엄마가 좋아? 아빠가 좋아?"라는 질문을 받곤 한다. 자녀는 엄마도 좋고 아빠도 좋아해야 하는 것이 맞는데 두 사람 중에 한 사람을 선택하도록 하는 질문이다. 어른들 입장에서는 재미로 물어보는 것일 수 있지만 자녀의 입장에서는 충성심 갈등을 겪는다. 심지어 양쪽 친부모에게도 엄마와 아빠를 놓고 충성심 갈등을 하는데, 친부모와 계부모 사이에서 자녀들은 누구에게 충성을 다해야 하는지 갈등한다. '계부나 계모를 좋아해도 좋은가?', '계부와 계모를 좋아하는 것이 친부모를 배신하는 것은 아닌가?' 하고 갈등한다.

재혼을 할 때 부모는 새로운 가정을 이끌고 행복한 삶을 살아보려고 결심하면서 다시 결혼을 하지만, 자녀들의 환상은 계부나 계모가 사망하고 친부모가 재결합하는 것이다. 자녀는 부모가 재혼을 하기 이전에는 친부모가 재결합하기를 원하는 환상을 가지는 경우가 많다. 그래서 계부와 계모와의 상호작용에서 실제적 갈등을 경험하는 경우도 있지만, 친부모를 배신하지 않기 위해서 계속해서 갈등상황을 유발하는 경우도 있다. 재혼부모는 자녀들이 충성심 갈등을 겪고 있다는 것을 충분히 이해할 필요가 있다.

재혼가족 자녀는 경계의 모호성을 경험한다(변복수 · 박승민, 2015). 경계는 가족과 외부를 분리한다. 우리 가족과 다른 가족을 분리하는 경계선이 있다. 가족은 부부체계와 부모체계를 가진다. 자녀는 자녀 수준에서 경계를 유지하고 있고, 가족이라는 경계를 유지한다. 이혼을 하게 되면, 아버지와 어머니가 경계를 분리한다.

딸과 아들은 이혼 전에는 자녀 관계만을 형성했다. 부모가 이혼을 하면서 홀로서기를 하면 자녀에게 부담감을 주겠다는 의도는 아니지만 부모가 이전 배우자와 함께했던 가정의 대소사를 자녀와 함께 결정한다. 한편으로는 자녀가 부모를 돌보는 경험을 할 수도 있다. 자녀이면서 이혼한 부모를 보살피는 역할을 하기 때문에 이 관계들이 모호해진다. 부모에게 정서적 지지를 제공할 수 있는 반면, 자녀스러움만 지니고 클 수 있는 기회를 충분히 가지지 못할 수 있다.

예를 들어, 이혼 후에 딸은 친어머니와 연계하면서 자녀이지만 집안의 의사결정을 함께하였다. 이후에 결혼을 하면 남편과 부부체계를 형성하고 의사결정을 하여야 한다. 그런데 이 딸은 항상 어머니 입장에서 가정생활을 유지했기 때문에, 남편에게 자녀를 대하는 것처럼 보살피는 역할을 한다. 그 자체가 나쁘지만은 않지만, 부인은 남편에게 보살핌을 받는 존재로도 존재할 수 있어야 한다. 그런데 계속해서 보살피기만 하고 자신에게 보살핌이 주어지지 않으면 장기적으로 소진되어 정서적 고갈을 경험한다.

충성심 갈등과 비슷하게 계부나 계모와 어떻게 관계를 맺어야 하는가, 그리고 누구를 부모라고 심정적으로 생각해야 하는가로 갈등이 지속되면서, 재혼가정의 자녀는 대인관계에서 경계를 설정하는 데 혼란을 경험할 수 있다.

4. 가족탄력성

1) 회복탄력성

회복탄력성은 어려움을 극복하고 적응상태로 다시 돌아온다는 의미의 회복과, 역경을 딛고 다시 튀어 오른다는 탄력성을 합친 의미이다. 회복탄력성은 다시 튀어 오름, 구부러진 상태에서 원래의 위치나 모양으로 돌아오는 것, 압축된 상태나 늘어나 있는 상태에서 다시 튕겨 나오거나 원상태로 되돌아오는 능력을 의미한다.

이혼, 한부모가족, 재혼에 대한 경험에서는 부정적인 주제에 초점을 맞추게 된다. 하지만 삶에서 역경을 경험하지 않는 사람은 없다. 또한 끝날 것 같아 보이지 않는 역경에서도 사람들은 시간이 걸리기는 하지만 회복된다. 그리고 회복 후에는 강인함을 가지게 된다.

회복탄력성이 높으면 이혼, 한부모가족, 재혼이라는 역경에서 자신을 보호하고 이전의 적응 수준으로 돌아간다. 그런데 회복탄력성은 개인의 타고난 능력만으로 고정된 것이 아니며, 시간의 흐름이나 환경과의 상호작용에 영향을 받아 강해질 수도 혹은 약해질 수도 있다. 그리고 회복탄력성이 생성되기 위해서는 개인의 발달에 영향을 주는 정도의 역경이나 어려움을 경험하는 것이 선행되어야 한다.

회복탄력성의 구성요인은 자기조절력, 대인관계능력, 긍정성이다(김주환, 2019). 첫 번째, 자기조절력은 어려움에 부딪혔을 때 부정적인 감정을 조절하고, 건강한 도전의식과 긍정적인 감정을 갖게 하는 능력이다. 자기조절력의 하위요인은 감정조절력, 충동통제력, 원인분석력이다. 감정조절력은 스트레스 상황에서도 평온한 상태를 유지할 수 있는 능력으로 감정과 행동을 통제하는 힘이다. 충동통제력은 계획 없이 일을 하거나 기분에 따라 행동하는 충동을 자제하고 즐거운 마음으로 지속할 수 있는 성장지향적인 능력을 말한다. 참을성이나 인내력과는 달리 고통의 과정을 즐거움으로 바꿀 수 있는 능력이며 마음의 습관이라 할 수 있다. 원인분석력은 자신에게 있는 문제를 긍정적으로 바라보는 동시에 제대로 문제를 해결하고자 그 원인을 진단해 내는 능력이다.

두 번째, 대인관계 능력은 타인의 감정과 마음이 어떠한지 이해하고 깊이 공감함으로써 원만한 관계를 유지하는 능력이다. 여기에는 소통능력, 공감능력, 자아확장력이 있다. 소통능력이란 대인관계에 진지하게 참여하고 오랫동안 그 관계를 유지하는 힘을 말한다. 스트레스 상황에서 자신을 둘러싼 주변 사람들에게 생각과 의견을 말하면 위안과 감정의 해소를 경험하게 되고, 회복탄력성이 높으면 소통능력도 증가하게 된다. 공감능력은 상대방의 입장에서 감정과 생각을 인식하여 타인의 입장을 경험하는 인지적 과정으로 긍정적인 관계를 유지시키고 자기발전의 원천이 된다. 자아확장력은 타인과 연결되어 자신을 생각함으로써 관계 속에서 나 자신을 이해하는 것이다.

세 번째, 긍정성은 긍정적인 정서를 바탕으로 자신이 원하는 방향으로 이끄는 능력을 말하는데, 낙관성, 생활만족도, 감사하기가 있다. 낙관성은 미래에 대한 긍정적인 기대를 말하며, 자신의 실패를 일시적인 것으로 생각하여 어려움을 극복할 수 있다는 믿음이다. 생활만족도는 삶에 대한 전반적인 만족도이며, 자신의 기준에 부합하여 삶의 상태를 평가하는 판단이다. 감사하기는 타인이 자신에게 베푼 배려와 수고를 인식하여 고마움을 느끼는 것을 말한다. 감사하기를 잘하는 사람은 일상에서 감사를 느끼며 평범한 타인의 도움도 고맙게 여기는 특성이 있다.

2) 가족탄력성

가족탄력성은 가족이 위기 상황에 직면했을 때, 내 · 외의 자원과 능력을 동원하여 가족 스스로의 문제해결 능력을 강화시키고 적응과 성장을 이루는 속성으로 정의된다(Walsh, 1998). 즉 가족탄력성은 가족이 위기를 경험할 때 가족의 평형상태를 유지하도록 하는 자질이다. 이는 가족이 일시적으로 스트레스 상황 안에 있어도, 스트레스 상황으로 발생한 변화에 저항하고 이전 기능수준과 비슷한 수준으로 회복할 수 있는 것을 의미한다. 탄력성은 가족이 왜 실패하는지가 아니라 어떻게 성공하는지를 보는 시각이다.

가족탄력성은 신념체계, 조직유형, 의사소통 과정이라는 세 요인으로 구성된다(Walsh, 2002). 신념체계는 경험에 의미를 부여하고 삶의 과정에서 세계를 바라보는 렌즈로서, 가치, 확신, 태도, 편견 및 가정 등이 포함된다. 신념체계는 가족에게 응집력을 제공하고, 가족원들이 위기 상황과 역경을 해석하고 행동을 결정하는 데 큰 영향을 미친다. 신념은 행동과 상호 의존적인 것으로서, 신념은 행동을 유발하며, 행동의 결과는 다시 신념을 강화시키거나 변화시키게 된다. 가족탄력성의 핵심 신념체계는 역경에 대한 의미 부여, 긍정적 시각, 초월성 및 영성의 세 가지로 구성된다.

역경에 대한 의미 부여란 가족의 위기 상황에 대한 이해와 해석으로서 탄력성에 있어서 중요한 요인이 된다. 역경의 의미는 가족의 상호작용을 통하여 형성되며, 가족의 위기 상황에 대한 공유된 해석을 하는 것은 중요하다. 이를 위해서는 가족 간의 강한 신뢰와 결속감이 필요하다.

궁정적 시각은 역경의 상황에서 가족이 불굴의 인내심을 가지고, 상호 간에 용기와 격려를 주고, 희망을 유지하며, 삶에 대해 낙관적인 태도를 취하는 것을 말한다. 또한 유머의 사용은 가족이 어려운 상황에 잘 대처하고 긴장감을 감소시키는 데 도움을 주며, 가족은 변화할 수 없는 한계에 대해서는 수용하고, 가능한 것에 대해서는 최선을 다하는 태도를 형성해야 한다.

초월과 영성은 역경을 뛰어넘는 삶의 의미와 목적을 제공하는 것으로 고통 속에서 위안을 주며, 가족을 경험과 지식의 한계를 초월하는 데 큰 체계에 연결되도록 한다.

가족탄력성의 두 번째 구성요인은 조직유형이다. 조직유형은 가족이 하나의 단위체계로서 통합되어 있는 정도를 의미하며, 위기와 역경을 다루기 위해 자원을 동원하고, 스트레스를 중재하며, 변화하는 가족의 내·외적 상황에 적합하도록 가족의 구조를 재구성하는 능력을 뜻한다. 조직유형은 융통성, 연결성 그리고 사회 및 경제적 자원을 포함한다.

융통성이란 가족이 삶 속에서 안정과 변화의 균형을 이루는 것을 말하며, 시간의 경과에 따른 변화와 삶의 도전에 적합하도록 가족의 조직을 변경하고, 적응하는 가족의 능력을 말한다. 특히 이러한 융통성은 가족생활 주기의 주요한 전환점이나 혼란의 시기에 중요하며, 가족 내의 규칙과 역할 변화에 중심역할을 한다. 즉 탄력적인 가족이란 위기와 변화의 상황에 직면하여 기존의 가족 규칙이나 역할을 변경하여, 새로운 적응과 안정성을 이루는 능력이 있는 가족을 의미한다.

연결성이란 가족원 상호 간의 연합, 지지, 협력하는 능력을 말하며, 건강한 가족에서 구성원들은 분화됨과 동시에 상호 연결되어 있다. 이를 위해서는 부모가 양육 및 훈육을 효과적으로 할 수 있도록 세대 간의 경계가 필요하며, 위기 시에는 특히 부모의 강력한 리더십이 중요하다. 즉 부모는 관심, 인정을 통해 자녀의 성공을 지지하고, 규칙을 정하고 시행함에 있어서 일관성이 있어야 하며, 효과적인 통제방법을 사용하고, 따뜻함과 확고함을 가진 보호양육을 자녀에게 제공하여야 한다. 또한 부부관계에서는 상호 간에 애정과 존중을 바탕으로 한 동등한 파트너로서의 역할이 중요하다.

사회 및 경제적 자원이란 가족이 외부의 자원을 동원하고 활용하는 것으로, 확대가족 및 친지의 지지를 포함하여, 지역사회 내에서 지지망을 확립하는 것을 말한다. 탄력적인 가족은 위기와 도전에 직면하였을 때 적극적으로 외부의 도움을 구하고, 항상 가족과 지역사회 내의 자원체계에 연결되어 있다.

가족탄력성의 세 번째 구성요소는 의사소통 과정이다. 좋은 의사소통은 가족기능에 필수적인 것으로, 가족탄력성의 핵심을 이루는 의사소통 과정은 명료성, 개방적인 정서표현, 상호 협력의 문제해결 과정으로 구성된다. 의사소통의 명료성이란 명확하고 일관성 있는 말과 행동들을 하는 것이며, 애매한 정보들을 분명하게 전달하는 것을 뜻한다. 특히 위기나 스트레스하에서 가족원 상호 간에 상황에 대한 명료한 의사소통을 하는 것이 중요하며, 의사소통의 차단은 관계단절로 이어진다.

개방적인 정서표현이란 가족원들이 기쁨이나 고통뿐만 아니라 희망과 두려움의 감정까지도 공유하는 것이다. 탄력적인 가족은 자신의 감정을 솔직하게 이야기할 수 있으며, 동시에 서로의 의견 차이를 이해하고, 수용할 수 있고, 상호 간에 사랑, 감사, 존중 등의 긍정적인 감정의 개방적 표현이 활발히 이루어지는 가족을 말한다.

상호협력적 문제해결은 당면한 문제에 대해 가족이 창조적인 브레인스토밍 과정과 공유된 의사결정 과정을 통하여 문제와 갈등을 해결해 나가는 것을 말한다. 탄력적인 가족은 이러한 문제해결 기술이 있는 가족이며, 성공적인 문제해결의 경험은 가족이 문제를 예방하고 미래의 위기와 도전에 대한 준비를 하는 데 도움을 준다.

이혼 후 한부모가족와 재혼가족이 되었다고 해서, 가족기능이 모두 부정적이지만은 않다. 한부모가족이나 재혼가족의 청소년이 양부모가족의 청소년에 비해 문제해결 기능이 더 높게 나타났다는 연구결과도 있다(박진영, 2001; 최현숙, 2004). 또한 회복탄력성과 가족탄력성은 위기를 경험하면서 개발되기도 하기 때문에, 상황을 부정적으로 보기보다는, 상황을 통해 어떠한 강점과 강인함을 얻게 되었는지에 주의를 기울일 필요가 있다.

성찰하기

하는 일이 책보고 강의하는 일이다 보니, 책장에 책들이 빼곡히 쌓여간다. 그래서 1년에 한 번은 꼭 책장의 책들 중에 계속 간직할 책과 그렇지 않은 책을 구분한다. 간직하지 않기로 결정한 책은 미련이 조금 남기는 하지만 지난 2년간 읽지 않은 책으로, 앞으로도 읽는다는 보장이 없다는 것을 알기 때문이다.

책만 정리해야 할까? 인간관계도 정리해야 한다. 책을 정리해야 하듯이, 버려야 할 인간관계가 있다. 어느 나이이든지, 자신의 인간관계를 평가하고 정리하는 시간을 가지면 좋겠다.

상담을 받으러 오는 사람들의 대부분이 인간관계의 어려움을 호소한다. 그런데 지금은 큰 고민이 되지만, 평생 보지 않아도 되는 그리고 않을 사람들도 어려움을 느끼는 대상에 포함되어 있다. 정리가 가능한 인간관계라면 정리하는 것도 한 가지 대처방안으로 생각해 보았으면 한다. 어려운 일 같지만, "10년 뒤에도 이 사람과 지금과 같은 관계를 유지하고 싶은가?"라는 질문에 자동적으로 "네"라는 답을 할 수 없다면 고민해 보길 권한다. 지금 관계를 맺고 있는 사람과 10년 뒤에는 만나고 있지 않을 가능성은 생각보다 높다.

그런데 평생 보아야 하는 가족이라면? 가족 구성원과도 시간이 지나면서 서로의 욕구와 기대가 달라지기 때문에, 다른 형태의 관계를 맺어야 하므로, 주기적으로 어떤 관계를 맺고 있는지 정리해 볼 필요가 있다. 즉 이전에 맺었던 관계 패턴을 버려야 한다. 그래야 새로운 관계 패턴을 만들 수 있다.

어머니는 자신의 의견이 언제나 옳다고 믿는 남편이 버거웠다. 그래서 자신의 힘든 마음을 어린 딸에게 이야기하고 위로를 받았다. 성인이 된 딸은 의아함을 느끼게 된 순간을 만난다. 아버지와 의견이 다른 어머니는 자신의 의견을 딸에게 피력한다. 딸은 어머니를 대신해 아버지에게 어머니의 의견을 주장한다. 어쩐 일인지, 며칠 뒤에 어머니는 아버지의 의견을 수용하고, 결과적으로 딸만 아버지와 갈등 상황에 놓이게 된다. 딸은 자신의 싸움이 아닌데 싸우고 있는 자신의 모습을 문득 알아차린다. 그리고 이런 상황에 놓인 것이 처음이 아닌 것을 인식하며 어머니에게 몹시 배신감을 느낀다.

어머니에게 배신감을 느끼는 딸에게 상담자는 묻는다. "이 배신감을 통해 내가 얻을 수 있는 것은 무엇일까요?" 나와 어머니가 다른 개체라는 것을 학습해야 한다. 원래 다른 개체였다. 다만 반복적으로 어머니의 마음을 듣다 보니, 내가 어머니의 마음과 같다고 착각했던 것이다. 배신감을 느끼면, 다시는 내가 어머니의 마음과 같다는 착각을 할 수가 없다. 그래서 상담자인 나는 내담자가 배신감을 느낄 때가 반갑다.

이혼은 수치스러운 일도 아니지만, 자랑스러운 일도 아니다. 하지만 이혼을 결정할 때는 10년 뒤에 계속 결혼 관계를 유지할 때의 미래와 결혼 관계를 정리했을 때의 미래를 그려보자. 10년 뒤 이혼한 미래가 더 밝다면, 새로운 미래를 선택한 것이다.

인간관계를 리모델링하고 싶다면, 먼저 버려야 할 인간관계를 정리하자. 그리고 새로운 인간관계를 맺어보자. 왜 버리고 또 맺어야 할까? 인간은 사회적 동물이기 때문이다. 관계를 맺지 않으면 우울증 같은 마음의 병이 생긴다.

11장

부모-자녀 관계

11장의 주제는 부모 · 자녀 관계이다. 부모가 자녀와 어떻게 관계를 맺는 것이 바람직한지를 살펴본다. 부모 됨의 동기, 자녀 양육의 기본 원리, 그리고 노부모와 성인 자녀의 관계를 살펴본다. 서로 선택하지 않은 존재인 부모 · 자녀 관계를 천륜이라고 한다. 40~50대 여성을 만나면, 많은 경우 청소년 시기의 자녀와의 갈등으로 어려움을 겪고 있거나, 이미 노년기에 접어든 부모에게서 과거에 받은 상처 때문에 아파한다. 부모의 입장에서, 그리고 자녀의 입장에서 부모 · 자녀 관계를 새로운 관점에서 생각해 보는 시간이 되기를 바란다.

1. 부모 · 자녀 관계의 의미

1) 부모 됨의 동기

당신은 부모와 어떤 관계를 유지하였나? 혹은 하고 있는가? 그리고 자녀와는 어떤 관계를 유지하고 있는지? 부모에게 많이 들었던 어구 중에 "너도 너랑 똑같은 자식 낳아서 키워봐라. 그래야 내 속을 알지"라는 말이 있다. 이는 부모 · 자녀 관계가 어려운 과제라는 걸 보여준다.

부모는 자녀의 최초 경험대상의 존재이다. 사람은 태어날 때 아기라는 존재로 태어나고 누군가가 양육해 주지 않으면 생존이 불가능하다. 따라서 부모 혹은 부모의 역할을 하는 양육자를 처음으로 경험한다. 부모는 자녀가 최초로 가지는 중요한 스승이다.

어린 자녀는 발달과제를 수행하는데, 발달에는 자연히 얻게 되는 성숙과 노력에 의한 발달 혹은 학습의 의미가 모두 포함된다. 부모는 자녀의 발달에 핵심적인 역할을 하고, 유전적인 소질을 물려준다. 자녀가 사회적으로 독립된 존재가 되기까지 부모의 사회경제적 신분과 지위에 귀속되고, 부모와의 관계에서 사회화의 기초나 인성의 근본이 형성된다.

자녀가 문제행동이나 일탈행동을 하게 되면 대부분의 문제 자녀 뒤에는 문제 부모가 있다고 이야기한다. 하지만 부모만이 자녀에게 영향을 미치는 존재이거나 요인은 아니다. 다만 사회화의 기초와 인성의 근본이 형성되는 시기는 영유아기, 유아기 또는 청소년기 이전이기 때문에 그때 가장 영향을 많이 미치는 존재로서의 부모 · 자녀 관계가 중요하다(이경자, 2014).

자녀들은 성년기에 이르기까지 신체적인 성장, 심리적인 발달, 지식습득, 직업선택이나 사회적 적응능력의 토대를 가족이라는 틀 안에서 형성한다. 가족의 기능 중의 하나가 교육의 기능, 즉 다음 세대를 양육하는 기능이다.

이렇게 부모·자녀 관계가 중요한데, 부모가 되기로 결정했던 동기를 탐색하는 경우는 많지 않다. 가장 이상적인 동기는 이타적 동기이다(김정옥 외, 2000). 다음 세대를 생산하고자 하는 생산성의 욕구에 근거해서 부모가 되기로 결정하는 것이 가장 이상적이다. 자녀가 태어나면 자녀에게 사랑과 애정을 제공함으로써, 부모도 자녀들로부터 받게 되는 사랑과 애정에 대한 요구를 충족시킬 수 있다.

결혼을 하면 당연히 자녀를 낳아야 한다는 혹은 부모가 되는 것을 숙명으로 생각하는 동기가 있다. 결혼 이후에 아이를 낳겠다 안 낳겠다고 생각하지 않을 수 있다. 하지만 낳지 않겠다고 생각하지만 않으면 결혼한 이후에는 당연히 자녀를 출산할 것으로 생각하고 있다가 아이를 낳을 수 있다. 계획하지 않은 임신으로 자녀를 낳게 되는 경우도 있다. 이상적인 동기인 이타적 동기에 비해서 헌신도가 떨어질 수 있다. 자녀를 자연스럽게 받아들인 반면에, 의지를 가지고 결정했거나 욕구에 의해서 자녀를 출산하는 것이 아니기 때문에, 향후에 여러 가지 어려움을 만나면 당황할 수 있다.

자녀를 도구적으로 활용하기 위해서 부모가 되기도 한다. 자신이 꿈꾸는 가정의 모습 안에서 자녀의 역할이 있는 것을 생각하면서 부모가 되기로 결정하는 경우이다. 과거에는 가계 계승의 동기가 중요했다. '대를 이어야 한다'는 의미로, 자녀가 세대를 이어가는 제사를 담당할 사람으로 여겨졌다. 또 재산을 물려줄 수 있는 아들을 낳아야 한다는 동기가 있었다.

자기고취적 동기는 정서적·상징적으로 부모가 되는 것에 대해서 가치 부여를 하는 동기이다. 이것과 연관해서는 사회적 지위 획득의 동기가 있다. 결혼을 하지 않은 경우 사람들에게 "왜 결혼 안 해요?"라는 질문을 많이 받는다. 결혼한 것이 사회적 지위라는 것과 결혼해야 사회적 수용을 얻을 수 있음을 잘 보여주는 질문이다. 또 자녀가 없는 경우에 "아이는 아직 안 생겼어요? 몇 명을 낳을 예정이에요?"를 묻는 것도 같은 맥락이다. 또 결혼한 지 10년이 됐는데 아이가 없으면 주변에서 묻기를 조심스러워한다. 일부러 자녀 이야기를 하지 않거나, 어떤 노력을 하고 있는지를 물어본다. 결혼하는 것 그리고 결혼한 이후에는 자녀가 있는 것이 사회적으로 더 바람직한 모습이라고 여전히 여겨진다.

부모가 되기 전에 다음 세대를 양육하고자 하는 동기가 있는지를 스스로에게 질문할 필요가 있다. 부모는 자녀를 통해서 기쁨을 얻기도 하지만 자녀를 양육해야 할 책임을 진다. 기쁨만큼이나 책임도 크기 때문에 양육 동기가 있는지를 확인하고 출산하는 것이 바람직하다.

2) 부모역할에 대한 신화

부모의 역할에 대한 신화가 있다. 신화라는 것은 널리 회자되고 진실인 것처럼 믿어지지만, 근거가 있거나 확인되지 않은 믿음이다(이나미, 2014). 첫 번째 신화는 '자녀 양육은 항상 재미있다'이다. 자녀 양육은 의미 있는 일이며 즐거울 때도 있다. 하지만 어떤 경우에는 자녀 때문에 고통을 겪는 경우가 있다. 어떤 사건이 있어서 혹은 자녀와 고질적인 갈등이 있으면서 고민하는 경우가 아니더라도 자녀 양육은 신체적 · 심리적 에너지를 필요로 하는 작업이다. 자녀가 순종적이며, 학업에도 열심이고, 교우관계가 좋다 하더라도 자녀 양육에는 부모의 에너지와 자원이 활용된다. 자녀 양육을 함으로 해서 부모는 소진될 수 있다.

두 번째 신화는 '훌륭한 부모는 필연적으로 자식을 훌륭하게 키운다'이다. 자식이 훌륭하면 부모가 훌륭할 거라고 생각한다. 그렇지 않은 경우도 많다. 부모와 자녀는 다른 존재이다. 혈연관계로 묶이기는 하지만 개인적인 특성이 다르고 선호도도 다르며 사회에 적응하는 방법도 다르기 때문에 부모가 훌륭해도 꼭 자녀가 훌륭한 사람으로 성장하는 것은 아니다. 너무 염려하며 자녀를 키울 필요는 없지만 내가 바르게 살면 우리 아이도 바르게 살겠지라는 마음으로 접근하는 것도 순진한 접근일 수 있다. 여러 가지 상황들이 벌어질 수 있다는 준비된 마음을 가져야 한다.

지금은 자녀가 부모 외에도 다른 여러 가지 요인들로부터 영향을 받는다. 자녀가 문제 행동을 하거나 문제 상황에 휘말리면 부모나 친구에게서 원인을 찾는다. 그러나 더 넓게는 학교라는 장면도 고려해야 한다. 학교에는 교사나 학교 구성원 간의 여러 가지 상황들이 가능하다. 또 더 넓은 측면에서는 사회가 자녀에게 어떻게 영향을 미치는가도 고려해야 한다. 지금은 미디어의 영향도 크다. 그래서 꼭 부모만이 자녀에게 영향을 미치는 것은 아니기 때문에 부모가 훌륭해도 자식을 훌륭하게 키우기 어려운 경우가 있다.

그러나 부모가 잘못하고 있는데 자녀만 훌륭하게 되는 경우가 더 어렵기 때문에, 부모가 자녀에게 미칠 영향에 대해서도 각성할 필요가 있다. 그래서 막연하게 생각하는 훌륭한 부모란 어떤 부모인지에 대해서도 생각해 보아야 한다.

또 세 번째 신화는 '효과적인 자녀양육에는 사랑이 가장 중요하다'이다. 사랑은 가장 기본이 되는 마음의 태도 혹은 정서상태이다. 하지만 자녀양육 실제에는 부모로서의 권위가 중요하다. 권위라는 말을 싫어하기 때문에, 친구 같은 부모가 되고 싶다는 말을 많이 한다. 하지만 부모는 자녀에게 친구처럼 행동할 수는 있지만 친구는 아니다. 부모는 위계 속에서 부모 됨의 권위를 가질 필요가 있다. 권위가 없으면 훈육은 이루어지지 않는다. 자녀들이 반항을 하지만 나중에 커서 회고할 때에는 그 시기에 부모가 훈육을 제공하지 않았던 것에 대해 원망을 한다.

네 번째 신화는 '자녀들은 언제나 감사한다'이다. 그러나 자녀들은 감사하게 생각하기보다는 당연하게 생각하는 경우가 더 많다. 자녀에게 부모가 어떤 것을 제공받고 자녀로부터 감사함을 받기란 어렵기 때문에, 다음 세대를 양육하는 것이 부모 됨의 동기였을 때 정서적 안정감을 유지할 수 있다.

부모역할에 대한 신화를 교정적인 관점으로 바라보아야 한다. 부모는 자녀의 성장 · 발달에 영향을 미치는 많은 요인들 중에 하나이다. 한편으로는 부모가 스스로 부족한 사람이라고 여길 때에는 다행이기도 하고, 또 부모가 스스로 많은 것을 제공하고 있다고 느끼지만, 자녀가 다른 자원으로부터 영향을 받으며, 궁극적 성장의 방향과 결과는 자녀의 몫이다.

부모역할은 자녀가 성장함에 따라서 변화가 필요하다. 가족은 자녀의 성장과 더불어 발달주기를 가진다. 자녀가 영유아기일 때에는 부모가 보호적으로 양육해야 하지만, 청소년기 이후에는 자녀가 성인으로 자랄 수 있는 여지를 두는 것, 즉 독립적인 시간이라거나 실수를 할지라도 의사결정을 혼자 할 수 있는 경험들을 제공하는 것이 중요하다.

자녀는 각각 다르므로 부모의 역할이 각 자녀에 따라서 달라질 수 있다. 같은 부모 밑에서 태어났지만 자녀는 각각의 개인의 존재로서 다른 모습을 띄기 때문에 부모역할도 달라질 필요가 있다. 어떤 자녀는 부모가 이끌어 주면서 나아가야 하고, 어떤 자녀에게는 독립성을 보장해 주는 것이 훨씬 도움이 될 수 있다.

부모역할이 어려운 이유는 부모가 되는 준비과정이나 훈련 없이 부모역할을 하게 되기 때문이다. 아동발달, 발달심리 등 인간에 대해서 배우지 않고 자녀양육을 시작하게 되는 경우가 많다. 아동의 특성 및 성장과정을 관찰하고 자녀의 발달에 적절한 환경은 어떤 것인지를 모르는 경우가 많다.

부모로서 어떤 인생철학을 가지고 자녀를 양육할 것인지 미리 고민할 필요가 있다. 인터넷의 발달로, 자녀양육에 대한 정보도 인터넷을 참조할 때가 있다. 유용할 때도 있지만 근거 없는 정보일 때도 있다. 일관되지 않는 정보들을 접하면서 불안이 높아진다. 자녀 양육서로부터 한두 가지 정도는 도움을 받을 수 있지만 기본적으로는 자녀를 어떤 사람으로 성장시키기를 원하는지 장기적인 계획이거나 철학을 갖는 것이 더 중요하다. 그리고 철학을 가진 후에는 그 철학에 근거해서 일관되게 행동하고 의사결정하는 것이 중요하다.

부모는 자녀를 책임져야 하고 부모역할은 일생 동안 계속된다. 가끔 나이 드신 분들이 "저희 아이는 이미 다 컸는데 아이가 어렸을 때 이런 내용을 알았더라면 얼마나 좋았을까요"라고 한다. 물론 뒤돌아보면 아쉬운 점이 있을 수 있다. 그런데 지금 상담 관련 과목을 들어서 자녀가 결혼한 후에도 도움이 되고 자녀가 손자 · 손녀를 낳았을 때 도움이 될 필요가 있다. 자녀가 어려움이 있을 때 부모가 조금 더 준비가 되었더라면 효과적으로 도움을 줄 수 있었겠지만, 지금 자녀의 모습 그대로 향후에도 부모가 할 수 있는 역할이 있다. 부모가 성숙한 노인이 되어야 자녀와 관계를 잘 맺을 수 있다. 자신이 자녀 입장일 때는 부모가 점점 더 나이 들어 가는데, 나이 들어 가는 부모와 어떻게 관계 맺으며 살아가야 할 것인지를 생각해 볼 수 있는 기회가 되었으면 좋겠다.

3) 노부모와 성인 자녀 관계

부모 · 자녀 관계를 보통 성인 부모의 영유아 혹은 청소년기 자녀의 양육이라고 생각한다. 사회가 노년화되어 가고 있기 때문에, 이제는 노부모와 성인 자녀와의 관계가 큰 주제로 부각되고 있다(서수균 · 이윤희 · 안정신 · 정연숙, 2013).

노부모가 성인 자녀와 같이 사는 경우는 많지 않다. 자녀와 동거하는 노인들이 48%로, 52% 정도는 분가해서 살고 있다(김혜경 · 서경현, 2016). 노인부부 가족도 28%가 된다. 또 노인 독신가구가 18% 정도 된다. 자녀와 동거하는 경우가 점점 감소하는 추세이기 때문에, 동거하지 않으면서 노부모가 성인 자녀와 어떻게 관계할 것인가 생각해 보아야 한다.

자녀와의 거리를 보면 차를 타고 1시간에서 3시간 이내에 거주하는 경우가 가장 많지만, 30분 이내에 거주하는 경우는 10% 정도, 3시간 이상도 40% 정도가 된다. 장거리 관계를 유지한다고 볼 수 있다. 접촉빈도를 보면 평균 한 달에 한 번 정도, 전화는 일주일에 한 번 정도이다. 경제수준이 높은 부모는 자녀와 대면접촉이 적지만, 전화접촉은 더 많다.

과거에 지방에서 농사를 지었던 부모들이 자녀를 대학에 보내서 화이트칼라가 되기를 많이 꿈꾸었다. 그런데 부모는 평생을 살았던 농촌을 떠날 것이 아니기 때문에 화이트칼라가 된 자녀와 부모는 장거리 관계를 가지게 된다. 부모철학에는 자녀가 어떻게 살기를 바라는 것뿐만 아니라 부모가 노년기가 되었을 때 자녀와 어떻게 관계를 맺기를 원하는가도 포함되어 있어야 한다.

노부모와 성인 자녀가 잘 지내면 가장 좋겠지만 갈등이 일어날 수 있다. 세대차와 관련된 갈등으로, 세대차는 항상 존재한다. 부모인 나와 자녀 사이에도 세대차가 있다. 자녀인 나와 부모도 세대차가 있다. 한때는 쌍둥이도 세대차가 있을 정도라고 이야기하는데, 세대가 공유하는 문화가 다르기 때문이다. 부모의 가치나 관심사가 자녀에게 전달이 되고 상호 이해가 높을 때 노년의 만족도는 높아지고 그렇지 못할 경우에 갈등이 발생된다. 갈등은 세대 안에 언제나 내재되어 있으므로 그 갈등을 자연스러운 것으로 받아들여야 한다. 부모의 가치나 관심사가 자녀의 것과는 다르다는 것을 수용하는 자세가 필요하다.

부모·자녀 갈등은 발달주기에 따라서도 달라진다. 진로결정을 할 때 청소년은 자신이 원하는 것을 하고 싶어 하는 반면에, 부모 세대는 더 안정적인 직업군의 진로를 원한다. 부모가 40대 이후로 직업의 안정성을 추구하는 마음이 더 크기 때문이다. 부모의 지혜일 수도 있지만 세대가 가지고 있는 가치관의 차이로도 해석할 수 있다.

의존성과 갈등 측면에서, 노인이 의존을 많이 할 수밖에 없는, 신체적으로도 어렵고 경제적으로도 어려운 상황이 많다. 향후에는 달라질 수 있겠지만 지금 노년기를 맞은 이들은 국가가 경제적으로 성장하는 데만 관심이 있었지, 수명이 연장되었을 때, 소득이 없을 때 어떻게 살아갈 것인지에 대한 사회적 보장 제도가 마련되어 있지 않은 세대이다. 그래서 경제적인 부분에서도 의존하게 되고 신체적으로도 유약하기 때문에 혹은 건강상의 이유로 다른 사람의 도움이 필요할 때가 있다.

그래서 의존성과 갈등은 노년의 부모가 의존해야 하기 때문에 그리고 성인이 된 자녀도 새로운 부담감과 새로운 역할을 맡게 되면서 일어날 수 있다. 부모가 자녀에게 의존하지만, 여전히 도움을 주는 때와 같은 태도를 취할 때가 있다. 그리고 자녀의 의사결정을 못 미더워하기도 한다. 자녀는 예전에 도움을 받던 입장인데 도움을 주는 입장이 되면서 입장전환이 잘 되지 않고, 부모도 도움을 주다가 도움을 받게 되었을 때 입장전환이 잘 되지 않는다.

노부모 · 성인 자녀 갈등에 고부 관계도 포함된다. 고부 관계의 갈등은 어느 나라에나 있지만 또 우리나라에서 더 강한 형태로 일어난다. 다문화가족지원 센터를 방문한 결혼이주 여성들이 힘들어하는 주제 중 하나는 고부 관계이다. 결혼이주 여성에게 시어머니가 부부관계에 영향을 미칠 수 있다는 것 자체가 새로운 경험이다. 다문화가족 여성들이 한국보다 더 사회경제적 지위가 낮은 나라에서 왔다고 생각하고 은근히 무시하는 한국인도 있다. 하지만 부부로서의 체계를 유지하는 측면에서 볼 때는 우리나라보다 동남아시아 문화권이 훨씬 부부 중심이며, 부부 사이가 평등적이다.

고부 관계는 시어머니가 그전에 가졌던 아들과의 관계를 유지하려고 하기 때문에 발생한다. 며느리 입장에서도 새로운 가족문화에 적응하면서 겪게 되는 여러 가지 갈등이 있다. 여성학적 입장에서 볼 때 고부 관계는 어머니가 남편과 동등한 지위를 갖지 않았기 때문에 자기의 지위 확보를 위해서 아들과 연합하기 때문에 발생한다. 아들이 결혼하면 아들과의 연합을 내려놓아야 하는데, 그러면 자신의 권한이 줄어든다고 해석한다. 또한 전통적 가족 규범이 해체되면서 며느리들이 예전보다 자기 목소리를 훨씬 더 많이 내는 편이다. 전통사회에서는 그 가치를 인정받아 왔던 시어머니의 경험이 점차 중요성을 잃게 되는 것도 영향을 미친다.

여성의 교육수준이 높아지고 사회진출을 하게 되어 며느리 입장이 강화되는 것뿐만 아니라, 부부관계가 예전보다 더 가치롭게 여겨지고 있다. 예전에는 부모 · 자녀 관계가 가족 안에서 더 중요한 관계였다고 한다면, 지금은 부부가 행복하게 지내는지가 더 중요하게 되면서 고부 관계 갈등은 계속해서 일어날 것이다.

세대차 갈등과 의존성 갈등은 고부 관계 갈등을 증폭시킨다. 노부모가 의존을 많이 하게 될 때, 경제적 책임을 지고 있는 아들보다는 가정에서의 여러 가지 역할을 담당하고 있는 며느리가 의존해야 하는 대상이 된다. 또 요즘은 여성의 사회진출로, 친정 부모가 자녀양육에 참여하면서 사위와 갈등을 경험하는 경우도 많아지고 있다.

노부모와의 관계에서 자신이 어떤 갈등을 경험할 수 있는지, 자신이 노년기가 되어서 자녀와 어떤 갈등을 경험할 수 있는지 미리 알기만 하여도 갈등을 자연스럽게 수용할 수 있는 역량이 커질 수 있다. 또 새로운 역할과 상황을 수용할 때 자신의 새로운 모습을 경험할 수 있다

2. 자녀양육의 원리

1) 부모에게 필요한 기본 역량

성공적인 자녀양육을 위한 기본 역량이 있다(윤호열 · 김형구 · 이승의 · 김영숙, 2014). 첫 번째 역량은 자기인식과 수용이다. 자신을 수용하고 이해할수록 자녀를 수용하고 이해할 수 있다. 부모는 자신의 잠재력이 자녀의 인생을 최선으로 촉진할 수 있기 때문에, 스스로 잠재력을 수행하는 역량을 가져야 한다.

자녀가 둘이 있는데 한 자녀는 예쁜데, 다른 자녀에게는 애정을 상대적으로 느끼지 않는 경우가 있다. 한 자녀가 자신이나 배우자의 단점을 닮은 경우가 많다. 자녀가 단점을 보완하려고 노력해야 하는 부분도 있지만, 자녀의 단점을 수용해 줄 필요가 있다. 부모가 자신의 혹은 배우자의 단점을 수용하지 못하면 자녀의 단점도 수용하지 못한다. 교정이 필요하다 할지라도 과도하게

자녀를 비난한다. 자기 스스로를 인식하고 수용하는 것이 필요하다.

두 번째는 역할 정의이다. 부모가 무엇을 하는 사람인가라는 역할을 규정해야 한다. 역할을 정의하는 것은 더 현명한 관계를 가능하게 하고, 자녀양육을 더욱 쉽게 실행 가능하도록 만든다. 어떤 부분에 있어서 양육이 필요한가를 정할 필요가 있다.

세 번째는 목표 명료화로, 자녀를 위한 개인적이고 사회적인 목표를 분명히 하는 것이다. 그래야 자녀의 개인적 성장과 사회화를 더 나은 방법으로 도울 수 있다. 자녀양육의 방향이 목표라고 할 수 있다. 자녀가 장래에 어떤 모습이기를 원하는가를 명료화하여야 한다. 진로뿐만 아니라 사회에 나갔을 때 어떤 모습이기를 바라는가가 있어야 한다. 사회가 바람직하다고 수용하는 목표를 분명히 하는 것이 중요하다. 그리고 그 목표들을 더 효과적으로 달성하도록 돕는 것이 부모의 역할이다.

지금 우리는 불안한 사회에 살고 있다(김태형, 2010). 과거 고성장 시기에는 미래에 대해서 밝은 그림을 그릴 수 있었다. 대학교를 졸업하면 좋은 직장에 들어가고 그 직장에서 평생 일하면서 안정적으로 가정생활을 영유할 수 있을 것으로 예상했다. 그런데 지금은 실업률이 높아 젊은이들이 공부를 많이 하고, 스펙(역량)을 쌓는다고 하지만 그 스펙이 사회에서 그렇게 쓸모가 있지 못한 경우가 많다. 모두 다 스펙을 쌓기 때문에 스펙을 쌓은 사람들끼리 경쟁한다.

우리 사회는 무의식적인 혹은 확인되지 않은 불안을 가지고 있다. 자녀양육에 올인한 부모가 있었다. 자녀가 초등학생인데 고등학교 영어를 하고 있는데, 꿈이 없다고 해서 고민이라고 한다. 초등학생이 고등학생 영어를 하면 꿈을 가지기 어렵다. 왜냐하면 내가 뭘 해야 하는지가 명확하지 않기 때문이다. 초등학생인데 이미 고등학생 수준이라면 오랜 시간 동안 영어라는 것에 붙잡혀 있었을 것이다. 그런데 학원 혹은 집 외에는 영어를 쓸 기회가 없다. 어디에 쓰려고 배우는지 목적을 찾기가 어렵다. 많은 시간 공부를 했기 때문에 그 나이대에 누릴 수 있는 여러 가지 기쁨이나 활동 등의 경험들을 하지 못했을 수 있다. 이처럼 하고 싶은 게 없는 아동 · 청소년의 숫자는 증가하고 있다.

부모는 자녀들에게 많은 것을 요구한다. 요구가 많다는 것은 불안하기 때문이다. 불안한데 목표가 뚜렷하지 않은 경우가 있다. '자녀가 그냥 웬만한 곳에 자리매김을 하고 웬만한 정도의 소득을 얻어서 무난한 가정생활을 했으면 하는 것'이 개인적인 목표인데, 과도한 것들을 요구한다. 자녀를 해외의 리더로 키우겠다면 일찍 해외에 내보낼 수도 있다. 하지만 우리나라 안에서 살기를 원하는데, 과도하게 외국어를 학습할 필요가 있는지 생각해 보자.

과거에는 외국생활을 오래 한 사람들을 언어특기자로 기업에서 많이 뽑았다. 지금은 해외 출신 언어특기자를 선호하지 않는다. 언어를 잘하는 것 외에 그 조직에게 보탬이 못 되는 경우도 있기 때문이다. 기업이라는 곳은 이윤창출을 위해서 존재하는 곳이기 때문에, 효율성을 측정하고 그 효율성이 낮으면 정책을 바꾼다. 기업체에서 정책들을 바꾸는 것을 보면 우리가 막연하게 믿고 있는 것이 변화되고 있는 것을 관찰할 수 있다.

넷째, 부모는 아동발달 그리고 인간발달에 대해서 알 필요가 있다. 각 단계에서 행동에 영향을 주는 본질적인 욕구와 발달의 원리들을 적용하는 것이 자녀가 더 안락하고 편안하게 자라도록 할 수 있다. 발달의 원리는 자녀에게만 적용하는 것이 아니라 부모 스스로에게도 적용해야 한다. 그래서 자녀가 자라면서 발달의 원리를 적용하지만, 또 자녀와 부모가 갈등을 일으킬 때 서로 어떤 발달 단계에 있고, 그 발달 단계들이 공존할 때 어떤 충돌이 일어날 수 있는지를 이해하는 것이 필요하다.

다섯째, 부모는 리더십이 있어야 한다. 리더십은 다른 사람을 이끄는 것뿐만 아니라, 자신의 삶을 어떻게 운영해야 하는지 자녀의 삶에서 어떠한 지도가 필요한지를 알고 실행하는 것이다. 적절한 기준을 통한 지도의 원칙들과 목표들을 적용하는 것, 부모가 자녀를 위해서 목표를 달성할 수 있도록 하는 것, 실수를 반복하지 않는 것, 편견과 경험들이 바뀌면 태도와 행동들을 수정할 수 있는 것, 그래서 자기 상황에서 가장 적절한 행동을 하고 목표를 성취하는 태도들이 자녀를 양육하는 데에서도 가장 기본적인 역량이라고 할 수 있다.

여섯째, 부모는 부모 됨에 대한 철학을 가져야 한다. 철학은 결국 삶을 어떻게 살 것인가에 대한 생각들이다. 부모는 어떤 존재인가, 부모 · 자녀 관계는 어떠해야 하는가, 자녀를 어떤 방향으로 성장시키는 것이 좋은가에 대한 답이 부모 됨의 철학이다. 부모 스스로 나는 어떤 철학을 가지고 삶을 대하고 있는지를 생각해 보는 역량이 있어야 자녀양육에 있어서도 문제를 효율적으로 해결할 수 있다.

2) 자녀의 본질적인 욕구

부모역량 중의 하나는 아동 · 청소년의 욕구와 발달상의 과업을 잘 아는 것이다(이호철, 2009). 자녀가 어떤 욕구를 가지고 있는지를 잘 알고, 그 욕구를 부모가 어떻게 충족시킬지에 대해서 생각해 보아야 한다. "우리 클 때에는 안 그랬는데"라고 하지만 과거에는 자녀양육에 있어서 생존이 가장 큰 과제였다.

생존과 관련된 욕구에는 음식, 안식처, 활동할 기회가 있다. 신체적 욕구 중 간과하는 것은 활동할 기회이다. 활동은 중요하다. 자녀가 무기력한 경우에 활동할 기회를 많이 가진 적이 있는지 생각해 볼 필요가 있다.

청소년기에는 뇌의 전두엽이 발달한다. 뇌가 많은 에너지를 쓰기 때문에 인지적인 과제는 수행하는데, 정서적인 반응을 하기 어려운 경우가 많다. 그래서 질풍노도의 시기라고 한다. 중학교 2학년이 제일 무섭다라는 이야기를 하는데, 이때 가장 필요로 하는 것은 신체활동이다. 청소년기에 운동을 가장 필요로 하는데, 우리는 청소년들을 뛰어놀게 하지 않고 학원에 감금하고 있다. 신체적 활동이 부족하기 때문에 학교폭력 등의 문제가 일어나는지도 모른다.

정서적인 욕구 측면에서, 아동이 양육되기 위해서는 부모들이 반드시 사랑을 제공해 주어야 한다. 자녀의 정서적 욕구를 확인해 주고, 욕구를 충족시키는 활동을 해야 자녀가 자기 욕구에 대해서, 자기 정서에 대해서 인식하고, 그것을 충족시킬 수 있는 노력을 성인기가 되어서도 할 수 있다. 정서적 욕구가 충족되지 않는 경우에 성인이 되었을 때 자기가 어떤 정서를 느끼는지 모르는 경우가 많다. 그리고 정서를 알게 되었다 하더라도 그것을 어떻게 해소해야 하는지 알지 못하는 경우가 많기 때문에, 정서적 욕구에 대해서 민감할 필요가 있다.

또 사회적인 욕구가 있다. 가정 안에서 긍정적인 경험을 해야 나중에 타인들과 성공적인 관계를 맺을 수 있다. 교사는 기본적으로 사회적으로 바람직한 행동을 추구하는 직업군이다. 그리고 학교에서 아이들에게 바람직한 행동을 하도록 하기 때문에, 집에 왔을 때 자녀를 더 바람직하게 키우려고 노력하는 경우가 많다. 그렇게 되면 가정 안에서 자녀에게는 긍정적인 경험이 부족하다. 사회적으로 바람직한 행동에 대해서는 많은 교육이 되었을 수 있지만, 자기 스스로를 긍정적인 존재로 보지 못한다. 그러면 타인과 관계를 맺을 때 타인이 나를 좋아하지 않을 거라고 생각하면서 대인관계의 어려움을 경험할 확률이 높다.

또 지적인 욕구가 있다. 활동과도 관련되는데, 촉각, 청각, 시각, 후각, 미각을 통해서 환경을 경험하고자 하는 욕구이다. 자녀는 자신이 살고 있는 사회, 세상에 대해서 알고자 하는 욕구들을 가지고 있다. 아동기뿐만 아니라 청소년기, 더 넓게는 성인기에도 가지고 있는 기본적인 욕구이다.

3) 자녀지도의 원칙과 방법

부모들이 무엇을 어떻게 가르쳐야 하는지에 관하여 일반적인 원칙이 있다는 것을 인식한다면, 더 쉽게 자녀들에게 바람직한 행동에 대하여 가르칠 수 있을 것이다(김현정, 2001). 무엇을 가르쳐야 하는지, 언제 해야 하는지, 왜 그렇게 해야 하는지 등을 알아야 한다.

성폭력 피해 청소년, 가출 청소년, 성매매 청소년 등을 위한 쉼터가 운영되고 있다. 또한 혼자서 탈북한 청소년을 위한 쉼터도 있다. 일반 가정에서 자녀와 부모가 같이 거주하는 것과 같이 미성년자들은 쉼터의 활동가와 같이 생활한다. 쉼터는 대부분 일반 집의 형태로, 기관이나 건물이 아니라 일반 가정과 같은 주거 형태이다. 5~6명 정도의 청소년과 활동가 1명 정도로 구성되어서 생활하는 가정 형태를 띤다.

쉼터에서 청소년들이 힘들어하는 것은 일상생활의 규칙이다. 일상생활의 규칙이라는 것은 아침에 시간이 되면 일어나는 것, 일어나면 세수하고 잠자리를 정리한 다음에, 식사를 하는 것, 식사를 하기 위해서는 누군가는 밥을 준비해야 하고, 식탁을 차리는 것, 집 안을 치워야 한다는 것, 개인의 청결을 위해서 주기적으로 샤워를 해야 한다는 것, 귀가 시간이 있다는 것 등이다. 쉼터에 오는 청소년은 부모와 거주한 기간이 짧거나 부모가 충분한 양육을 제공하지 않은 경우가 많다. 평범한 가정에서는 굳이 설명하지 않아도 되는 일상생활의 규칙도 훈육의 결과이다.

그 외에 다른 가족의 일상이 있다. 언제 해야 하는지와 해야 하는 이유, 왜 그렇게 해야 하는지에 대해서 자녀들이 알 수 있도록 하는 것이 좋다. 강의같이 직접 가르칠 수 있다. 혹은 자녀가 시행착오를 겪으며 그 안에서 스스로 학습할 수 있도록 도와줄 수 있다. 부모가 하는 것을 본으로 보여주면서 여러 가지 것들을 배울 수 있게 하는 것이 가장 좋다.

청소년상담에서 학업은 많이 다루어지는 주제이다. 학습상담을 하면서 느끼는 것은 부모님 중에 공부하는 분이 많지 않다는 것이다. 학력을 이수한다거나 목표가 있어서 자격증을 획득하는 것도 공부지만, 꾸준하게 관심 있는 분야에 대해서 알아가는 것도 공부이다. 외국어도 해야 한다고 이야기하지만 부모님은 외국어를 공부하지 않는다. 그러면서 "내가 못 했기 때문에 너는 해야 한다"고 이유를 설명한다. 가장 좋은 것은 부모도 학업을 시작하는 것이다.

사이버대학 학생은 자녀의 학습문제로 고민하는 경우가 적다. 부모가 자기 공부를 시작하면 일단 잔소리가 줄어든다. 시험 전이 되면 본인이 시험준비를 하니까 자녀에게 공부하라는 잔소리를 할 여유가 없다. 반면에 부모가 시험준비를 하면 자녀들도 알게 모르게 자기관리를 한다. 부모가 공부하는 것을 보여주면 공부해야 하는 이유를 꼭 말로 설명하지 않아도 계속적으로 자기발전을 해야겠다고 자녀도 생각한다.

교정이 필요한 행동에는 이유가 있기 마련이다. 지금 보면 문제행동이고 삶에 도움이 되지 않지만, 처음에 그 행동을 시작할 때에는 분명히 그 행동을 통해서 욕구가 충족되었던 경험이 있다. 그래서 자녀가 부정적인 행동을 보여줄 때에는, 부정적 정서로 반응하는 것을 늦출 필요가 있다.

잘못된 행동에 개입할 때는 자녀의 연령과 발달 수준을 고려해야 한다. 행동만 보면 지금 교정 혹은 새로운 학습이 필요할 수 있지만, 자녀의 나이와 발달 수준으로 볼 때는 수용될 만한 행동인 경우가 있다. 단지 배운 적이 없거나 자녀의 발달 수준에서 수용하기 어려울 수 있다. 욕구가 만족되지 않아도 자녀는 교정이 필요한 행동을 할 때가 있다. 또 환경과 자녀가 잘 맞지 않거나 환경이 자녀를 힘들게 하는 경우들이 있다.

문제집을 풀라고 했더니, 문제를 풀다가 막히자 뒤에 있는 정답을 보고는 문제를 푼 초등학교 1학년 학생이 있다. 학생의 행동은 비도덕적으로 여겨진다. 하지만 답을 보고 점수를 높이려는 의도보다는 잘 모르기 때문에 답을 보고 썼을 수 있다. 부모가 채점할 때 뒤에 있는 답을 보고 하기 때문에 답을 보아도 좋다고 생각했을 수도 있다. 초등학교 1학년의 행동은 비도덕적이라기보다는, 자기가 하는 행동의 의미에 대해서 뚜렷하지 않으면서 모르는 문제에 대한 답을 구하고자 했던 행동으로 볼 수 있다.

행동교정이 필요하다는 것을 알게 되면 이후에 어떻게 할 것인가? 가르치거나 시행착오를 통해서 스스로 배우도록 할 수 있다. 가정 차원에서는 가정마다 다 달라서, 어떤 가정에는 체벌이 시행되는 경우도 있고 체벌하지 않는 경우도 있었다. 현재는 민법상으로도 가족 내 체벌을 금지하고 있다.

체벌은 폭력의 모델이 된다. 잘못된 행동 혹은 교정되어야 하는 행동이 있을 때 폭력을 가할 수 있다는 것을 보여주기 때문에 하지 않는 것이 좋다. 따스함 대신에 거부적인 가정 분위기를 만들 수 있기 때문에 체벌은 하지 않아야 한다.

3. 정서발달과 부모의 역할

1) 정서발달과 부모의 역할

부모가 자녀의 정서에 반응하는 태도는 자녀의 정서발달에 일차적인 영향을 미치며, 이후 자녀의 적응과 사회적 능력, 신체적 · 정신적 건강에도 영향을 미친다. 그러나 우리나라의 부모는 자녀의 정서에 대한 관심보다는 학문적 능력을 신장하는 지식 위주의 교육에만 초점이 맞추어져 있다. 또한 사회의 변화와 그에 따른 핵가족화로 인하여 현대의 부모는 자녀의 정서에 반응하는 방법을 배울 기회가 없고, 정서발달에 관한 지식 부족으로 자녀의 정서를 이해하고 수용하기보다는 부모의 권위와 힘으로 통제하게 되는 일상적인 믿음을 보인다.

자녀의 정서 사회화는 부모의 모델링, 정서에 대한 유관성, 정서에 대한 지도를 통해 일어난다(Denham, 1998). 부모의 모델링, 반응, 그리고 지도를 통해 자녀들은 기본적인 정서의 종류뿐 아니라 정서의 표현 및 정서적 상황에 대해서 이해한다. 이러한 과정을 거치면서 자녀들은 정서에 대해서 유능해지게 된다.

모델링(Modeling)은 부모가 자신의 정서를 표현했을 때 자녀가 모방하는 과정을 통해 자연스레 정서를 학습하는 과정을 말한다. 정서를 많이 표현하는 부모는 다양한 정서에 대해 직접적으로 예시를 제공함으로써 자녀가 정서를 이해하고 표현하는 데 긍정적인 영향을 준다. 반면 정서표현이 적은 부모는 아동에게 표현하는 정서가 제한되어 있어 자녀의 정서이해와 정서표현 발달에 부정적인 영향을 준다.

정서에 대한 유관성(Contingency)은 자녀가 표현하는 정서에 대해 부모가 반응하는 태도를 설명하는 것으로, 부모가 보이는 반응에 따라 자녀의 정서표현이 달라진다. 자녀가 정서를 표현하더라도 비난하지 않고 수용적으로 반응하면 자녀는 정서를 잘 이해하게 되고 정서를 잘 조절하며 또래관계도 잘 맺게 된다.

정서에 대한 지도(Coaching)는 부모들이 정서에 대해 직접적으로 지도함으로써 자녀들이 정서를 배우는 것을 말한다. 자녀들은 부모가 정서를 직접적으로 언급하고 설명해 주는 것을 통해, 정서의 종류와 표현 방법에 대해서 학습하고 이해한다.

자녀의 정서에 대한 부모의 반응은 크게 지지적 반응과 비지지적 반응으로 구분된다(Gottman, 1997). 부모가 지지적인 반응 태도를 보이면 자녀는 자신의 정서를 사회가 적절하게 받아들일 수 있는 방식으로 표현하고 조절한다. 그리고 타인의 생각, 감정, 행동을 배우려는 시도와 태도를 강화하여 공감능력을 발달시키고 갈등상황에서 자신의 욕구와 다른 사람의 요구에 대해 이해하고 절충한다. 또한 정서적 각성을 줄이고 스트레스 상황에서의 대처방법을 배워 특정 상황에서 성공적으로 대처할 수 있게 된다.

반면에 비지지적 정서반응 태도를 보인 부모의 자녀는 정서를 나쁜 것이라고 믿고 자녀의 부정적인 정서의 경험과 표현을 최소화하고 처벌을 내리거나 무시하고 부정하여 억압한다. 부모가 자녀의 정서에 대해 심하게 통제하거나 처벌하면 자녀는 적응적 정서 사회화의 기회를 놓치게 되고 이는 다른 상호작용에서 자녀로 하여금 부적절하게 행동하게 한다. 즉 통제나 처벌과 같은 비지지적 반응은 행동문제의 원인이 될 수 있으며, 사회적 유능성 발달을 저해할 수 있다. 부모가 자녀의 정서를 억압하면 아동은 억압당한 자신의 감정을 기억에 저장하게 된다. 기억에 저장된 감정은 감정적인 상황에서 과각성화되어 자녀로 하여금 부정적 감정을 조절하지 못하게 하거나 바람직하지 못한 행동을 할 가능성을 증가시킨다.

그리고 부모가 자녀의 정서표현을 좌절시킬 때 자녀는 자신과 타인의 정서를 부정적이거나 위협적인 것으로 지각하게 되고, 정서의 의미나 정서를 다루는 방법들을 탐색하는 기회를 회피한다.

마지막으로 자녀가 정서를 표현할 때 부모가 이를 무시한다면 자녀는 거부당했다고 느끼며 화가 나게 되고 화난 감정은 양육자와의 관계에서 표출되어 갈등을 유발시키고 자녀의 만성적 스트레스의 원인이 된다. 이런 경우 자녀는 부정적 정서를 경험하고 이를 다스리는 방법을 학습하는 것에 어려움을 느낀다.

이렇듯 부모가 자녀의 정서에 지지적으로 반응하는 것과 비지지적으로 반응하는 것은 자녀의 정서발달에 큰 영향을 미치므로, 비지지적인 부모의 정서반응 태도를 지지적으로 변화시키는 것은 매우 중요하다.

어머니와 자녀의 개인적인 특성이 어머니의 정서반응 태도에 크게 관련되어 있다. 자녀의 성별에 따라 부모의 반응은 다른데, 남아가 슬픔, 공포와 같은 여성성과 관련된 정서를 보이면 부모는 이를 더 통제하고 억압하는 반응을 보였다. 이에 비해 남아의 분노는 여아보다 더 수용되었다. 여아보다 남아에게는 정서에 대한 반응이 통제적이거나 처벌적이라는 연구결과가 일반적이다(서숙경, 2011).

자녀의 기질이 어머니의 정서반응에 미치는 영향과 관련된 연구를 살펴보면 자녀의 사교성이 높을수록 자녀의 정서에 대한 어머니의 스트레스 정도가 낮고 지지적인 정서반응 태도를 보인다는 연구결과와 자녀가 높은 정서능력을 가지고 있으면 자녀를 대하는 어머니의 정서반응도 지지적으로 반응함으로써 자녀와 어머니는 온정적인 상호작용을 하게 된다는 연구가 있다. 또한 까다로운 기질의 자녀일수록 어머니는 높은 양육스트레스를 경험하여 자녀의 정서에 비지지적인 정서반응을 자주 사용하게 된다는 연구결과가 보고되었다.

자녀의 정서에 대한 어머니의 특성과 관련된 연구를 살펴보면, 어머니의 교육수준, 소득이 높을수록 자녀의 정서에 대해 지지적인 반응을 선택하였고, 어머니가 우울성향이 높고 일상적인 스트레스를 많이 경험할수록 자녀의 부정적 정서에 스트레스를 더 많이 느끼고 이런 상황을 중단하기 위해 벌을 주거나 아동의 정서경험을 최소화시키는 반응을 더 많이 사용한다.

2) 부모의 정서반응 유형

자녀의 정서에 대한 부모의 반응은 크게 지지적 반응과 비지지적 반응으로 구분된다. 지지적 반응은 감정표현의 격려, 정서중심적 반응, 문제중심적 반응으로 나누며, 비지지적 반응은 스트레스 반응, 처벌적 반응, 최소화 반응으로 나눌 수 있다(Gottman, 1997).

지지적 반응인 감정표현의 격려는 아동 자신이 느끼는 정서를 표현할 수 있도록 부모가 격려함으로써 아동이 자신의 감정을 숨기거나 위장하지 않도록 돕는 정서반응 태도이다. 예를 들면, "기분이 어떠니?", "무슨 일이지?", "(불안)해도 괜찮단다", "(우울)해 보이는구나", "무엇 때문에 기분이 우울한지 이야기해 줄 수 있겠지?" 등의 표현을 자녀에게 해 주는 것이다.

정서중심적 반응은 아동이 정서를 표현할 때 아동의 기분이 좋아지도록 도와줄 수 있는 전략을 가지고 위로해 주는 반응이다. 예를 들면, "그랬구나", "그래서 네가 (우울)했구나", "나도 그건 경험을 했을 때 (불안)했단다", "그런 행동을 할 만큼 (우울)했구나", "눈물을 흘릴만큼 슬프구나", "많이 힘들었겠구나" 등의 표현을 해 줄 수 있다.

문제중심적 반응은 아동이 부정적 정서를 느끼고 있거나 스트레스의 원인이 되는 문제를 해결하여 잘 대처할 수 있도록 도와주는 반응이다. 예를 들면 "어떻게 하면 문제를 해결할 수 있을까?", "네 생각은 어떻니?", "다른 방법을 없을까?", "이런 방법은 어떨까?" 등의 질문을 통해 자녀가 스스로 방법을 찾게 할 수 있다. 또한 부모가 문제해결 전략을 제안할 수 있다.

비지지적 반응인 최소화 반응은 아동이 느끼고 있는 부정적 정서나 스트레스의 정도를 낮추거나 무시하며 최소화시켜 반응하는 태도를 말한다. 예를 들면, "(불안)한 건 큰일이 아니야", "과민반응하지 말고", "아기처럼 굴지 말아", "별거 아니야", "곧 좋아질 거야" 등의 발언이 최소화 반응이다.

처벌적 반응은 아동이 부정적 정서를 표현할 때 벌을 주거나 꾸짖음으로써 아동의 표현을 중지시키는 반응이다. 예를 들면, "기분을 가라 앉히도록 방으로 가라", "떼쓰는 걸 멈추지 않으면 ~는 할 수 없다", "네가 부주의해서 그런 건데 왜 화를 내니!" 등이 처벌적 반응이다.

스트레스 반응은 아동이 부정적 정서를 표현할 때 부모가 느끼는 불안이나 스트레스를 그대로 아동에게 표현하는 정서반응이다. 예를 들면 "부주의한 데다 울기까지 하는구나", "네가 화난 표정을 하고 있어서 엄마가 얼마나 난처한 지 알아?" "어리석은 짓은 하지 말았어야지?", "엄마는 네 그 표정 때문에 힘들어" 등의 반응이다.

3) 감정코칭 부모교육

Gottman(1997)은 부모의 정서반응이 지지적이면 감정코치형 부모로, 비지지적이면 축소전환형, 억압형, 방임형으로 유형화하였다. 지지적 반응을 하는 감정코치형 부모는 자녀의 정서표현에 있어 모든 감정을 수용하고, 지지적인 반응을 보이지만, 행동에는 제한을 둔다. 이 유형의 부모는 자녀의 감정을 존중하고, 정서표현에 인내심을 가지고 기다려 주며, 작은 감정의 변화도 놓치지 않는다. 또한 자녀의 선택을 존중하고, 스스로 해결하는 방법을 찾도록 한다. 이러한 정서반응 태도를 가진 부모에게서 자란 자녀는 정서적 안정감을 가지고 활동적이며, 다정하고, 창의성이 높고, 독립적이며 그리고 사회적 적응능력이 뛰어나다.

축소전환형 부모는 자녀의 감정을 대수롭지 않게 여기거나 무시하며 자녀의 부정적인 감정을 가벼운 것으로 여겨 자녀의 관심을 빨리 다른 곳으로 돌리는 부모이다. 이러한 부모의 특징은 자녀의 감정은 비합리적이어서 중요하지 않다고 보고, 시간이 지나면 저절로 사라진다고 생각한다. 또한 이들은 감정적으로 통제가 불가능한 상황을 두려워하며 자녀의 감정을 무시하거나 부인한다. 이러한 부모들에게서 자란 자녀는 자신의 감정을 잘 알지 못하여 감정을 조절하는 데 어려움을 느끼고 불안을 많이 느낀다.

억압형 부모는 자녀의 정서표현을 무시하고, 부정적 정서를 잘못된 것이라고 비판하여 자녀의 감정보다는 행동의 결과를 보고 야단을 치거나, 체벌한다. 이 유형의 부모는 부정적인 정서를 나쁜 것이라 생각하여, 이를 억제해야 하고, 매를 들어서라도 없애주고, 올바른 행동을 가르쳐야 한다고 생각한다. 억압형의 부모에게서 자란 자녀는 충동적이고, 조절되지 않은 공격행동이 극대화되며 자아존중감이 낮고 사회적 적응능력이 낮다.

방임형의 부모는 자녀의 정서를 구분하지 않고 모두 받아주지만 행동에 대한 한계를 두지 않는다. 또한 자녀의 부정적인 감정을 공감하고 위로하는 것 이외에는 할 수 없다고 보고, 자녀가 감정을 처리하고 문제를 해결하는 데 관심이 없다. 이러한 부모들에게서 양육된 자녀는 자기중심적으로 생각하고 행동하며 이로 인해 또래관계에서도 어려움을 느낀다. 또한 행동과 감정의 통제를 받은 경험이 없어 감정적 상황에서 불안감을 느끼며 또래에 비해 미성숙함을 느껴 열등감도 많고 자아존중감도 낮다.

감정코칭 부모교육은 자녀의 감정을 읽어주는 양육태도를 하나의 기술로 보며 자녀의 속마음을 헤아려주고, 자녀의 성격이나 인격을 공격하는 대신 상황과 행동에 한계를 바로잡아 줄 때 긍정적인 부모-자녀 관계가 이루어질 수 있다고 제안한다(최성애 · 조벽, 2011). 이러한 감정코칭을 부모가 습득하기 위해서는 부모가 감정코칭에 적극 참여하고 훈련을 받을 필요가 있으며, Gottman(1997)은 감정코칭의 5단계라는 구체적이고 실증적인 행동지침을 제시하였다.

감정코칭의 첫 단계는 [자녀의 감정을 인식하기]로 이 단계에서는 부모가 먼저 자신의 감정을 인식하고, 그 다음 자녀의 감정을 인식한다. 부모는 단순히 자신이 어떤 감정을 느끼고 있음을 깨닫고 그때의 감정이 무엇인지 구분하며, 거기에 덧붙여 다른 사람이 느끼는 감정을 민감하게 살펴본다. 감정인식 단계를 위해 감정코칭 부모교육에서는 매주 감정 일지를 작성함으로써 순간순간의 감정을 더 잘 의식할 수 있도록 돕고, 다른 사람들의 감정, 특히 자녀의 감정에 어떠한 반응을 보였는지 알아볼 수 있도록 한다.

두 번째 단계인 [감정의 순간을 친밀감 조성과 교육의 기회로 삼기]는 위기를 기회로 보고 자녀가 느끼는 감정적 순간을 자녀와 공감대를 형성하고, 친밀감을 조성하며 감정을 다스릴 수 있는 좋은 기회로 보는 마음의 준비 단계이다.

세 번째 [자녀의 감정이 타당함을 인정하고 공감하며 경청하기 단계]에서는 자녀의 감정을 긍정적인 것과 부정적인 것으로 구분하지 않고 모두 수용하는 것을 강조한다. 자녀의 감정을 경청하고 공감하기 위해 자녀의 말뿐만 아니라 신체 언어, 얼굴 표정, 몸짓 등에도 관심을 기울이며 아이의 관점에서 풍부한 감성으로 아이가 느끼는 것을 함께 느끼도록 강조한다.

네 번째 [자녀의 자기감정 표현하도록 돕기 단계]는 자녀가 감정이 생겼을 때 스스로 그 감정에 이름을 붙이도록 하는 단계이다. 자녀가 감정에 이름을 붙이도록 잘 조력하기 위해서는 부모가 자신의 감정에 이름을 붙일 수 있어야 한다. 그러려면 자신의 감정을 인식할 수 있고, 감정에 대한 기본 지식을 가지고 있어야 한다.

마지막 단계는 [자녀가 스스로 문제를 해결하도록 이끌면서 행동에 한계를 정해주기] 단계이다. 이 단계는 먼저 부모가 부적절한 행동에 대한 한계를 정해주고, 자녀가 성취하고자 하는 목표를 확인한다. 이후 부모는 자녀와 함께 적절한 해결책을 모색하고, 이것을 가족의 가치관을 바탕으로 평가하여 아이 스스로 해결책을 선택하도록 돕는 단계이다.

이러한 다섯 단계를 통해 부모는 자녀의 모든 감정은 수용하되, 행동에는 제한을 둔다는 양육태도를 가지게 되며, 자녀의 정서에 지지적으로 반응하여 자녀가 자신의 감정을 더 편안하게 다루고 보다 잘 조절할 수 있도록 돕는다. 이러한 결과는 자녀뿐만 아니라 부모가 자녀를 잘 양육하고, 훈육하며, 자녀와 문제가 생겨도 잘 해결할 수 있다는 부모로서의 자신의 능력에 대한 지각 향상에도 긍정적인 영향을 미친다.

성찰하기

상담을 받으러 오는 사람은 인간관계에서 받은 오래된 상처를 이야기하는 경우가 많다. 상처는 화로 마음에 남게 되고, 화는 타인에게 혹은 나에게, 그리고 적극적이든, 소극적이든 분노 행동으로 나타나게 마련이다. 그런데 상처받은 사람은 상처 대신 자신이 받고 싶은 대우가 무엇인지를 모르는 경우가 많다. 상처 대신 듣기를 바랐던 말이나 돌봄을 타인이 그리고 자신이 스스로에게 제공해야 상처가 치유되는데, 알지 못하기 때문에 부탁할 수도 스스로 제공할 수도 없는 경우들이 있다.

오십 대 기혼 여성이 친정 부모에게 매여 사는 자신이 싫다며 상담을 받으러 왔다. 맏딸인 이 여성은 일주일에 한두 번 부모님에게 전화를 드리고, 정기적으로 용돈도 드리고 있다. 나이든 부모님에게는 계획하지 않은 의료비가 필요했고, 최근에는 치아치료를 받아야 하는 일이 생겼다. 부모님은 담담한 어조로 치료비를 언급하지만, "네가 돈을 보내주었으면 좋겠다"는 말을 하지는 않는다. 맏딸은 생활비를 이리저리 다시 재계산하고 부모님의 치료비를 보낸다. 경제적으로 몇 달을 빠듯하게 지내는 것도 지치고 버거우며, 특히 가슴이 답답하다.

이 여성의 남동생은 남자아이라는 이유만으로 부모의 사랑을 받았다. 그런데 남동생은 머리도 좋아 학창시절 계속 우수한 성적을 유지했다. 언젠가 아버지는 남동생과 비교하여 맏딸에게 '돌머리'라는 표현을 한 적이 있다. 남동생은 전문직을 가지게 되었고, 여전히 부모님의 자랑이다. 그런데 남동생은 정기적으로 보내는 용돈 외에 치료비 등의 비용은 보내지 않는다. 그리고 이를 잘 아는 부모님도 아들에게는 치료비 같은 화제는 꺼내지 않는다.

이 맏딸은 경제적 어려움, 이를 남편에게 이야기하지 못하는 외로움, 남동생에 대한 미움, 부모님에 대한 원망과 안쓰러움은 인식하고 표현할 수 있었다. 하지만 부모가 나를 어떻게 대해주었으면 좋겠는지, 부모로부터 듣고 싶은 말을 무엇인지는 알지 못하였다. 받아보지 못해 알지 못하는 것이다. 그리고 자신의 욕구를 모르기 때문에, 자신의 욕구가 충족될 수 있는 태도와 말을 부모에게 부탁할 수 없다.

어린 시절 '돌머리'라는 말을 들은 이 여성은 곧 박사학위를 받게 된다. 이 맏딸은 남동생만큼 '똑똑하다'라는 걸 부모에게 그리고 자기 자신에게 증명하려 했을 수 있다. 생활비를 아껴 부모의 치료비를 보냈을 때 짧은 "고맙다"라는 말보다는 "너도 힘든데 매번 너에게 신세를 지는구나. 클 때는 아들에게 더 많이 해 주었는데, 늙어서는 너에게 더 의지하는구나. 미안하고 고맙구나."라는 긴 고마움과 아들과 다른 대우를 했던 것에 대한 용서를 구하는 표현을 들었다면 가슴이 덜 답답했을 수 있다.

나를 잘 보살피려면 그리고 타인으로부터 보살핌을 받으려면, 상황을 관찰하고, 자신의 몸과 마음에서 일어나는 반응을 통해 느낌을 명확히 하여야 한다. 그리고 느낌의 원인이 되는 자신의 욕구를 명확히 하고, 그리고 구체적, 긍정적, 의문형으로 상대에게 자신의 욕구가 충족될 수 있는 행동을 부탁하여야 한다. 그렇게 하여야 남에게도 자기 자신에게도 폭력적이지 않은 것이다. 타인으로 인해 마음에 상처가 생겼는가? 그런데 나는 나의 욕구를 잘 알아주고, 욕구가 충족되도록 충분히 나 자신을 돌보고 있는가? 나는 나 스스로에게 충분한 돌봄을 제공하고 있는지 확인할 필요가 있다.

4부

삶의 의미 찾기

12장

여가

여가에는 여유로운 시간을 즐기고 좋아하는 활동을 한다는 의미가 있다. 현대인들은 바쁘게 살고 있지만, 뒤돌아보면 이룩한 것이나, 성과가 없다고 생각할 때가 있다. 여가생활을 하는 사람을 부러워하면서 '왜 저 사람의 삶과 나의 삶은 다른가?' 하는 생각을 할 때도 있다. 이 장은 여가를 심리학적으로 설명한다. 이 장을 읽으면서 자신의 여가생활을 통해 삶을 재평가하는 기회가 되었으면 좋겠다.

1. 현대 사회 여가의 특징

1) 여가란 무엇인가?

'여가(餘暇)'라는 한자어는 영어의 레저(leisure)를 번역하기 위해 일제 강점기에 빌려온 표현이다. 사전에서 여가는 겨를, 짬 혹은 틈을 의미하지만, 한자문화권에서 전통적으로 여가는 독립적인 생활영역으로 인식되지 못했다. 전통적으로 여가생활이 미미한 수준의 남는 시간 활용을 의미하는 것으로 국한되었다. 그러나 현대 사회에서 여가는 서구 사회의 레저(leisure)와 동격으로 사용되고 있다.

여가를 객관적 관점과 주관적 관점으로 나누어 볼 수 있다(고동우, 2007). 객관적이라는 건 누가 보기에도 관찰 가능한 여가를, 주관적으로는 여가를 영유하는 사람의 입장으로 보는 것이다. 객관적 관점은 이분법적이어서 여가이거나 아닌 것으로 구분되며, 시간과 활동을 통해서 정의한다.

여가를 시간 개념으로 보면, 일상을 세 종류로 구분한다. 수면이나 식사시간과 같은 생존에 필수적인 시간, 경제적 소득을 위한 노동시간, 그리고 두 가지 시간을 제외한 시간을 여가시간으로 규정한다. 남는 시간이나 자유시간을 여가로 본다. 시간적 관점에서의 여가는 그 시간에 어떤 경험을 하는지 그리고 어떤 종류의 활동을 하는지에 대해서는 관심을 가지지 않았다.

활동적 시각에서는 노동, 가족, 사회의 의무로부터 벗어나 휴식, 기분전환 등의 목적을 위한 활동을 여가로 본다. 또 짜여진 것이 아니라 자유롭게 선택한 활동일 때 여가라고 본다. 사회학이나 경제학에서 여가를 논의하는 방식으로 여가를 노동과 대비되는 관점에서 본다.

여가를 객관적 관점으로 바라보는 시각의 단점은 행위자를 존중하지 않는 것이다. 어떤 사람의 경우는 일을 하지만 그것이 꼭 노동이라거나 힘들다거나 소득을 얻기 위해서라기보다는 활동에 몰입해서 하는 활동인데 그것을 노동으로만 분류한다. 행위자의 즐거움과 몰입을 간과한 시각이다. 남는 시간이 없다고 해서 여가를 즐기고 있지 않다고 볼 수는 없다.

주관적 관점에서는 마음상태나 심리적 조건이 여가를 정의하는 주요 요인이다. 즉 여가는 경험의 의미로 정의된다. 철학은 삶의 의미를 부여하는 것, 시간의 의미를 부여하는 것 자체를 여가라고 이야기한다. 심리학에서는 얼마나 여유로움을 가지고 관조적인 자세로 자기 삶을 즐겼는가, 삶에 의미를 부여할 수 있는가를 이야기한다. 또한 인간의 동기를 내재적 동기, 외재적 동기로 구분하고, 자유선택 정도를 자유감과 강제감으로 구분할 때, 여가는 내재적 동기와 자유감으로 특징지어진다(성영신 · 김동우 · 정준호, 1996).

주관적 관점의 장점은 행위자 중심으로 여가활동을 이야기하려고 노력하는 것이다. 노동과 여가가 양립 가능하기 때문에 꼭 남는 시간이나 자유시간에 하는 자유활동이 여가는 아니다. 노동 중에도 짬을 내서 즐긴다거나, 행위자가 여가활동이라고 정의한다면 여가라고 볼 수 있다.

주관적 관점의 단점은 주관적이기 때문에 다른 사람이 개입하거나 관리하기가 어렵다. 또 한편으로는 책임이 개인에게 있기 때문에, 일이 너무 많아서 여유가 없다고 이야기하는 사람은 주관적으로 여가를 관리하지 못하기 때문이라는 피드백을 받을 수 있다. 충분히 일하면서도 여가를 즐길 수 있다라는 논지는 그렇지 않으면 성숙되지 않다는 평가로 이어질 수 있다.

두 가지 관점이 모두 필요하지만, 주관적 관점에 조금 더 초점을 두면서, '지금 하고 있는 활동에 어떻게 즐거움을 부여하면서 그 활동에 몰입할 것인가?'라는 생각을 하면 좋겠다.

2) 현대 사회 여가의 특징

노동시간과 여가시간이 주 5일제에 맞추어 구조화되어 있다. 주 5일제는 시행된 지 어느 정도 지났기 때문에 익숙한 개념이 되었다. 여가시간이 늘어났다는 것은 장점이나, 5일 동안 일을 해야 하기 때문에 노동의 강도가 강해진 것은 단점이라 할 수 있다. 휴일이 2일 주어지기 때문에 하루는 휴식을 할 수 있는데, 2일 모두 여가라는 이름이 붙은 활동을 하지 않고 집에서만 휴식을 취하기는 어렵다.

현대 사회 여가활동 중 소비활동의 비중이 점점 커지고 있다(김경인, 2004). 소비패턴도 변화하였다. 가지고 있는 물건이 많아도 계속해서 무엇인가를 구매한다. 새로운 물건을 하나 사면 공간 자체가 제한적이기 때문에 무언가를 하나 버려야 한다. 내가 가지고 있는 물건의 숫자를 정해놓고 산다면 소비하기가 쉽지 않지만, 우리는 끊임없이 소비하는 경우가 많다.

지금은 필요한 생필품을 사기보다는 소비활동 자체가 여가처럼 우리 삶에 들어와 있는 경우가 많다. 대형 할인마트에 가면 도착해서 실제 장을 보는 데 두세 시간 혹은 한나절이 걸린다.

또 여가를 위한 여러 가지 소비품들이, 여가를 향유하기 위해서 소비된다. 등산을 취미로 생각할 때 돈이 제일 적게 드는 여가라고 생각하는데, 등산복을 구매하면 상황은 달라진다. 산에 갔을 때 등산화와 등산복을 입거나, 스키장에 갔을 때 스키복을 입는 것은 우리나라 여가활동의 특징이다.

여가가 상업화되고 있다. 소득이 일정 수준 이상 되었기 때문에 여가에 시간이나 비용을 들일 수 있게 된 것이다. 해외여행은 이제 고소득자만 향유하는 여가활동은 아니다. 그 외에도 기차를 타고 여행을 할 수 있는 프로그램, 캠핑, 리조트사업, 걷기 프로그램 그리고 문화예술 사업이 등장하였다.

대중문화 여가에서 개인 여가로 이동하였다(고동우, 2007). 과거에는 마을의 민속놀이 및 축제 등이 여가활동이었다. 강강술래를 하는데 혼자 할 수는 없기 때문에 그 마을 사람들 모두 참여해서 여가활동을 했다. 지금 가장 많이하는 여가활동은 TV 시청이 아니라도, '혼술', '혼밥'이라는 말이 유행할 정도로 개인적인 활동이 중심이 되고 있다. 또 핸드폰으로 하는 활동이 많지만, 사람이 모여서 하는 활동은 줄어들고 있다.

여가활동에 발달된 기술이 사용된다. 지하철을 타보면 나이가 적으나 많으나 이어폰을 끼고 핸드폰을 보고 있는 사람이 많은데, 예전에 핸드폰이 없을 때에는 우리가 지하철에서는 무엇을 하고 있었을까라는 생각이 든다. 여러 가지 기자재가 발달하면서 여가활동에도 활용되고 있다. 영화를 보더라도, 아이맥스 등의 효과를 포함한 영화관 등을 활용한다.

3) 여가문화와 사회문제

현대사회 여가의 특징들로 인해 사회에서 발생할 수 있는 문제는 다음과 같다(김문겸, 2004). 첫 번째는, 여가소외이다. 친구들이 주말에 경험한 것을 부러워하는 경우가 있다. 주말에 어떤 친구는 놀이동산에도 다녀오고, 해외 여행도 다녀오고, 캠핑도 다녀왔다는 이야기를 전한다. 아동뿐만 아니라 어른들도 다른 사람이 어떤 활동을 즐기고 있다고 할 때 자신은 그렇지 못할 경우 상대적으로 여유와 기회가 없다는 소외감을 느낄 수 있다.

두 번째는, 여가문화의 소극성이다. 소극적인 여가문화는 적극적으로 자기 몸을 움직인다거나 참여하기보다 향유하는 형태를 띤다. TV 시청, 만들어진 상품을 구매하여 즐기는 형태는 소극적인 참여이다. 소극적 참여는 여가 동기를 충족시키지만, 여가를 통해 얻을 수 있는 인지적 · 정서적 체험을 하는 데에는 한계가 있다.

세 번째는, 여가문화의 향락성과 사행성이다. 우리나라는 술 권하는 사회라 할 수 있다. 대학가 앞에 있던 서점들은 사라지고 있지만 술집과 카페는 여전히 성업 중이다. 과거에는 마작과 화투, 최근에는 경마와 컴퓨터 게임이 있다. 도박은 불법이지만, 도박중독은 점점 증가하고 있다.

네 번째는, 여가문화의 과시성이다(윤지연 · 최승혁 · 허태균, 2013). 소득계층에 따라서 여가형태가 달라지게 되어 위화감이 조성될 수 있다. 꼭 과시하기 위해서뿐만 아니라 스스로도 남과 비교하는 경향이 한국문화에 스며있기 때문에 다른 사람이 여가를 즐겼다고 할 때 스스로 비교하면서 내가 가지지 않은 것에 대해서 자각한다.

여가와 관련된 사회문제를 생각해 보았으면 한다. 여가는 개인의 삶의 질을 높이기 위해서 향유하는 활동이다(고동우 · 김병국, 2016). 개인 삶의 질이 높아짐으로 해서 사회 전체가 더 여유 있고 건강해지는 것이 궁극적인 목표이다. 따라서 여가소외와 과시성 여가소비는 남과 비교한 결과이며 진정한 여가의 목표에 어긋난다.

2. 여가 동기

1) 생태적 여가 욕구

여가 동기는 여가를 시작하고 유지하도록 하는 힘이다. 이를 심리학적으로는 여가욕구 때문이라고 본다. 여가는 우리가 생태적으로 가지고 태어나는 욕구이다. 여가를 통해서 충족할 수 있는 욕구에는 지적 · 사회적 · 유능성 · 자극-회피 충족 욕구가 있다(고동우, 2013).

지적 욕구는 인지적 자극을 접해 지식의 확대를 추구하는 욕구이다. 취미로 시작했는데 나중에 직업적인 활동으로 변하게 되는 경우가 있다. 예를 들면, 과학 교사가 거미에 대해서 흥미를 가지고, 공부를 하고, 수집을 하면서 거미 박사가 되어서 거미에 관한 책을 출간하였다. 처음에 시작할 때는 흥미를 가지는 어떤 대상에 대해서 지적 욕구를 충족시키는 형태로의 여가였지만 나중에 다른 방향으로 발전한 경우이다. 누구나 지적 욕구를 가지고 있다.

여가욕구는 사회적 욕구를 충족시킨다. 대부분의 여가활동은 대인관계 맥락 속에서 이루어진다. 동호회는 사회적 욕구 충족적 여가활동의 대표적인 예이다. 라면 동호회는 유명한 라면집들을 방문하거나, 스스로 개발한 라면을 서로 시식하는 모임을 한다. 마라톤 동호회는 마라톤 대회를 함께 준비하는 경우가 많다. 마라톤 활동도 하지만 동호회 안에서 다른 직업군에 속한 사람들, 또 뛰는 것에 의미를 부여하는 사람과의 관계에서 느끼는 만족감이 크다.

또 우리는 유능성 욕구를 가지고 있다. 여가경험을 통해서 개인의 여러 가지 능력을 확장할 수 있다. 캠핑 같은 경우 야외에서 시간을 보내면서 다양한 활동을 하면서 기능을 습득할 수 있다. 다양한 기능 습득은 유능하다는 느낌을 갖게 한다.

앞에서의 설명은 욕구를 충족시키기 위해 여가활동에 참여한다는 시각이었다. 이중추동 여가욕구모형은 욕구를 추구하는 동기와 자극을 회피하고자 하는 동기가 함께 작동하여 개인이 여가활동에 참여한다고 본다(고동우, 2002).

자극을 추구하는 욕구를 높이기 위해서 신기성, 다양성, 변화, 권력, 도전, 성취, 모험, 자기향상 욕구를 충족시키려는 방향으로 움직인다. 욕구 중에는 자극회피 욕구가 있다. 지식이든, 물리적 자극이든, 대인관계에서든 그것을 회피하려는 욕구가 있다. 혼자만의 시간을 갖기를 원한다거나, 긴장이 많은 생활이 지속되면 긴장이 없는 곳으로 간다. 사람들이 가장 많이 회피하는 것은 재미없는 것, 즉 흔히 말하는 일상으로부터의 탈출이다. 무기력하거나 무엇을 해도 재미가 없는 상태가 되면 자극을 추구한다.

여가체험을 통해 각성추구 추동이나 이완추구 추동이 어느 정도 만족되면 다시 동기화된다. 예를 들어서, 이완을 추구하기 위해 템플스테이를 간다. 고요한 자연 속에서 스트레스에서 벗어나서 혼자만의 내면의 소리를 들을 수 있는 혹은 소진된 기운을 다시 불러모을 수 있는 활동에 참여한다. 충분히 이완을 추구한 후에는 다시 각성을 추구하는 형태로 동기화될 가능성이 높다. 충분히 휴식을 가진 후에 삶의 장면에서 직업상황으로 돌아왔을 때 더 창의적으로 일에 몰입할 수 있다.

2) 내재적 여가 동기

여가활동을 통해서 충족되는 내재적 동기는 다음과 같다. 첫 번째는, 자기결정 욕구이다. 모든 여가활동은 전제에서부터 스스로 결정하고 스스로 선택한다는 조건이 필요하다. 요즘 청소년들은 점점 더 무기력해지는데, 이는 여가활동이 없기 때문이다. 유치원 시절에는 친구들과 어떤 놀이를 할 것인지 결정하고, 놀이기구를 선택하는 결정권을 발휘한다. 학교가 중요한 사회적 장면으로 들어오면서부터는 자기 스스로 결정할 기회를 갖지 못하는 경우가 많다.

성인은 스스로 결정하는 것처럼 보인다. 하지만 대부분은 바람직한가, 또 긍정적인 결과를 가져올 것인가를 염두에 두고 결정한다. 결과 산출물에 상관없이 무엇인가를 좋아해서 결정해야 자기결정 욕구를 충족시키는 효과가 있다.

두 번째로, 자기향상 욕구를 충족시킬 수 있다. 여가활동이 자기결정의 결과라면 자기정체성 개념을 확인하거나 향상시키는 방향으로 이루어지는 경우가 많다.

세 번째는, 자기표현 욕구를 충족시킬 수 있다. 자발적 활동은 자기 내면이나 외면을 가장 잘 드러낼 수 있는 기회이다. 상담을 가르치는 교수님 중에 유화 화가가 있다. 대학에서 미술을 전공한 것은 아니지만 30대 중반부터 유화를 일주일에 한 번 배우러 다녔다. 그리고 얼마 전에 아홉 번째 개인전을 열었다. 학회에서 볼 수 있는 모습도 있지만, 그림으로 표현되는 그분의 모습도 있다.

네 번째로, 사회교류 욕구를 충족시킬 수 있다. 인간은 사회적 동물이기 때문에 누구에게나 대인관계의 욕구가 있다. 다만, 개인마다 정도의 차이가 있다. 어떤 사람은 친애욕구가 높아서 사람들과 교류하기를 원하는 경우도 있다. 어떤 경우에는 활동이나 자기의 목적하는 바를 이루는 데 초점을 두고 대인관계를 향유하는 것에 대한 욕구가 적을 수 있다.

다섯 번째로, 자연교류 욕구를 충족시킬 수 있다. 태어나는 순간부터 사회적 관계를 형성하는 것처럼 자연이라는 물리적 공간과 상호작용하면서 성장하기 때문에 자연교류 욕구도 있다. 일상이라는 것이 꼭 내가 하고 있는 일뿐만 아니라 같은 환경 속에서 이루어지기 때문에 지루할 수가 있다. 어떤 경우에는 환경을 바꿔주는 것, 즉 다른 환경자원과 교류할 수 있는 것도 중요하다. 물리적 장면을 바꾸어 주는 것도 하나의 여가활동이라고 할 수 있다.

사람마다 자연교류 경험에 따라서 추구하는 정도는 다르다. 어렸을 때 경험했던 자연교류와 가장 유사한 형태로 추구하게 되는 경우가 많다. 개인적 경험에 따라 어떤 사람은 자연에 더 많이 노출되기를 원하고, 어떤 사람은 도시에서 자랐기 때문에 도시 환경을 선호할 수 있다.

3) 여가제약

여가제약 혹은 여가장애는 사회, 심리적인 의미에서 개인의 여가활동을 제한하는 내적 심리상태 혹은 특성과 외적 환경을 의미한다. 여가제약은 여가를 즐기기 위해 자신이 선호하는 여가활동에 참여하려 할 때 여러 가지 한계로 인해 원하는 만큼의 충분한 여가를 즐기지 못할 때 경험한다. 즉 여가제약은 개인이 여가활동에 참여하는 것을 제한하거나 방해하는 어떤 것이다 (Crawford & Godbey, 1987).

여가제약은 내재적 제약, 대인적 제약, 그리고 구조적 제약의 세 유형으로 구분된다. 내재적 제약(intrapersonal constraints)이란 여가선호와 참여 사이에 관련된 것이라기보다 여가선호에 작용하는 개인적인 심리상태와 특성을 말한다. 예를 들어 스트레스, 우울함, 분노, 관련 집단의 태도, 특정 여가활동에 대한 이전의 사회화, 자신의 능력에 대한 지각, 다양한 여가활동에 대한 적성과 이용가능성에 대한 주관적 평가 등을 말한다. 이러한 제약들은 상대적으로 불안정하고 시간의 흐름에 따라 변경 및 수정이 가능하다.

대인적 제약(interpersonal constraints)은 사람들 사이의 관계를 말하는 것이다. 이 제약들은 결혼처럼 친밀한 관계에 의한 것으로 그 결과 특정 여가활동에 대한 공통의 선호에 영향을 미치는 대인적 제약의 산물이거나 배우자 간의 상호작용 결과로 나타나는 제약이라고 할 수 있다. 예를 들면 배우자의 성 역할 태도가 특정 여가활동에 대한 선호에 영향을 미칠 수 있는데, 선호도에 관해서 서로의 관심이 다를 경우 공동 여가활동을 하는 데 지장이 있을 수 있다. 반면 배우자 간에 여가선호가 비슷하다고 할지라도 전반적 부부관계의 사회정서적 상태가 공동여가나 가족여가에 제약으로 작용할 수 있다. 이러한 제약은 공동여가 활동에 대한 선호에 영향을 미칠 뿐 아니라 그 결과 참여에도 결정적인 역할을 하게 된다.

구조적 제약(structural constraints)이란 여가선호와 여가참여 사이에 관련된 외부적 요인을 말한다. 예를 들어 가족의 경제적 상태, 계절, 기후, 시간, 기회, 여가활동의 접근 용이성, 특정 여가활동에 대한 적절성에 관한 관련 집단의 태도 등을 의미한다.

여가제약은 협상을 통해 극복이 가능하다. 여가제약 협상은 여가활동 참가를 제한하는 요인이나 방해물의 영향을 감소시키거나 이러한 영향을 회피하기 위해 사용되는 전략으로 정의된다(Mannell & Kleiber, 1997).

또한 여가제약 협상은 좋아하는 여가활동이 지속되지 않을 때 새로운 여가활동을 찾아야 하는 경우 여가제약을 극복하는 일련의 과정이다. 여가제약은 여가활동을 하는 중에도 나타날 수 있다. 여가활동 중에 나타나는 여가제약을 극복하지 못하면 그 여가활동은 중단된다. 여가제약을 잘 극복하면 여가활동을 이어갈 수 있다. 여가제약 협상 전략을 어떻게 활용하는가에 따라 여가활동에 참여할지, 중단하게 될지 결정된다.

3. 여가체험 과정과 결과

1) 여가체험 과정

여가체험 과정의 시작은 여가욕구이다. 사람에 따라 여가욕구가 강하기도 하고 적기도 하며, 또 활동별로 자기가 원래 가지고 있는 욕구량에 따라서 추구하는 활동이 달라질 수 있다. 어떤 형태로든 여가욕구에 따라 여가활동이 동기화된다. 여가활동이 내재적 동기의 활성화와 실현과정이라면, 여가활동을 하는 동안의 체험은 내재적 동기에 대한 내재적 보상이 된다.

삶이 일상이 되어서 새로움을 추구해야 하기도 하고, 자극을 추구하기도 하고, 삶이 너무 바쁘기 때문에 여유로운 활동을 하기를 원하는 이완욕구에 의해서 동기화된다. 그러면 여가욕구에 따라서 여가체험을 시작한다.

여가체험 안에는 인지적 체험과 정서적 체험이 있다. 인지적 측면은 활동지향적 체험, 사회지향적 체험, 환경지향적 체험으로 나눌 수 있다(성영신 외, 1996). 활동지향적 체험에서 얻을 수 있는 심리적 만족감은 자유감, 유능감, 신체적 · 정신적 역동감, 도전감, 창조감, 모험감, 일탈감, 신기함 등이다. 도전감은 모험감과 관련이 있다. 모험 행동은 개인의 적극적이고 도전적인 자세를 필요로 하기 때문이다. 모험감은 능력범위 이상의 활동을 수행할 때의 느낌이기 때문에, 이 경우 개인은 신기함을 느낄 수 있고 또 불안을 적극적으로 받아들일 수도 있다. 따라서 신기함이나 불안, 긴장 등의 체험 역시 모험감, 도전감과 관련이 있을 수 있다.

사회지향적 체험의 내용은 자기표현 욕구와 사회적 교류 욕구의 실현과 관련이 있다. 비교적 가까운 사람과의 교류를 통해서는 친밀감, 이해감을 경험한다. 경쟁적 요소를 지니고 있는 활동에서는 특정한 다수를 통제한다는 느낌인 권력감이 주요 체험이 된다. 또 고급스러운 여가활동을 함으로써 자신의 사회경제적 지위를 표현하는 체험, 자신의 외모를 내보이는 체험, 활동과 관련된 기술과 능력을 대외적으로 내보일 때의 느낌, 자신의 성격 내지는 가치관을 표현할 때의 체험 등이 있는데 이를 자기표현의 체험으로 본다.

여가활동이 이루어지는 물리적 환경과의 관계에서 참여자가 느끼는 체험의 내용은 자연교류의 욕구 실현과 관련이 깊다. 여가활동은 자연 환경 속에서 이루어지는 경우와 인공물과의 교류로 나누어 볼 수 있다. 여가활동을 하는 동안 참여자가 느끼는 자연교류의 체험은 자연을 정복하고 통제한다는 느낌과 자연의 일부가 된 동화의 느낌이 있다. 한편 스키장과 같은 인공물과의 교류는 편리함과 안정감을 유발한다.

여가활동을 하는 동안 다양한 여가욕구가 실현될 때 참여자들은 대개 재미, 즐거움, 또는 편안함 등 복합적인 정서를 체험한다. 정서적 반응은 인지적 체험과 함께 나타나는데, 재미 혹은 즐거움은 유능감, 역동감, 모험감, 신기함 등을 체험했을 때 나타난다. 재미의 체험은 특정 여가 동기를 유지 및 강화시켜 주는 내재적 보상의 역할을 한다.

여가체험은 회상을 통해 체험 후에도 개인에게 영향을 미친다. 회상은 개인의 일상과 또 다른 여가욕구에 영향을 미친다. 여가체험의 강도가 강하면 회상 시간은 오래 지속되며, 강도가 약하면 체험 내용은 과거의 유사한 여가 경험에 흡입되어 버린다.

회상 안에는 평가도 들어간다. 평가는 자신에 대한 평가와 여가활동에 대한 평가로 구분될 수 있다. 평가를 통해서 또 그 활동에 참여하는 내 모습 혹은 그 체험의 결과를 통해서 나라는 사람은 어떤 사람인지 조금 더 잘 이해하게 될 수 있다.

평가 후에 다음 계획을 세울 수 있다. 그 활동을 지속할 것인지, 수정한 형태로 할 것인지, 반복해서 할 것인지에 대한 평가는 여가욕구가 되어 돌아온다. 여행도 한번 가본 사람이 또 가는 경우가 많은데, 여행을 다녀와서 여행을 다녀온 것에 대해 회상하면서 다음 여행에 대한 욕구가 생기기 때문이다.

2) 여가 경험의 결과

여가로 체험하는 내용을 통해 개인은 의식적으로나 무의식적으로 무엇인가를 얻는다. 여가 경험의 결과는 경험과정의 일부라기보다는 경험의 누적을 통해 참여자가 얻게 되는 부산물을 의미한다.

여가의 결과로 신체적 능력이 향상된다. 휴식을 통해 신체 피로의 회복으로 생리적 리듬을 원활히 유지할 수 있다. 또 스포츠를 통한 신체활동은 신체적 건강 유지와 운동능력을 향상시키다. 덧붙여서 여가는 일상생활, 특히 노동생활에 있어서의 육체적 피로를 회복시켜 준다.

또한 여가는 인지적 능력을 향상시킨다. 일상에 참여하는 것과는 다른 형태의 인지적 작업을 하기 때문이다. 즉 여가과정에서 환경의 새로운 자극을 자신의 기존 인지체계로 이해할 수 없을 때 자기의 인지체계를 확장시켜야만 그 자극을 처리할 수 있기 때문이다. 그리고 새로운 자극에 익숙해진다는 것은 자신의 인지체계 확장이 이미 이루어졌다는 것을 의미한다.

여가의 결과 중 가장 중요한 것은 아마도 정서적 능력의 향상일 것이다. 여가 경험을 통하여 정서적 안정을 얻게 되고 스트레스를 극복할 수 있다. 또한 여가를 통하여 학습된 무기력을 미리 막을 수도 있고, 학습된 무기력으로부터 벗어날 수도 있다. 가벼운 운동과 같은 여가 경험을 함으로써 기분 전환의 느낌을 가질 수 있고, 명상과 같은 취미는 정서적 안정을 유도한다.

여가의 경험은 사회화 과정을 돕는다. 여가활동 안에서 여러 사람들을 만나면서 대인관계 기술을 습득하고 발휘할 수 있는 기회를 얻는다. 누구라도 관계를 맺게 될 때는 사람들하고 잘 지낼 수 있을지 고민을 하고, 처음에는 긴장한다. 하지만 교류하면서 대인관계 기술을 습득하고 발휘할 기회를 얻는다. 대인관계 속에서 사람들이 자신을 어떻게 대하는지, 대인관계를 잘 맺는 타인의 행동들을 인식하면서 사회적 역할에 대해서 이해하게 된다. 그리고 이를 통해 자신의 사회적 정체성을 확인할 수 있다.

장기적으로는 여가를 통해 삶의 질이 향상된다(고동우 · 김병국, 2016). 삶의 질이 향상되면 궁극적으로 다음과 같은 효과가 있다. 정서적 효과로는 기본적으로 스트레스가 낮아진다. 스트레스가 낮아지는 이유는 자기결정을 하기 때문이다. 스트레스는 대부분 원하지 않는 일을 해야 할 때 일어난다. 그런데 여가활동은 자기결정을 통해서 일어나기 때문에 스트레스가 낮아진다.

스트레스가 낮아지면 어떤 상황에서라도 조금 더 다양하고 효과적인 대처 전략을 찾을 수 있다. 삶에는 부정적인 사건이 있을 수 있고, 이때에는 스트레스가 증가하기 마련이다. 스트레스가 증가하면 신체적 · 정신적 건강이 악화될 수도 있는데, 이 악화를 막아주는 완충역할을 여가활동이 한다. 스트레스를 완충해 주는 것뿐만 아니라 사회적 지지를 높이거나, 자기결정감을 가지는 것을 통해서 스트레스의 영향을 완충해 줄 수 있다.

12장을 읽은 후에 내 삶에서 이전에는 하지 않았던, 새로운 사람을 만나거나, 새로운 활동을 하거나, 혹은 새로운 곳을 방문하는 활동을 해 보면 좋겠다. 그리고 의도적으로 계획하거나 혹은 꼭 시간이나 활동의 의미가 아니라 자신이 하는 활동에 여가로서의 의미를 어떻게 부여할 것인가의 측면에서 생각해 보면 좋겠다.

성찰하기

직장인들은 은퇴를 꿈꾼다. 주말 후 출근하기 싫은 마음을 월요병이라 할 정도로 일은 고되고, 생계를 위해 지속해야 한다고 느낀다. 경제력만 있다면 은퇴하고 싶은 마음은 [은퇴하기 좋은 나이 36세], [파이어족] 등의 문구에 매력을 느낀다. 그렇다면 경제력이 보장된 은퇴자들은 실제로 어떤 삶을 살고 있을까?

대학원에 다니는 동안 1~2번 점심을 같이 먹기도 힘들었던 교수님을 은퇴 후 1~2년 사이에 분기별로 모셨던 적이 있다. 그분의 연금은 충분히 많았지만, 점심 식사비는 모두 제자들의 몫이었다. 제자들을 불편하게 하지 않으려면, 은퇴 전 제자에게 심리적 투자를 하거나, 은퇴 후 만나자고 연락을 많이 하지 않거나, 만나게 되면 적어도 자신의 식사비는 지불해야겠다고 생각했다.

대기업의 임원을 하고 은퇴하신 분은 만나면 항상 내가 어떤 활동을 하고 있는지를 질문하신다. 그 질문은 내가 그분에게 어떻게 지내시는지 질문을 하도록 하게 한다. 그리고 자신이 은퇴를 하였지만 왕성하게 활동하고 있다는 이야기를 할 기회를 그분에게 제공한다. 그분은 은퇴 후 관련 업계에서 자문, 임원 코칭 등의 활동을 하신다. 어떤 면에서는 선경험자로서 후배에게 멘토링을 제공하는 귀한 작업일 수 있다. 하지만 사회적 직위 없이 한 사람의 개인으로 존재하시는 모습을 관찰하기는 어려웠다.

탄생 후 가장 확실한 미래가 죽음이듯이, 직장인에게 은퇴는 직업활동을 시작함과 동시에 가장 확실한 미래일 것이다. 그리고 우리가 살면서 죽는다는 사실을 망각하고 사는 것처럼, 직업 활동을 하면서 은퇴를 낭만적으로 꿈꾸지만, 실제적 준비가 필요하다는 것을 망각하며 산다.

은퇴자에게 RECIPE(요리법)를 마련할 필요가 있다. R은 Resources(자원)를, E는 Exercise(운동)를, C는 Coping Strategies(대응전략)를, I는 Interlectual activity(지적 활동)를, P는 Purpose(목적)를, E는 Engagement(참여, 사회적지지)를 뜻한다(윤영선, 2006).

은퇴 후 제자와의 잦은 만남을 추구하는 교수는 Engagement(참여, 사회적 지지)에서 취약한 것일 수 있다. 은퇴 후에는 이전의 관계를 적절하게 유지하는 것도 중요하지만, 새로운 관계를 형성하려는 노력 역시 필요하다. 그리고 은퇴 후에 가족과 친밀한 시간을 보내고 싶다면, 은퇴 전에 이미 가족과 충분한 시간을 보냈어야 할 것이다.

기업체 임원으로 은퇴 후에 여전히 왕성하게 활동하시는 분은 재정적 공급자라는 자신의 Purpose(목적)를 그대로 유지하고 있는 것일 수 있다. 또한 직장인이었을 때의 Coping Strategies(대응 전략)인 '네트워크를 활용하여 프로젝트를 수행한다'를 사용하고 있는지도 모른다.

여가는 은퇴 후 가지고 있어야 하는 RECIPE로 요약되는 6가지 항목을 모두 포함하고 있다. 자원을 활용하여 여가 활동을 실행하고, 여가 활동은 향후 자원이 된다. 스포츠 활동이 아니더라도, 여가 활동은 신체 움직임을 동반한다. 여가 활동은 인지적 및 사회적 체험을 포함한다. 여가의 선택은 그 사람의 가치와 성향이라는 목적을 반영한다. 여가 활동은 시작 및 유지하는 데 대응전략을 사용하며, 그 경험은 향후 대응전략 목록이 된다. 어쩌면 여가 활동을 시작하는 것이 은퇴 후를 준비하는 시작이 될 것이다.

13장

사별과 애도

13장의 주제는 사별과 애도이다. 인간은 누구라도 죽음을 맞이한다. 그런 의미에서 보면 사별은 누구나 겪어야 하는 보편적인 사건이다. 애도는 누군가를 죽음으로 잃었을 때 진행되는 과정이다. 13장을 읽고, 애도과정을 설명할 수 있고, 타인의 애도과정을 효율적으로 도와줄 수 있으면 좋겠다.

1. 사별

자신에게 의미 있는 사람을 죽음으로 잃는 경험을 사별이라고 한다. 사별은 인간이 겪는 매우 고통스러운 경험 중 하나이다. 사별은 남아 있는 가족 및 친구에게 커다란 슬픔과 충격이 되는 스트레스 사건이다. 개인에게 사별이라는 사건이 일어나는 시기는 각기 다르다. 노년기에는 죽음을 예상한다. 하지만 젊은 나이에는 준비가 되어 있지 않았는데 갑자기 일어나는 사건이다(안직수, 2009).

1) 관계에 따른 사별

부모와의 사별은 우리가 살아가는 동안 경험하게 되는 여러 형태의 사별 중에서 가장 기본적인 상실이다. 우리는 부모가 언젠가는 세상을 떠나리라는 것을 알고 있지만, 막상 현실이 다가올 때면 마음의 준비가 되지 않았다고 느낀다. 그래서 부모의 죽음 앞에서 자녀들은 과거와 단절되고, 현재는 불안정하며, 미래를 생각할 때 두려운 느낌이 들게 되는 것이다(김경은, 2005).

부모를 상실한 경우 개인차는 있지만 3년에서 5년 정도 지나야 그 허전했던 마음이 이전으로 돌아왔다고 느낀다. 그때까지는 왠지 힘이 없다고 한다. 일상생활을 하는 데 영향을 미치지 않더라도 충분한 정서적 경험을 하지 못하거나, 삶을 충분히 살아내지 못한다고 한다.

배우자와의 사별은 갑자기 일어나거나 지병으로 인해 예기된 것이었더라도 남은 배우자는 말할 수 없는 힘든 심적 고통과 큰 충격을 겪는다. 충격의 정도가 심하여 일순간 아무것도 기억하지 못하며, 살고 싶은 의욕도 없어진다. 사별자는 배우자가 머물던 방에 가서 울기도 하고 가만히 멍하니 앉아 있기도 한다. 앞으로 어떻게 살아야 할지 막막하여 미래에 대해서 절망하게 된다. 사별자의 삶은 조난당한 배처럼 방향을 잃고 흐르는 세월에 떠밀려 방황하는 삶으로 이어질 수도 있다. 배우자와의 사별은 상실과 더불어 심리, 사회, 경제적으로 무너져 내림을 경험하며, 현실에서 많은 어려움에 부딪히게 된다.

가장 슬픔이 큰 사별은 자녀의 죽음일 것이다. 자녀를 먼저 보냈다는 죄책감과 상심으로 삶이 뒤엉켜 버린다. 자녀 상실로 인해 슬픔은 부모를 무력한 상태로 만드는데, 자녀의 죽음을 어떻게 이해하고 받아들여야 하는지 알기 어렵다. 자녀의 죽음을 부당하다고 여기고, 다른 어떤 상실보다 강렬하게 느끼며 지속적인 슬픔을 겪는다.

게다가 부모로서 자녀에 대한 의무를 다하지 못했다는 죄책감 때문에 자책하며 죄의식을 느낀다. 부모의 죄책감은 여러 가지 모습으로 나타나는데, 보통의 경우 본인들이 잘못해서 자녀가 죽었다고 생각한다. 혹은 도덕적 규범이나 종교적인 규범을 어겼기 때문에 벌을 받아 자녀들이 죽었다고 자책감을 느끼기도 한다. 심리적 충격으로 부모는 정신적인 문제를 경험하기도 하고, 자제력을 잃을 수도 있고, 극단적으로 사회적 고립으로 현실에서 괴리될 수도 있다.

노년에 이르면 동료나 친지가 하나둘 세상을 떠나는 것을 경험한다. 이러한 상황을 반복해서 경험하게 되면 노인은 인생의 허무함과 앞으로 남은 날에 대해 쓸쓸함, 언젠가는 맞이하게 될 죽음에 대한 공포로 소외감을 느끼게 된다. 대부분 노년기의 노인은 경제적인 이유로 자녀나 복지시스템에 의지하며 살아간다. 이러한 상황에서 사별을 경험하게 되면, 노인은 슬픔을 단기간에 극복해 내지 못한다.

2) 죽음의 유형에 따른 사별

사고사는 갑작스럽고, 사망 당시의 참담함이 크며, 남겨진 가족에게는 예고 없는 이별로 큰 충격이 된다. 그렇기에 큰 충격과 함께 박탈감과 무력감에 사로잡히게 된다. 사고 상황에 대해 당황스러움과 생소한 사고처리와 수습과정을 겪으면서 자신에게 온 슬픔의 감정을 추스르거나 위로를 받을 기회를 놓치는 경우가 상당수이다. 그뿐만 아니라 사망의 원인이나 이유가 불합리하거나 비정상적일 때 가해자의 억지나 방어적 반응으로 인해 유가족들은 더 큰 상처를 겪는다(박영숙, 2018).

유가족들은 사고의 소식을 받아들이지 못하며, 자신 때문에 죽었다는 자책감과 다른 이들로부터 비난받는다는 느낌도 받는다. 사별자는 전혀 예상하지 못했던 일을 겪으며 정신적으로도 신체적으로도 힘들겠지만, 이를 이겨내기 위해서는 고인의 일생을 기억하고, 고인이 남긴 의미들을 그리며 생각하는 것이 중요하다. 그리고 이 비참한 사건에 대해 혼란스러워하지 않고 맞이해 주는 사람에게 이야기하여 그 사건이 실제로 일어났음을 인정하도록 해야 한다. 죽은 사람이 다시 돌아올 수는 없지만, 비극에 대처하기 위한 활동을 하면서 슬픔과 고통을 이겨내고 극복하는 방안이 될 수 있다.

자살로 사별을 경험한 가족들은 자살이 일어난 후, '왜 죽었을까?'라는 질문에 답하기 위해 고인이 죽기 전에 무슨 말과 행동을 했으며, 자살한 방법에 대한 정보를 통해 자살자를 이해하려고 노력한다(김설, 2022). 유가족들에게서 나타나는 '왜'라는 질문은 자살의 이유를 묻는 매우 자연스러운 일이기도 하지만 그 이면에는 유가족 자신이 자살에 대해 정말로 알고 있었는지를 묻는 것이다. 또한 고인에게의 원망은 자살자에게 직접 나타날 수 없으므로 대상이 없는 탄식이 된다. 원망은 고인뿐만 아니라 남아있는 가족구성원들끼리도 나타나고, 서로 비난하며 분노하기도 한다.

자살 유가족은 가족 가운데 자살자가 있다는 것에 대해서 수치심을 느끼고 다른 사람들과 사회로부터 받게 될 비난과 낙인을 걱정하게 된다. 사회적 낙인은 유가족들의 의지와는 상관없이 받게 되는 처지지만, 자기 낙인은 유가족들이 스스로 다른 사람들의 비난을 인식하거나 상상하며 내면화하는 것을 의미한다. 자살 유가족은 자살을 예방하지 못하고 죽음에 내몰리게 했다는 강한 죄책감과 후회가 동시에 나타난다. 이들은 죄책감을 이야기하고 본인에게 직접 괜찮다는 말을 듣고 싶은 욕구가 고인의 부재로 인하여 충족될 수 없기 때문에 장기간 지속될 수 있다.

피살로 사별한 유가족들은 끔찍하고 비참한 사건 앞에 그저 놀랄 뿐이며, 가족이 피살되었다는 이야기를 접하는 순간부터 세상과 단절되고 혼자인 것처럼 고립감을 느끼며 경악과 불신, 분노, 죄책감, 슬픔 억제 현상 등이 복합적으로 나타나게 된다. 피살과 같은 죽음은 외상 후 스트레스 장애를 가져오기도 한다.

스트레스 증후군의 증상을 보이는 사람들에게는 지지적 치료와 심신 회복에 중점을 두어야 한다. 피살 유가족은 예기치 못한 죽음의 상황을 반복적으로 떠올리지만, 자신의 힘든 감정은 억압한다. 이때는 비슷한 경험이 있던 사람들과 이야기를 나누고, 이 일을 겪은 자신을 가엾게 여기며 슬퍼하는 것도 도움이 된다. 명백한 한계가 없는 참혹한 사건은 도리어 두려움으로 인해서 더욱 확대되며 회복을 더디게 함으로, 고통스럽고 비참하겠지만, 사건의 진실을 명확히 알 때 회복될 수 있다. 또한 범죄를 예방하는 활동이나 개인의 경험을 나누어 다른 이들을 위해서 활동하는 것도 회복방안의 길이 될 수 있다.

3) 사별에 대한 정서적 경험

슬픔(grief)은 사별에 대한 첫 번째 반응이며, 의미 있는 상실에 대한 불가피한 반응이다. 슬픔은 눈물로써 표현되며, 가슴이 미어지는 느낌으로 사회적 접촉을 제한하고 싶고, 혼자 있고 싶어지게도 만든다. 하지만 대부분의 사람들은 슬픔을 주변 사람들에게뿐만 아니라 자기 자신에게도 숨기려는 경향이 있다. 이는 사회적 분위기가 감정 표현을 터부시하는 경향이 강하기 때문이다(베레나 카스트, 2015).

상실 직후 대부분의 사람은 정도의 차이는 있겠지만 충격으로 인한 무감각함 곧 멍함을 경험한다. 이는 무감각 상태에 들어감으로써 최대한 충격으로부터 자신을 보호하기 때문이다. 이때의 느낌은 깨어나기를 바라는 악몽을 꾸는 느낌 혹은 수술을 위해 마치 주사를 맞은 것처럼 비현실적인 느낌으로 엉켜있다고 할 수 있다. 그리고 이미 일어난 일에 대해서 마음으로 받아들이지 못하기에 이때는 감정조차 느끼지 못한다. 그러므로 식음을 전폐하거나 불면증 또는 수면거부로 인한 신체 리듬의 불균형과 사고의 무감각적 판단 등 현실부정으로까지 이를 수 있다. 이는 타인과의 관계에서도 마찬가지이다. 비합리적인 사고의 흐름으로 인해 벽을 만들고 자신만의 세계에서 방황할 수 있다.

공허감, 외로움, 고립감은 서로 연관되어 있지만 분리되어 나타날 수 있다. 공허감은 내면으로부터 존재의식이 점차 줄어들어 텅 빈 듯한 허전한 느낌이다. 상실로 인해 인간의 자아감은 점점 옅어지고 자신의 존재의식이 감소하다 보니 공허한 그 마음을 무언가로 채울 수 있다는 헛된 믿음을 가지게 된다. 이는 자기와의 내면의 관계에서의 부재 때문이라고 할 수 있다.

사별자가 느끼는 외로움은 상실과 단절로 인해 발생한다. 외로움은 상실의 형태로 드러나는데, 반려자의 부재가 공허의 감정을 유발하고, 공허감이 삶의 의미 상실로 이어지며 외로움을 느끼게 되는 것이다. 또 외로움은 단절의 슬픔으로도 발생할 수 있다. 사별을 통해 사별자는 고인과의 영원한 단절을 체험한다. 이는 사별자가 형성하는 가장 근본적이고도 내밀한 관계의 소실이다. 사별자와의 관계 안에서 고인은 관심과 애정, 공감을 나누는 근원적인 소통자의 역할을 한다. 소통자를 잃은 슬픔은 자신을 잃은 듯한 슬픔과 흡사한 감정으로 유발된다. 이것은 단절된 고인과의 관계가 단절된 삶의 의미로 드러나고 있다.

고인이 떠난 빈자리는 사별자가 끊임없이 상실과 슬픔을 느끼게 한다. 이러한 사별자의 상실과 슬픔이 이해받고 공감되지 못할 때, 사별자의 외로움은 연쇄적인 반응을 일으키며 깊은 고립감을 동반한다. 고립감은 보이지 않는 무언가가 가로막고 있어 다른 사람들과 분리되어 홀로 떨어져 있는 느낌이다. 이는 상실에 따르는 필연적인 결과라고 할 수 있다. 자신의 세계가 붕괴하는 상황에서 피할 수 있는 안전한 장소를 만들어 주기 때문이다. 보통 양립할 수 없는 두 가지 욕구를 경험하게 되는데, 혼자 있고 싶은 욕구와 자신을 위로해 주는 사람들과 함께 있고 싶은 욕구이다(강유나, 2013).

슬픔이나 고통의 감정들을 느낄 때, 의식적으로는 알고 있지만, 표현하는 것을 허용하지 않는 사람들이 있다. 자신이 유가족이 되었다는 사실을 이성적으로는 인식하면서도 그것을 고통스러워하고 슬퍼하는 일은 자신에게 허용되기를 꺼리기 때문이다. 이는 고립이라는 심리적 방어기제를 사용하는 것이다. 그러나 이와 같은 방어기제는 정상적인 슬픔의 과정을 둔화시킬 수 있다. 이러한 억압된 감정은 반드시 되돌아오기 때문에 고통은 간접적인 방법을 통해서 표출된다.

사별한 사람은 죽음에 대한 불안과 두려움을 경험한다. 타인이 사망했을 때 나도 사망할 수 있다는 가능성을 지각하게 되면서 두려움과 불안을 느낀다. 가까운 사람을 잃었을 때는 두려움과 불안이 자극되고, 알던 사람의 사망 소식을 접하게 되면 강도가 약하더라도 '나도 죽게 되겠구나'라는 생각을 하게 된다(이윤희 · 김지연, 2016).

죄책감은 개인적 상실에 따른 책임감을 바탕으로 하며, 상실에 도움을 주지 못했던 것, 그리고 잃어버린 사람과의 관계 또는 잔여 감정 때문에 발생한다. 죄의식처럼 보이는 수치심에 대해서 당혹감을 표현하기도 한다.

분노는 상실 후에 빈번히 겪게 되는 감정 중 하나이다. 분노는 자신이 죽음을 막기 위해 할 수 있는 일이 아무것도 없다는 점에 대한 좌절감이며, 가까운 사람을 잃은 후에 일어나는 일종의 퇴행적인 경험으로부터 오는 것이다. 분노도 상실에 대한 즉각적이며 보편적이고 필연적인 반응이다. 그러므로 사랑하는 사람을 잃은 것에 대한 분노는 애통의 통합적인 부분이라 할 수 있다. 고인의 죽음이 가족에 대한 직무유기나 거부로 인식되기도 한다. 젊은 나이에 부주의한 사고로 사망하거나 혹은 건강을 잘 관리하지 않아서 치명적인 병에 걸려 사망하는 경우이다. 혹은 치명적인 병에 걸렸는데 그 병을 알리지 않은 경우이다.

자살의 경우 간혹 고인이 살아 있는 사람을 괴롭게 하기 위해서 사망하는 경우가 있다. 섭식장애로 음식을 거부하면서 사망에 이르는 경우에도 복수하고자 하는 동기를 가진 경우가 있다. 그러나 살아 있는 사람에게 고통을 주기 위해서 죽는 경우는 일반적인 상황은 아니다. 그럼에도 불구하고 살아남은 자는 원망과 분노경험을 할 수 있다.

또 고인의 사망 원인을 환경, 타인, 자신에게 돌리는 경우가 있다. 술을 많이 먹고 간암으로 사망한 경우 망자가 술을 마시게 된 탓을 자신 혹은 특정인에게 돌리기도 한다. 자신이 그때 망자를 힘들게 하여서 혹은 그때 병수발을 들지 않아서 사망하였다고 생각한다. 병간호를 오래 한 경우에도 이런 느낌을 받는 경우가 있다. 자기를 비난하고 과거 행동에 대해서 죄책감을 느낀다.

비탄은 불행에 대한 정상적이면서도 건강한 반응이다. 비탄에 젖은 사람은 자신이 누구를 또는 무엇을 잃어버렸는지를 알고 있으며, 그 잃어버린 사람이나 잃어버린 것이 돌아오기를 갈망하고 있다. 슬픔이 미래에 대한 공포와 합쳐질 때 절망이 된다. 그러므로 일반적으로 절망은 미래에 대한 전망이 어두워질 때, 겪게 되는 상실감으로 말할 수 있다.

상실은 신체증상을 불러일으키고, 신경계와 면역체계의 변화로 나타난다. 슬픔으로 인해 생리적인 증상이 생길 수 있다. 경렬한 슬픔에서는 신체적 고통, 목구멍의 압박감, 질식감으로 인한 짧은 숨, 한숨, 복부가 텅 빈 것 같은 느낌, 근육무력증, 또 긴장이나 정신적인 고통을 느낄 때 묘사되는 강한 주관적인 고통 등이 나타난다. 이러한 신체적 증상들이 극도로 심하게 그리고 장시간 나타나지 않는다면 정상적인 반응이다.

사별은 신경계에 영향을 주는데, 무기력과 피로가 가장 일반적인 신체적 증상이다. 사랑하는 사람의 상실은 정상치보다 높은 스테로이드 반응을 나타내며, 신경계의 민감성을 증가시켜 신체에 강력한 스트레스 반응을 일으킨다. 특히 자율신경계에 대한 신체의 반응 준비를 억제한다.

사별로 인한 스트레스는 면역체계에 영향을 미친다. 스트레스는 감염과 싸우는 매우 중요한 세포인 T-림프구의 활동을 감소시킨다. 따라서 사별로 인한 스트레스 반응은 감기나 알레르기 등 면역계의 이상으로 인한 다른 질환으로 이어질 수 있다. 관절염과 같은 기존의 고통스러운 문제들은 더 나빠지고, 때때로 만성적인 건강 질환이 재발하기도 한다. 고혈압과 당뇨처럼 관리가 필요한 질병을 가지고 있는 경우 급속도로 악화될 수 있다(진영선, 2014).

죽음은 유가족들에게 큰 충격과 슬픔을 준다. 하지만 유족이라고 해서 모두 망자의 죽음에 충격을 받고 비통해하는 것은 아니다. 유족들의 충격과 비통함은 죽음이라는 형상 자체보다는 고인과 유족 간 생전의 관계, 죽음의 종류에 의해 좌우되는 것으로 나타났다. 즉 아무리 부모와 자식, 혹은 아내와 남편의 관계일지라도 심각한 갈등상태에 있었다면 슬픔이 크지 않을 수 있다. 또한 병사보다 사고사일 경우 그 충격과 슬픔이 더 크다.

2. 애도

1) 애도의 필요성

애도(mourning)의 사전적 의미는 '사람의 죽음을 슬퍼함'이며, 애도는 사별에 따른 다양한 경험을 극복하는 과정이다. 슬픔과 애도는 밀접한 관계가 있지만, 슬픔은 상실에 대한 개인적인 과정이라면, 애도는 이 슬픔을 나타내는 공적인 과정을 뜻한다. 즉 자신의 삶을 다시 구축하는 것이 살아 있는 사람의 역할이며, 사별을 수용하고 회복과 적응에 이르는 과정이 애도이다.

사랑하는 사람이 죽으면 망자의 죽음에서 자신의 죽음을 미리 맛볼 뿐만 아니라, 어떤 방식으로든 망자와 함께 죽는다. 상실은 죽음으로 잃는 것뿐만 아니라 우리가 중요하게 여겼던 혹은 내 삶의 많은 부분을 같이했던 사람들과의 관계가 단절되거나 혹은 외상경험으로 인해서 이전의 내 모습을 잃는 것을 포함한다.

사람은 본질적으로 다른 사람과의 관계에서 자신을 경험한다. 타인이 우리 안에서 그동안 불러일으켰고 거듭해서 불러일으키는 것을 종종 우리 자신으로 경험하며, 인간관계, 특히 사랑의 관계에서 가장 내밀한 자기와의 관계를 만들어 간다. 따라서 사랑하는 사람이 죽는다는 것은 나 자신을 자신이게 했던 경험을 상실하는 것이다(베레나 카스트, 2015).

사랑하는 사람의 죽음은 우리가 죽을 때까지 다루어야 하고 견뎌야 하는 문제이고 경험이다. 사람은 누구나 상실을 경험한다. 애도는 누군가를 죽음 혹은 다른 이유로 잃었을 때 진행되는 과정이다. 따라서 애도는 더 이상 약함이 아니라 한 사람의 건강에 중요한 심리적 과정으로 이해되어야만 한다.

프로이트는 애도 작업을 쉽게 설명하기 위해서 '고통의 경제학'이라는 개념을 사용했다. 우리 안에는 심리적 에너지의 양이 한정되어 있으므로, 죽은 대상에게 투자했던 심리적 에너지를 회수하여 새로운 대상에게 에너지를 다시 사용하게 된다는 것이다. 다시 말해 사별자가 상실로부터 자유로워지려면 정신적 에너지를 회수하여야 한다. 리비도 회수 작업은 죽은 대상과 맺었던 기억들 안으로 사별자가 들어가 바라보면서 그 기억과 분리되는 작업이기 때문에 많은 시간과 고통이 수반될 수 있다. 프로이트는 애도 작업이 마무리되어야 사별자는 죽은 대상으로부터 자유로워질 수 있다고 보았다(Thierry, 2009).

애도를 설명할 때 애착이론을 가장 많이 활용한다. 애착이론은 인간이 특정한 사람에게 강한 애착을 느끼는 경향성과 애착대상과의 분리 혹은 상실이 발생했을 때 불안이나 분노, 슬픔 등 다양한 정서적 고통을 경험한다.

애착이론은 초기 양육자와의 관계에 초점을 맞추는데, 어린 시절에 건강한 애착을 맺어주었을 때 건강한 성격발달이 가능하다. 초기 애착관계에서 애착이 불안정하게 형성되었을 때는 성격발달이 건강하지 않거나 성격장애로 진전된다. 엄마가 같은 공간에 있지 않거나 눈 앞에서 사라졌을 때 어린아이는 불안 반응을 보인다. 엄마가 같은 공간에 존재하지 않지만 사망한 것이 아니고 방 밖에 있다거나 잠깐 동안 할 일을 하기 위해서 물리적으로 같이 있지 못하는 것에 대한 개념이 없기 때문이다.

사별은 나와 같이 있던 사람이 현실적으로 함께하지 않기 때문에 느끼는 애착대상과의 분리경험, 즉 불안을 유발한다. 사별을 애착대상과의 분리불안으로 확장하여 해석한다(수잔 캐벌러-애들러, 2009). 볼비는 애도를 통해 대상의 상실을 견딜 수 있는 능력을 지속적인 성장을 위한 일차적인 조건으로 보았다.

아동이 애착인물과 분리되었을 때 보이는 반응이 저항, 절망, 거리두기의 단계를 거치는 것처럼, 애도는 저항, 절망, 재조직화(거리두기) 과정을 거친다. 저항은 아동이 애착인물과 분리 시 처음 보이는 반응으로 울고 매달리거나 그 대상을 애타게 부르며 찾아 헤매는 행동을 보인다. 절망은 애착인물과 분리가 계속해서 이어지면 저항 반응이 약해져 불안과 분노가 높아지며 나타난다. 거리두기는 회복하려는 모습이 점점 보이며 다른 활동과 사회적 관계에 흥미를 보이는 것이다. 이는 애착 유대가 끊어져 버리는 것이 아니라 분리된 애착인물과 연관된 정서와 사고를 억제하는 것이다. 성인이 경험하는 애도에는 거리두기를 재조직화로 표현하는데, 그 이유는 죽은 대상에 대한 기억과 느낌들을 억누르는 대신 자신과 타인에 대한 표상을 재배열하여 지속적인 유대와 새로운 상황에 적응하기 때문이다.

2) 애도 과정

애도 과정은 보통 네 단계로 나누고, 각 단계마다 과제가 있다(임선희, 2013). 애도 과정의 첫 번째 단계는 충격의 단계이다. 죽음을 예측하지 못했던 상황에서는 당연히 충격을 받는다. 오랫동안 병상에 누워 있다 사망하는 경우에도 막상 사망한 후에는 충격을 받는다. 마음의 준비가 되어 있는 경우는 많지 않다. 이 시기에는 죽음을 악의 없이 체험하기란 불가능하다. 죽음은 상실의 재앙적 측면을 포함한다.

사랑하는 사람을 잃었을 때 자기 체험이 조각날 수 있다. 자기 체험은 내면에서 일어나지만, 타인과의 관계가 차지하는 비중이 크다. 자기 체험은 중요한 초기 대상과의 관계뿐만 아니라 관계 전반에 의해서 결정된다. 자기감의 손상은 매우 견디기 어렵다.

애도와 관련된 다양한 감정을 허용해야 새로운 자기 체험이 다시 생겨날 수 있다. 애도는 충격을 받은 사람의 삶에 새로운 질서를 부여하고 새로운 자기와 세계에 대한 체험을 이루게 하는 작업이다. 애도하는 사람의 감정은 세상에서 소외된 자의 감정과 동일하다. 망자가 소외된 것이 아니라, 애도자가 망자와 함께 소외된 것이다. 애도자는 대부분 과거에 몰입하고, 그럼으로써 한층 더 현실 세계에서 소외된다.

일반적으로 갑작스러운 죽음의 경우, 애도의 첫 번째 단계가 오래 지속된다. 이 시기가 몇 시간에서 일주일 정도까지 지속될 수 있다. 이 시기에 조력자는 일상적인 일들을 도와주어야 하며, 장례식과 관련된 여러 가지 일들을 처리해 주어야 한다.

이 시기에는 애도자가 혼자 있는 것이 아님을 느끼게 해주는 것이 중요하다. 그러나 과도하게 보호하거나 자율성을 지나치게 침해해서는 안 된다. 애도자와의 관계에서 항상 생각해야 하는 점은 인간적인 따뜻함을 필요로 하는 동시에 한편으로는 친구와 이웃들과 함께 다시 독립적으로 살아가야 한다는 점이다. 애도자가 미래에 대한 지켜질 수 없는 약속을 받는 느낌이 들지 않도록 다가섬과 물러섬 사이에서 적절한 균형을 유지하는 것이 필요하다.

두 번째는 상실한 대상에 대해서 그리워하는 단계이다. 망자가 다시 살아올 것만 같고 그 사람과의 추억을 회상하는 단계이다. 이 단계에서는 상실의 고통을 수용하고 고통에 대해서 작업하여야 한다.

'망자에 대해서는 나쁜 말을 하지 않는다'라는 원칙이 내면에 깊숙이 자리 잡고 있기 때문에, 대화에서 망자에 대해서 부정적인 이야기를 하기란 쉽지 않다. 망자를 이상화하는 경향이 있다. 그러나 좋은 이야기뿐만 아니라 부정적인 이야기도 하여야 한다. 이런 이야기들은 죽은 자를 발견하는 기능도 한다. 누군가를 상실했을 때 그를 찾는 것은 너무도 당연한 일이다. 그런데도 애도하는 사람들이 망자를 찾는 일을 하지 않는다면 이는 아직 상실과 화해하지 못했다는 것을 의미한다. 죄책감 역시 다루어야 한다. 상대에게 빚지고 있다는 생각을 하는 애도자들도 많다.

애도자들은 망자가 살아 있을 때와 같은 삶은 유지하려고 한다. 애도자가 습관을 최대한 유지하려 하는 데 있다. 그것은 일시적으로 큰 위로가 될 수 있겠지만 애도과정을 지연시키기도 한다.

이 시기에 조력자가 염두에 두어야 할 것은 특히 망자에 대해서 애도자와 무언가 의견을 달리하기라도 하면 애도자가 조력자에게 화를 내거나 분노를 표출할 수 있다는 점이다. 이 시기에는 애도자의 체험을 나누기만 하는 것이 중요하다. 즉 경청하고 진실로 함께하는 것이 필요하지, 조력자 자신의 애도 체험을 거론할 필요는 없다.

세 번째 단계는 혼란과 절망의 단계이다. 이제는 망자 없이 어떻게든 지금 현재에 적응해야 한다는 것을 받아들이게 된다. 하지만 새로운 형태로 삶을 계획해야 하기 때문에 혼란스럽다. 그리고 상실한 대상을 다시 만날 수 없다는 것을 점점 더 수용하게 되면서 절망을 느낀다.

애도를 통해 낡은 행동방식을 버리고 새로운 행동방식이 생겨날 수 있도록 하기 위해서, 그리고 새로운 관계의 가능성과 삶의 가능성을 위해서는 이런 정서적 혼란을 끝까지 견뎌내는 것 외에 다른 방법이 없는 것처럼 보인다. 아주 일반적인 혼란과 마찬가지로 정서적 혼란의 와중에도 옛것이 사라지고 새로운 것이 나타날 수 있다.

이 시기의 감정적 반응은 애도자의 특성에 따라 다르다. 물론 분노와 노여움의 폭발이 깊은 침체의 시기와 번갈아 나타난다. 노여움은 대체로 두 방향을 향한다. 의료진이나 친척들이 무언가 제대로 하지 않았다고 탓할 수 있다. 애도자 중 일부는 노여움 속에서 죽음과 자신의 불행에 책임이 있는 사람을 찾는다. 화낼 수 있는 대상을 찾아내면 일시적으로나마 애도자의 부담이 경감되는 것처럼 보인다. 망자에게도 노여움이 생긴다. 선택하지 않은 죽음도 남아 있는 사람들에게 삶 전체가 얼마나 순식간에 바뀔 수 있는지, 인간이 얼마나 덧없고 부서지기 쉬운 존재인지, 그리고 이런 덧없음에 얼마나 속수무책인지가 적나라하게 드러난다.

네 번째는 새로운 일상의 성립 혹은 실패의 단계이다. 망자가 없는 새로운 삶을 살아가게 되는데 적응을 잘하면 예전과는 다른 형태이지만 사망 사건 초기보다는 안정적인 형태로 살게 된다. 하지만 예전과 같은 삶의 모습으로 도달하지 못하는 상황이 일어날 수 있다.

이 시기의 과제는 고인과의 연계 속에서 새로운 삶을 발견하는 것이다. 새로운 삶이라고 할 때, 망자의 부재에 적응하니까 부재 속에서 새로운 삶을 발견할거라고 보통 예상한다. 건강한 상태는 망자와의 연계 속에서 현존하지는 않지만 망자가 나에게 끼친 영향을 간직하고 새로운 삶을 살아가는 과제들을 수행한다.

애도가 잘 이루어지면, 사랑하는 사람의 죽음은 자기 발달, 개별화에 기여할 수 있다. 죽음은 관계에서 진짜 자기 것이 무엇인지를 알아차리도록 강력하게 요구한다. 새로운 삶에 대한 탐색 활동은 사람들로 하여금 상실을 받아들이도록, 망자 없이도 계속 살아가도록 준비시킬 뿐만 아니라, 다른 한편 모두 잃은 것으로 여기지 않고 관계의 강도와 경험을 삶의 한 부분으로 받아들이도록 준비시킨다.

탐색과 분리는 애도자를 자기 자신으로 되돌리고, 망자에게 위임했던 특성과 능력을 되돌려 받도록 권한다(베레나 카스트, 2015). 탐색은 은연중에 일어나고, 분리와 떠남에 대한 당위성이 반복적으로 확인된다. 분리가 받아들여지는 지점에서 애도 과정이 종결된다.

애도자의 염원과 판타지가 요구되지 않는 단계인 탐색과 분리의 시기에는 새로운 자기와 세계가 새로운 관계를 맺기 시작한다. 그러기 위해서는 애도자가 망자를 내적 동반자의 한 유형으로 여기든, 이전에 망자와의 관계에서의 경험이 자기 자신의 가능성이 되었다는 것을 느끼든, 망자가 애도자 내면의 인물로 자리매김을 한다.

애도가 억압되면 도무지 이해할 길이 없는 우울증으로 나타날 수 있다. 이 우울을 좇아가 보면 종종 완결되지 않은 애도 과정, 애도 자체의 억압 등이 나타난다. 이런 종류의 우울은 매우 가까웠거나 덜 가까웠던 사람의 죽음, 망자와 같은 나이가 되었을 때, 기일 등 망자와 밀접하게 연관된 상황에서 유발된다.

모든 애도 과정에는 홀로 남겨지고 상실과 타협하여 어쩔 수 없이 삶을 새롭게 꾸려야만 하는 상황에 대한 분노가 내재되어 있기에, 망자와의 관계 또한 정리되어야 하기에 공격적 흥분이 드러난다. 하지만 망자를 나쁘게 이야기해서는 안 된다는 불문율에 따라 공격성을 억압해야만 한다. 따라서 애도 과정이 정체된 상태에 놓이면 우울 반응이 나타난다. 상실의 체험이 강렬할수록, 상실과 관련된 공격성이 억압될수록, 미처 다루지 못한 갈등이 많을수록, 갈등을 감내할 수 있는 자아 능력이 부족할수록 우울의 반응은 더욱 병리적으로 나타난다.

애도 작업의 경험에서 결정적인 것은 우리가 헤어짐을 견딜 수 있을 뿐만 아니라, 헤어짐으로도 파괴되지 않고, 애도를 통해 자신을 다시 새롭게 경험하도록 이끈다는 점이다. 사랑하던 사람의 죽음으로 한계 상황을 경험하게 된다. 이 한계 상황은 아무도 대신해 줄 수 없는 바로 자신의 문제이다. 그러므로 이 한계 상황은 삶의 가장 커다란 모순 속에서 존재가 요구되고, 체득되는 순간이다. 죽음이 불가피하고 항상 우리를 따라다닌다 하더라도 삶, 관계,

역사도 마치 죽음처럼 그렇게 확실하다.

우리가 언제 슬퍼해야 하고, 언제 슬퍼해서는 안 되는지, 애도가 어느 정도 지속되는 것이 적당한지에 대해서 일정한 틀을 가지고 있는 것이 애도를 방해한다. 사랑하는 사람의 죽음은 죽음에 대한 극적인 체험이므로 애도가 필요하다. 그러나 이 체험은 동시에 변화를 직면하여 자기실현에 이르는 커다란 계기가 되기도 한다. 바로 애도가 자기실현의 일부분을 담당할 수 있다는 의미이다. 유한한 존재인 우리는 이별하면서 살아간다.

3) 애도의 억제 현상

사별한 사람 모두가 애도의 혹은 슬픔의 늪에서 빠져나올 수 있는 것은 아니다. 상실과 연관된 감정을 느끼고 표현할 수 있어야만 애착을 가졌던 대상들을 떠나보낼 수 있다. 그런 후에 다시 새로운 애착 대상을 만들 수 있게 된다. 슬픔을 막는 주요한 장애물들은 주로 깊은 감정을 스스로 느끼고 표현하지 못하게 하는 데서 발견할 수 있다.

슬픔을 느끼는 것과 슬픔 및 상실과 관련된 감정을 표현하지 못하는 것은 별개의 문제이다. 한국 문화는 감정을 드러낼 때 유치하다거나 신경증(neurotic)적인 관념을 정기적으로 주입한다. 슬픔을 말로 표현하는 경우보다 표정이나 몸으로 나타내는 경우가 더 많다. 이는 슬픔을 언어로 표현하면 통제력을 잃었다고 생각하기 때문이다. 통제해야 한다는 이 생각은 슬픔을 성공적으로 해소하는 데 큰 장애가 될 수 있다.

한국 문화는 상실과 관련된 감정 표현은 자신을 불쌍히 여기는 표시로 생각하며, 때로는 감정 통제를 단순히 자기 연민을 회피하는 것처럼 여길 수도 있다. 어떤 사람들은 자신이 울기 시작하면 절대로 그칠 수 없을 것이라는 두려움을 가지고 있기도 하다. 우리는 어려서부터 감정 표현을 억제해야 한다는 것을 배워왔고, 깊이 스며들어 왔다. 이처럼 우리에게는 자신의 감정을 공개적으로 표현하면 안 된다는 묵시적이며 무언의 규칙이 있다. 이러한 규칙들은 슬퍼하는 일을 방해한다.

애도작업에는 외적인 격려가 필요하다. 그런데 유가족들은 사회적으로 고립될 수 있다. 예를 들면, 장례식이 끝나자마자 슬픔의 고통이 예민하게 느껴질 때 직장으로 돌아가야 한다. 그리고 슬픔이 일하는 데 영향을 미치지 않는다는 것을 입증해야 한다. 또한 가족 중에서도 책임을 맡은 사람은 슬퍼할 기회가 주어지지 않아 스트레스를 받는다. 모든 가족을 대표하여 장례식을 이끌어가도록 그리고 슬퍼하는 사람을 지지하고 격려해 주어야 하므로 슬퍼할 기회를 잃는다.

망자와 맺었던 관계는 애도 작업을 방해하기도 한다. 망자에게 적대감이나 원망이 큰 경우 유가족이 적절하게 슬퍼하지 못하도록 방해할 수 있다. 고인과의 관계를 떠올리면서 묵은 감정들이 슬픔을 온전히 표현하지 못하도록 방해한다.

사회적 상황 역시 애도의 방식에 영향을 준다. 관계망이 없는 사람들은 삶이 전적으로 망자하고만 연결되어 있는 경우가 종종 있다. 금전 문제, 슬픔에 빠져 있는 자녀의 문제, 중요한 가족 구성원의 병 등과 같은 그 밖의 부담되는 사건이 죽음과 결합되어 있으면, 상실의 해소가 어렵다. 그리고 더 이상 홀로 삶을 지탱할 수 없을 것 같은 느낌과 절망감을 부채질한다.

죽음의 방식 또한 애도를 어렵게 만들기도 한다. 갑작스러운 죽음, 폭력에 의한 죽음, 실제든 상상으로든 공동의 책임이 있는 죽음, 가족의 자살, 시신이 없는 죽음, 잔인하도록 빠르게 진행된 병으로 인한 죽음은 애도를 어렵게 한다. 또한 지진, 화재, 비행기 추락 사고 등으로 여러 명의 가족원이 죽게 되는 사고와 같은 복합적 상실이 있을 때이다. 이와 같은 상황을 맞이한 가족들은 적절한 슬픔의 단계를 보내는 데 있어 큰 어려움을 겪는다. 또한 실종 사고의 경우 아직 어딘가에 실종자가 살아있을 것이라고 믿으면, 사실을 확실히 알게 되기 전까지는 상실의 슬픔이 해소되지 못한다.

상실에 대하여 공개적이고 건설적으로 반응하지 못할 경우, 가족은 장기적인 결과를 맞이하게 된다. 긴장된 정서를 다루는 데 있어서 가족들끼리 경직된 상호작용 방식을 보인다. 슬픔의 장벽을 넘지 못하게 되면서 충족되지 못한 슬픈 감정은 뒤로 미루어지게 되고 결국 병적인 슬픔으로 나타나게 된다. 애통하기를 거부하는 것은 사랑하는 사람, 장소, 놓쳐버린 기회, 생명력 또는 빼앗긴 것이 무엇이든지 간에 이들과 작별하기를 거부하는 것이다.

슬픔이 외적으로 표현될 때, 이 감정이 가진 치유 요소가 영향을 미친다. 이때 작용하는 치유 요소는 개인의 상태에 따라 다르겠지만, 보통 슬픔으로 인한 병리적 상태에서 안주하지 않게 하며, 상실의 충격으로 인해 발생된 육체적, 정신적인 질병을 누그러지게 만드는 역할을 한다. 이는 어떤 형태로든 슬픔을 표현하는 것 자체로 사별에서 생긴 얕은 상처가 더 깊어지지 않게 한다.

애도가 잘 이루어지지 않을 때 유가족은 만성적인 슬픔 반응을 보일 수 있다. 이 반응은 슬픔의 상태가 기간이 길어지거나 끝나지 않은 경우이다. 기일에 슬픔이 나타나는 것은 일반적으로 10년 또는 그보다 더 오래 계속될 수 있지만 그 자체만으로는 만성적인 슬픔이라고 하지 않는다. 만성적인 슬픔이 나타나는 이유는 사별자가 애도 기간을 충분히 보내지 않은 자신의 상태에 대해서 자각하고 있기 때문이다. 그러나 만성적인 슬픔은 자신의 상태에 대해서 잘 알고 있다고만 해서 해결할 수 없다. 이는 여러 해 동안 사별을 애도했어도 다하지 못하거나 충분하지 않았다고 느낄 때, 강하게 발생할 수 있다. 사별자가 고인이 다시 돌아올 수 없다는 사실을 바라보게 하고, 혼란과 양가감정을 감당할 수 있도록 도움과 격려가 필요하다.

지연된 슬픔반응도 애도가 적절하게 이루어지지 않았을 때 발생한다. 지연된 슬픔 반응은 잠재되거나 억압되어서 연기된 사별 슬픔이다. 예를 들여, 고인이 죽었을 때 사별자는 어느 정도 정서적인 반응을 하였더라면, 그 상실에 비해 충분히 슬퍼하지 않았다면, 후에 다른 상실을 경험하게 될 때, 슬픔의 강도는 과도한 것처럼 보일 수 있다. 이는 이전의 상실 당시에 적절한 과정을 겪지 않았기에 남아있던 부분이 현재 상실에서 더불어 경험되는 것이다.

이처럼 지연된 슬픔 반응은 개인이 경험했던 상실감 외에도 다른 사람이 상실을 겪는 모습을 보거나, 상실이 주제인 영화나 드라마 등 기타 매체들을 통해서 일어날 수 있다. 슬픈 장면을 보면서 슬픈 감정을 갖는 것은 정상적인 반응이다. 하지만 지연된 사별 슬픔 반응은 감정의 격렬함이 슬픈 장면보다 현격하게 심하게 나타난다.

숨겨진 슬픔 반응도 애도가 잘 이루어지지 않았을 때 나타난다. 숨겨진 슬픔 반응에서 사별자들은 자신을 어렵고 힘들게 하는 증상들을 경험하지만 그것이 상실과 관련되어 있다는 사실을 믿으려고 하지 않는다. 숨겨졌거나 억압된 이 슬픔 반응은 신체적 증상으로 숨겨진다. 사별자 자신이 직접 슬픔을 경험하지 못하면 고인이 생전에 보였던 것과 유사한 의학적 징후들을 발달시키기도 한다. 예를 들면 고인이 심장 마비로 고통받았다면, 가슴 통증을 경험하기도 한다. 또 다른 형태의 숨겨진 슬픔은 부적응적인 행동이나 비정상적인 행동으로 숨기는 것이다. 설명하지 못하는 우울증이나 부적응적인 행동 혹은 다른 신경증적인 반응으로 나타날 수도 있다.

슬픔을 과장하는 경우도 이에 속하는데, 이 반응은 사별자가 정상적인 사별 슬픔이 깊어져 압도당하는 느낌을 받거나 부적응 행동을 빈번히 일으키는 경우이다. 이들은 본인들이 겪고 있는 증상과 행동이 사별의 상실과 관련된 것임을 자각하고 있다. 예를 들어 불안은 상실 후 나타나는 일반적인 반응이다. 하지만 불안이 공황 발작, 불안 장애나 공포증 등으로 나타난다면 이런 증상들은 과장된 슬픔 반응에 포함된다.

3. 일상으로의 복귀

1) 일상생활의 위기

죽음은 일상생활에 위기를 부른다. 우리는 사랑하는 사람의 죽음을 통해 죽음이 어떤 것인지를 경험한다. 우리에게 닥친 죽음의 체험은 큰 충격과 함께 지금껏 당연하게 여겨왔던 모든 것들과 자기 자신에 대해 어찌할 바를 모르게 만든다. 죽음의 체험은 세상과 자신에 대한 이해를 붕괴시킬 뿐만 아니라 우리의 의사와는 무관하게 일방적으로 변화를 강요한다.

위기이론의 관점에서 본다면, 신체적인 질병이나 손상은 개인 그리고 가족의 대항, 조정 능력의 위기를 불러온다. 일반적으로 심한 병을 앓으면 본인뿐만 아니라 가족들까지 스트레스를 경험한다(김기태, 1998).

병사의 경우 상황적 위기로 시작해, 그 위기가 상당 기간 지속되고, 하나의 상황적 위기가 또 다른 새로운 상황적 위기를 연쇄적으로 발생시킨다. 상황적 위기는 우발적 위기라고도 하며, 사람들이 욕구 충족의 본질적인 자원이라고 믿고 있는 것을 비정상적으로 상실할 때 혹은 예기하지 않은 가운데 상실을 경험할 때 유발된다. 이러한 사건들은 정서적으로 위험한 상황을 유발하고, 사람들은 이에 여러 가지 방법으로 반응한다(김기태, 1998).

질병으로 임종한 경우, 길게는 10년 이상, 짧게는 1~2달의 투병생활을 거친다. 이 경우 오랫동안 이어지는 병원 생활로 인해 간호하는 가족들도 다양한 종류의 고통을 받을 수밖에 없다. 그 고통 가운데 공통적으로 가장 많이 언급되는 것이 바로 경제적인 고통이다. 임종 환자의 오랜 기간의 입원과 치료는 단순히 경제적 어려움으로 끝나는 것이 아니라 임종 환자의 가족들 전체의 삶을 피폐하게 만들고, 더 나아가서는 임종 환자를 간병하는 가족들 간 혹은 임종환자와 가족들 간의 갈등을 불러일으킨다.

가족체계 구성원들은 기능적 전체로 묶여 있다. 즉 가족원의 행동은 서로를 보완하기도 하며 때로는 보상적이다. 가족은 기능적 전체이기 때문에 주고받기 행위와 그것에 대한 반응과 같은 가족 내의 상호작용이나 균형을 기대할 수도 있다. 무책임한 가족이 있더라도 누군가가 과도한 책임을 짐으로써 그것을 보완한다.

따라서 가족 위기는 그 구성원들에게 무력감을 남기고, 사건 발생 이전과 같은 가족의 효과적인 기능을 할 수 없게 만든다. 가족 속에서 발생된 이러한 위기의 해소는 결국 임종 환자가 사망해야만 해결되기 때문에 오랜 기간 가족의 불균형 상태는 지속된다. 결국 가족의 불균형을 해소하려면 임종 환자가 사망해야 하고, 임종 환자가 사망하면 그 죽음으로 인한 위기 때문에 또 다시 가족체계의 불균형이 생기는 딜레마를 안게 된다. 그러므로 병사로 인한 가족의 위기는 가족 구성원의 사망 직전, 혹은 직후에 생기는 위기가 아니라 가족 구성원이 발병한 직후부터 임종 후 가족이 새로운 일상생활에 익숙해지는 시기까지 아주 오랜 시간 동안의 위기라고 봐야 한다(김상우, 2005).

병원에서의 삶은 예보적 비탄(anticipatory grief)의 일상화 상태이다. 예보적 비탄이란 상실되었을 때나 상실 후에 유발되는 비탄과는 구별되는 것으로 상실에 앞서 유발되는 비탄을 의미한다. 예보적 비탄은 환자와 가족 양자가 동시에 경험하지만, 사별 후의 비탄은 생존자, 즉 사별자만 경험하게 된다. 그리고 예보적 비탄은 기간이 한정되지만, 환자가 사망한 후에도 비탄은 장기화될 수 있다. 또한 예보적 비탄은 시간이 경과함에 따라 가속화되거나 예보적 상실이 임박함에 따라 그 정도가 심해지지만, 사후에 경험하는 비탄은 시간이 지남에 따라 감소한다(김기태, 1998).

사고사의 경우는 병사와는 달리 갑작스럽게 죽음을 맞이하기 때문에, 죽음 이전에 별다른 갈등요인이 없을 것 같아 보인다. 그렇지만 사고사는 죽음 이전에 발생한 갈등과 사건이 직접 혹은 간접적인 한 사람의 삶에 영향을 미친다.

산 자에게 죽은 자를 분리해 내는 의례인 장례는 짧은 시간 동안 수많은 의사결정을 해야 하고, 많은 사람을 만나야 하는 자리이다. 이러한 의사결정은 가족 안의 갈등이 드러나는 계기가 되기도 하고, 슬픔 속에 의사결정을 내려야 하는 버거움으로 유족들에게는 위기 상황이 되기도 한다.

2) 일상생활의 변화

가족 구성원 한 사람의 죽음은 그 사람의 죽음으로만 끝나는 것이 아니라 남아 있는 다른 가족 구성원의 삶에 중대한 영향을 미친다. 이 죽음은 한 가족에게 중대한 위기로 나타나지만 대부분의 가족은 한 구성원의 죽음이 일어나면 곧바로 그 죽음이라는 환경에 적응하기 위해 가족체계를 변화시킨다(김상우, 2005).

한 가족 구성원의 죽음으로 인해 남은 가족들은 급격한 일상의 변화를 경험하게 되는데, 그러한 일상의 변화 가운데 하나가 주변 사람들과의 새로운 관계 형성이다. 죽음은 그 이전의 주변 사람들과의 친소관계를 더욱 증폭시키거나 역전시킨다. 잠재되어 있던 갈등이 죽음을 계기로 폭발하기도 하고, 애써 신경 쓰지 않았던 혹은 소원한 관계를 완전히 정리하기도 한다. 반대로 서로 소원해 있던 관계가 죽음을 계기로 서로를 이해하게 되어 다시 과거의 친밀한 관계로 돌아가기도 한다.

가족 구성원의 죽음을 겪은 뒤에 나타나는 생활의 변화 가운데 하나가 다른 사람들과의 교제의 폭이 확대, 혹은 축소되는 것이다. 가족 구성원들의 죽음은 가치관의 변화를 가져오고, 그 가치관의 변화는 자기 자신뿐만 아니라 다른 사람과의 관계도 새롭게 규정짓게 만든다.

부모의 장례식이 처음 경험하는 장례식인 경우가 있다. 그 이전에는 죽음이 무서워서 친구 부모의 장례식은 물론이고, 직장동료 부모님의 장례식에도 참석하지 않는 경우가 있다. 그런데 부모의 장례를 치르고 나서는 생각이 많이 바뀐다. 부모의 죽음을 통해 살아 있을 때의 좋은 혹은 나쁜 행위들이 죽은 이후까지도 주변 사람들에게 영향을 미친다는 것을 깨닫는다. 또한 부모의 장례식에 찾아와 준 사람들에게 고마움을 느끼고, 방문해 준 친구들이 소중한 친구가 되기도 한다. 또한 친구들이 상을 당했다고 하면 꼭 찾아가 위로를 하려 한다. 결국 부모의 죽음 이후, 주변 사람들을 더욱 소중하게 여기면서 사회적 관계의 폭을 확대시킨다. 반대로 축소되는 경우도 있다. 부모의 죽음 이후 주변인의 태도에 실망한 경우이다. 또 경제적으로 어려워지면서 생활비를 걱정하기 때문에 이전처럼 자주 사회적 관계에 참여하지 않는 경우가 있다.

가족 구성원의 죽음은 가족 내에서의 지위와 역할의 변화를 가져온다. 망자가 가지고 있는 지위와 가족 내에서 수행했던 역할을 가족 내의 다른 사람이 승계를 하지 않으면 가족의 기능을 원활하게 수행하지 못한다. 장례식은 죽은 자와 산 자의 분리뿐 아니라 가족 내의 지위와 역할의 구도에 변화를 가져오는 공식적인 의례이다.

가족 구성원의 죽음은 남은 가족들의 경제적 변화를 가져온다. 부모의 죽음으로 인해 유산이라는 형태의 자연스러운 경제적 부의 이전은 그 자녀의 재산의 정도를 확대, 축소할 수 있는 특별한 계기가 될 수가 있다. 유산의 문제뿐 아니라 한 가구의 크기가 달라져 경제상의 변화를 가져올 수 있다. 집안의 가장이 사망하면 그 가구의 주 수입원이 사라진다는 의미도 있기 때문에 가계에 심각한 타격을 줄 수 있다.

가족의 사망을 경험한 사람들은 공통적으로 관념적인 것, 즉 가치관의 변화를 크게 경험한다. 가족의 죽음은 큰 충격이고, 이런 충격은 자신들의 삶을 뒤돌아보게 만든다. 주변의 사람들에게 새삼 고마움을 느끼고, 앞으로 어떻게 살아야겠다는 생각을 하고, 동시에 죽음에 대해 깊이 생각하게끔 한다. 부모가 사망하기 이전에는 죽음에 대해 한 번도 생각해 본 적이 없는 경우가 많다. 20대에 조부모의 죽음을 멋모르고 바라봤다면, 40대 후의 부모의 죽음은 자신의 죽음을 생각하게끔 한다.

유족은 망자에 대한 집착에서 쉽게 자유로워질 수 없다. 망자를 생각나게 하는 사람들이나 물건들이 곳곳에 산재해 있기 때문이다. 유족들은 바쁜 일상생활 때문에 망자에 대한 추억들을 잊어버리더라도 쉽게 없어지지 않는 망자의 삶의 흔적을 발견할 때마다 망자에 대한 기억들을 다시 되살려 내고, 망자가 살아 있을 때 왜 더욱 잘하지 못했는가를 후회한다. 망자를 생각나게 하는 일상생활의 물건들은 고인의 주민등록증, 고인의 이름으로 발행되는 영수증, 고인의 이름으로 등록된 전화번호, 고인이 좋아했던 음식, 고인의 행동을 생각나게 하는 행동이다.

죽음이라는 사건이 발생했지만, 일상의 큰 변화 없이 죽음 이전과 동일한 일상으로 돌아가는 사람은 망자와 직접적으로 대면적 관계에 있던 사람들이 아니다. 가족 간의 갈등으로 그리고 직장과 결혼 때문에 망자와 떨어져 살고 있었던 경우이다. 이 사람들은 망자의 죽음에 충격을 받기는 하지만, 망자와 같이 동거하고 있지 않음으로써 일상생활의 큰 변화를 피할 수 있다. 그만큼 망자의 일상과 피면접자들의 일상적 삶의 공통점이 적었기 때문에 망자의 죽음으로 인해 큰 영향을 받지 않을 수 있다.

가족 구성원의 죽음 이후에 새로운 삶의 단계로 이행하는 사람도 있다. 예를 들면, 결혼과 같은 사건이 일어난다. 죽음과 관련된 삶에서의 새로운 단계로의 이행은 결혼이 가장 일반적인 현상으로 나타난다. 이는 사망자의 연령층이 50대 후반에서 60대 후반으로 그 자녀들의 연령이 20대 후반에서 30대 후반에 이르며, 이 시기에 삶의 전이가 일어날 경우 그 전이의 형태는 취업, 결혼이 가장 일반적이기 때문이다. 어떤 경우에는 결혼이 늦어지기도 한다. 이렇게 죽음은 남은 가족들의 새로운 삶의 단계로의 이행을 촉진하기도 하고 지연시키기도 한다.

가족 구성원의 죽음 이후 이전까지는 생각하지 못했던 자기 몸의 건강을 생각하거나, 자신의 일상에 보다 충실하고자 하는 사람들도 많다. 가족의 죽음 이후 담배와 술을 줄이며 건강에 신경 쓰기 시작하거나, 정기적으로 건강검진을 받는 경우도 있다.

📖 성찰하기

우리 모두는 타인의 죽음을 경험한다. 그리고 타인의 죽음 중 가족과 연인의 죽음에 가장 큰 타격을 받는다. 가족의 죽음에 준비되어 있는 사람은 아무도 없다. 오랜 시간 병상에 계셨던 부모님이 돌아가셔도 죽음의 여파는 여전하다. 예상치 못한 상황과 시기의 죽음은 더 말할 나위 없다.

한 여성은 본인이 30세가 되던 해에 아버지가 불치병 판정을 받으시고, 15년 동안 점점 병세가 악화되다가 돌아가셨다. 15년 사이에 청년에서 중년이 된 이 여성은 마음으로 이미 오래 전에 아버지의 죽음을 준비하고 있었지만, 막상 돌아가신 후에 일상으로 돌아오기 어려워 상담을 받으러 왔다. 언니와 여동생 사이에서, 자신이 원하는 것을 실행하기 어려운 이 여성에게 하고 싶은 일을 하도록 전폭적으로 지지해 준 사람은 아버지였다. 이 여성에게는 아버지를 돌본 시기가 배우자를 만나 가정을 꾸리고 자녀를 양육할 수도 있었던 시기였고, 이 여성은 결혼과 자녀양육 경험을 갖지 못했다. 그러나 그 시기를 함께 보낸 여동생은 같은 상황 속에서 결혼하였기 때문에 자신의 비혼 책임이 아버지의 병세 때문일 수도 없었다. 망자를 통해 구성된 나의 삶을 그리고 그 삶 속에서 망자와의 다양한 감정 경험을 정리하는 작업이 애도작업이다.

고등학생 아들을 갑작스럽게 잃은 어머니도 상담을 받으러 온다. 이 아들은 더운 여름에 학교에 다녀와서 샤워하고 잠깐 낮잠을 자는 동안 심정지로 사망하였다. 어느 누구의 책임도, 어느 누구도 예상할 수 없었던 죽음이다. 사람들은 죽은 아들을 빨리 잊고, 살아 있는 딸에게 마음을 붙이고 살라고 한다.

상실을 경험한 사람들은 사망한 사람과 함께한 추억과 경험 그리고 그 경험이 구성한 나의 한 부분을 잃는다. 초기의 당황이 지나가도, 상실을 수용하고, 상실을 내 안에서 재구성하는 데는 그 경험을 구두로 정리하는 작업이 필요하다. 유가족이 망자 이야기를 꺼내면, 주변인은 어떻게 반응해야 하는지 모르기 때문에 마음이 불편하다. 그리고 유가족은 주변인의 불편한 기색을 알아차리고 말을 거둔다.

나의 애도 작업이 그리고 주변인의 애도 작업이 실패가 되지 않도록 보다 적극적으로 애도 과정을 진행하도록 노력하여야 한다.

14장

죽음 준비

14장의 주제는 죽음 준비로, 죽음의 의미, 죽음을 준비할 때 해야 할 과제들, 그리고 장례절차를 다룬다. 인간이 태어날 때 가장 확실한 것은 '언젠가는 죽는다'는 것이다. 하지만 우리는 죽음을 이성적으로는 동의하지만, 감성적으로는 거부한다. 죽음은 인간의 경험 중 가장 마지막 경험이다. 그리고 죽은 자는 다시 살아나서 죽음 경험에 대해 진술할 수 없으므로 미지의 경험이다. 아마도 알지 못한다는 공포가 죽음에 대해 논의하지 않게 하는지도 모른다. 하지만 죽음에 대해 준비해야 한다. 아이러니하게도 죽음에 대해 준비하다보면, '어떻게 삶을 충실히 살까?'라는 주제에 몰입하게 될 것이다.

1. 죽음이란 무엇인가?

1) 죽음

죽음의 사전적 의미는 생명 활동이 정지되어 다시 원상태로 돌아오지 않는 생물의 상태로서, 생의 종말이다(문국진, 1998). 의학적 관점에서 첫 번째 관점은 심장이 정지했다는 설로, 심장의 활동이 정지한 시점을 사망 시점으로 보는 관점이다. 보통 심폐기능이 정지된 후 30분이 경과하고 인공적인 소생술에 의해서도 그 운동의 정지가 지속되면 죽음을 선고한다.

다른 관점으로는 뇌사설이 있는데, 특히 뇌간의 기능이 완전히 상실된 경우를 죽음으로 본다(문국진, 1998). 심장은 생명유지 장치에 의해서 작동할 수 있지만, 대뇌, 소뇌, 뇌간 모두의 기능 정지를 뇌사라고 한다. 뇌의 기능이 정지하면 의식이 없고, 기억이나 인식 내지 느낌이 없어진다. 이를 인간의 본질적인 기능으로 보기 때문에, 이러한 능력의 상실을 죽음으로 본다.

장기 이식 수술의 발달은 뇌사를 인정하는 계기가 되었다(이윤성, 2003). 신장이나 골수는 살아 있는 사람으로부터 적출이 가능하고, 뼈, 혈관, 각막 등은 사체로부터 이식시킬 수 있다. 하지만 심장, 간, 폐, 췌장 등과 같은 중요한 장기는 뇌사상태에 빠진 사람으로부터 취하는 것이 현재로서는 유일한 방법이다. 또한 뇌사자의 생명을 연장시키는 데 드는 비용이 매우 크기에 가족들은 경제적 부담을 안게 되는데, 뇌사를 인정하면 이러한 부담을 줄일 수 있다.

공식적인 사망은 사망진단서를 통해서 이루어진다. 사망신고서에는 성명, 성별, 주민등록번호, 생년월일, 직업, 주소 등과 함께 사망일시, 사망종류, 사망원인 등을 기입한다. 사망신고서의 사망종류는 자연사(병사)와 외인사로 나뉜다. 자연사는 어떤 질병으로 사망한 것이 명확한 죽음을 말하며, 외인사는 인체 외의 것에 기인한 죽음을 말한다. 그래서 병사 이외의 죽음은 모두 외인

사로 볼 수 있다. 외인사는 죽음에 이르게 한 행위자와의 관계에 따라 자살, 타살, 사고사 등으로 나타날 수 있다. 자살, 타살, 사고사의 구별이 불가능할 때는 불상으로 분류한다(이윤성, 2003).

2) 한국인의 죽음관

한국인의 죽음관은 쉽게 정리되지 않는다. 그 이유는 한국인의 종교전통은 누가적(accumulative)이기 때문이다(최준식, 1996). 한국인들은 무교(巫敎)의 사상 위에 불교사상을 받아들였으며, 다시 그 위에 유교사상을 받아들였다. 그렇기 때문에 한국 사회에서 하나의 종교를 이해하기 위해서는 이미 한국 사회 내에 뿌리를 내린 기존의 종교들을 이해하지 않으면 안 된다.

무교(巫敎)는 유, 불, 선 이전부터 풍류도(風流道), 혹은 현묘지도(玄妙之道)로 불리면서 우리나라에 존재했으며, 조선시대에는 국가의 억압정책 속에서도 사라지지 않고 오늘날까지 그 잠재력을 발휘하고 있다. 따라서 무교는 한국인의 원초적 종교 심성을 결정한 종교다(최준식, 1996).

무교에서는 영혼과 육체를 분리하여 생각한다. 이런 죽음관은 무덤에서 발견된 무기류를 통해서 알 수 있는데, 이것은 무덤 속 영혼을 다른 영혼의 침범으로부터 보호하려는 것이다. 무덤을 침범하려는 잡신은 자신의 육체에서 일시적 또는 항시적으로 분리된 것으로 여겨지며, 이는 영혼과 육체가 서로 분리되어 있다는 생각을 표현하는 것이다(김상우, 2005).

한국인에게 영혼은 크게 두 가지로 나누어진다. 첫 번째는, 생령이고, 두 번째는, 사령이다. 생령은 살아 있는 사람의 영혼을 말하며, 사령은 죽어서 저세상으로 간 영혼을 말한다. 그런데 사령도 살아 있는 사람들과의 관계에서 크게 두 가지 성격으로 분류할 수 있다. 하나는 선한 령, 즉 조상령으로 산 자에게 긍정적인 역할을 하는 영혼이며, 다른 하나는 원령으로 이 세상에서 잘 살지 못하고 억울하게 죽은 영혼이다. 악령의 경우는 3년간의 탈상이 끝나도 저승으로 가지 못하고 이 세상의 언저리에 머물러 산 사람들을 괴롭히는 것으로 여겨진다(이은봉, 2001).

무속집단은 삶의 세계는 이승으로, 죽음 후의 세계는 저승으로 표현한다. 고등종교에서는 영혼이 내세로 가되 그 생전의 공과에 따라 지옥과 극락이나 천당에 가지만, 무속에서는 사람이 죽으면 모든 영혼은 저승인 내세로 간다. 한국인의 원초적 관념에는 사람이 살고 있는 이승과 완전히 죽은 사람이 거처하는 저승이라는 전혀 다른 세계가 존재한다(김태곤, 1993).

불교에서 죽음은 인간의 숙명적 의미를 지닌다. 붓다는 생은 사로 귀착되고 죽음을 거스르는 길은 없음을 끊임없이 말해주고 있다. 이처럼 불교는 죽음을 자각하는 것을 출발점으로 하고 있다. 불교에서는 인간이 죽음을 피할 수 없는 존재임을 통찰하고 죽음이라는 신존적 주제에 대한 대처를 근본적인 과제로서 추구하고 있다.

불교에서 죽는다는 카르마 카로티(Kalam Karoti)라는 의미는 자신이 부여받은 시간, 즉 이 세상에서 머물 수 있는 육신의 시간을 바친다는 의미이다. 불교의 존재관에서 볼 때 그 어떤 것도 영원할 수가 없다. 생이라 해도 영원한 삶이 아니며 사라 해도 또한 영원한 죽음이 아니다. 이런 관점에서 불교의 윤회전생설이 나타난다. 윤회전생사상의 순환적 원동력은 업(業)으로, 즉 행위가 하나의 세력으로 남아 다음의 생을 방향 지운다는 것이다. 이런 관점에서 볼 때 죽음은 영원한 사멸이 아니고 새로운 삶은 지금까지 자신이 해온 행위에 의해 결정되는 것이므로, 윤리의식이 철저하면 할수록 커질 가능성을 갖게 된다고 보는 것이다.

업을 통해 윤회되기 때문에 불교는 죽음관 안에 죽음 준비를 이미 설정하고 있다. 죽음 준비는 삶의 시간이 제한되어 있음에 유념하면서 지금 자신이 살아가는 방식을 돌아보며 시간을 낭비하지 말고 보다 의미 있는 삶을 영위하여야 한다는 자세를 강조한다. 또한 평소에 죽음을 미리 준비해 갑자기 죽음이 찾아오더라도 편안히 맞이할 수 있는 마음가짐이 중요하다.

현세와 현실에 초점을 맞추는 유교는 신(神)보다는 인간에 초점을 맞추며 의례를 발전하였다. 유교는 산 자와 죽은 자의 경계가 있다고 본다. 그리고 산 자와 죽은 자가 관계를 유지하는 의식을 제사라 한다. 유교의 영향력은 한국 개인과 사회에 여전히 강하게 작용하고 있다. 서구화된 문명사회에 살면서 전통문화의 영향력이 희미해졌다고 하나 한국 사람과 사회는 여전히 무의식적으로 유교의 영향을 받고 있다.

유교의 사상 중에서도 효사상에서 상장례문화의 영향이 짙게 배어 있다. 유교의 효사상은 어버이를 잘 섬긴 마음이라야 유교의 중심인 공자의 인(仁) 사상을 이룰 수 있다고 한다. 유교에서는 부모님이 살아있을 때의 효도도 중요하지만 죽어서의 효도 중시하였다. 부모님의 무덤에 초려를 짓고 3년간 시묘 살이를 하는 것이 돌아가신 부모님에 대한 마지막 효도라고 생각하였다. 효는 부모와 자식 간의 연결고리이며, 가장 큰 신세를 진 상대인 부모에게 은혜를 갚지 않는 것은 불효이다.

기독교에서 인간은 원래는 죽지 않는 존재로 탄생하였는데 원죄 때문에 사망에 이르게 되었다. 하나님으로 인해 창조된 인간은 선악과를 먹지 말라는 명령을 어겨 하나님의 영향력에서 벗어난 무관계의 상태인 죽음에 이른다. 예수가 태어나기 전에 쓰여진 구약에서는 죽음과 연관하여 인생의 허무함을 말하고, 조상에게 돌아간다라는 표현으로 죽음을 서술하였다.

기독교에서는 인간이 행위로 죄를 지어서 죽음을 자초하였기 때문에, 죄와 죽음의 문제를 스스로 해결할 수 없다고 본다. 인간의 죄를 대신하여 예수가 십자가에서 죽음으로써 예수를 믿는 자는 구원을 얻으며 죽음의 문제를 해결한다. 죽음의 문제를 해결한다는 것은 죽으면서 영혼이 육체를 떠나며, 영혼이 예수와 함께 살아간다는 것을 의미한다. 예수는 죽음을 표현할 때 '잔다'라는 용어를 사용하였는데, 예수가 부활할 때 자고 있는 영들도 함께 깨어나 예수와 함께 산다는 소망으로 표현된다.

종교는 죽음에 대해서 이야기하므로, 결국 인간이 어떻게 삶을 살아야 하는

가를 이야기한다. 자살률이 높아져 생명존중법이 제정되었고 자살 예방 운동을 하고 있다. 죽음 교육을 하면 죽음까지 어떻게 살까를 생각하는 시간을 갖게 되어, 자살예방이 자연스럽게 이루어질 것이다.

2. 죽음 준비

1) 아름다운 죽음

누구나 죽음을 준비해야 한다(유경, 2008). 태어나면 가장 확실한 것은 언젠가는 죽는 것인데, 우리는 죽음을 생각하지 않으며 하루하루 살아간다. 수명이 연장되면서 노년기가 길어지고 죽기 전 10년 동안 요양병원에서 지내게 된다는 기사들이 신문에 등장한다. 그리고 경제적으로 비용이 얼마나 많이 드는가를 이야기한다. 죽음을 미리 준비하면 공포에 젖거나 고통에 몸부림치지 않고 조금 더 평화롭고 아름다운 마지막 모습을 남길 수 있다.

그러기 위해서는 관계를 맺는 것도 중요하지만 잘 정리하는 것도 중요하다. 평소 행복해지기 위해서 노력하고 사람들과 더불어 사는 것을 실천하는 것이 좋다. '어떻게 사는 것이 좋은가?'라는 질문에 '내가 죽었을 때 어떤 사람들이 문상을 오고, 문상에서 어떤 이야기들을 하게 될까?'라는 질문으로 바꾸어서 해보면 답을 얻을 수 있을 것이다. 사람마다 가치관이 다르기 때문에 어떤 형태의 삶을 살 것인가 혹은 장례절차를 할 것인가는 다를 수 있다.

의학적인 죽음과 관련해서는 장기기증을 생각해 보면 좋겠다. 사후에는 신장, 각막 등을 기증할 수 있다. 각막은 손상되면 재생되기 어렵기 때문에 이식이 필요하다. 또한 뇌사 시에 장기기증이 가능하다. 본인이 기증하려는 의사를 밝혔어도 실행에 옮길 때는 가족의 동의가 필요하다. 그래서 기증의사를 밝힌 적이 있으면, 가족에게도 알리고, 가족이 동의해서 기증이 이루어질 수 있도록 하는 것이 좋다(안직수, 2009).

임종은 고인이 살아 있을 때의 마지막 의례이다. 가족이나 가까운 사람들이 임종자가 숨을 거두는 모습을 곁에서 지킨다. 임종은 임종자 삶의 마지막 모습을 보는 것이며 동시에 다시는 돌아오지 못할 길을 떠나는 고인을 배웅하는 일이다.

예로부터 한국에서는 임종을 종신(終身)이라고도 하는데 자식된 도리로 임종을 보지 못하는 것을 가장 큰 불효로 생각해 왔다. 임종 시에는 아무리 슬픔이 격하여도 소란스럽게 하여서는 안 되고 조용히 환자가 마지막 생각을 온전하게 취하고 영면할 수 있도록 도와야 한다. 과거에는 자택에서 임종을 맞이했기 때문에 가족들이 둘러보는 가운데 임종을 했다. 또 대부분은 임종자와 가족 모두 곧 임종을 할 것을 인지하고 있기 때문에 가족들이 임종자의 주변을 지키고 있었다. 하지만 최근에는 병원에서 임종을 맞기 때문에 가족 모두가 임종에 참여하는 것이 사실상 가능하지 않다.

2) 연명 치료 중단

연명 치료를 중단하는 것에 대해서 아직 찬반 논의가 진행 중이다. 불치병 환자에게 인공적인 연명 치료를 유보하거나 중단함으로써 환자가 자연사하는 것에 대한 찬성의견들이 피력되고 있다. 과학의 힘으로 생물학적 생명을 연장하지 않고 자연사를 받아들이는 것이다.

연명 치료 중단 결정에는 불치병 환자라고 해서 모두 다 연명 치료를 중단하는 것은 아니다(서혜경, 2009). 첫째, 의학적으로 회복이 불가능한 중증환자라는 담당의사의 진단이 필요하다. 둘째, 환자 본인의 의사, 즉 사전의료지시서나 법정대리인의 위임장이 필요하다. 셋째, 연명 치료는 중단하더라도 환자의 생리 기능 유지 및 통증 완화에 관련된 시술은 계속한다.

사전의료지시서

나(남/여, 주민번호: –)는 현재 다음 주소에 거주하고 있으며(현주소:), 여기에 나의 희망으로 맑은 정신 하에, 앞으로 어떤 부득이한 사정으로 인해 나의 자의적인 의사표시가 불가능해질 경우를 대비해, 나를 치료하는 담당의사와 가족에게 다음과 같은 "사전의료지시서"를 남기니, 본인의 소망대로 실행해 주시기 바람.

1. 내가 의식이 없어진 상태가 되더라도, 기도 삽관이나 기관지 절개술 및 인공기계 호흡치료법은 시행하지 말 것이며,
2. 내게 암성질환이 있음이 진단되어 항암요법이 필요하다는 의료진의 판단이 있더라도 항암화학요법은 시행하지 말것(이는 항암화학요법의 효과를 불신해서가 아니라, 나의 연령 때문임을 이해해 줄 것).
3. 그 외 인공영양법, 혈액투석, 더 침습적인 치료술도 시행하지 말 것.
4. 그러나 탈수와 혈압유지를 위한 수액요법과 통증관리 및 생리기능 유지를 위한 완화의료(緩和醫療)의 지속은 희망하며, 임종 시 혈압상승제나 심장소생술은 하지 말 것.
5. 기타 여기에 기술되지 않은 부분은 대한의학협회에서 공포하고 보완하고 있는 최근의 '임종환자의 연명치료 중단에 관한 의료윤리 지침'에 따라 결정하고, 의료진과 법의 집행인은 이상의 나의 소망과 환자로서의 나의 권리를 존중하고 지켜주기 바람.
6. 나는 이상의 나의 '사전의료지시서' 내용이 누구에 의해서 변조되지 않기를 원하며, 이 선언이 법적인 효력을 발휘할 수 있도록 가족에게 위임 발표하도록 하였음.

20 년 월 일

환자 성명 서명(도장)

가족 증인 서명(도장)

공증인 확인(법적인 효력을 위해 본인의 것이라는 공증인 확인이 필요함)

두 번째 나왔던 전제 조건 중에 사전의료지시서의 유용성을 강조하고 싶다. 미국으로 이민 간 한국인 할머니가 있었다. 할머니의 자녀 중에는 같이 이민을 간 자녀도 있고, 한국에 남은 자녀도 있었다. 한국에 남은 아들의 딸은 어린 시절 미국으로 유학을 갔고, 할머니와 가장 오랫동안 같이 살았다. 할머니가 후에 연로해서 입원하게 되었을 때, 연명 치료 유지 혹은 중단을 결정할 시점이 왔다. 할머니의 자녀들은 연명 치료 중단을 원했지만, 손녀는 연명 치료 유지를 원했다. 할머니와 가장 오래 살았던 손녀는 할머니를 보내드릴 마음의 준비가 되지 않아 연명 치료를 중단할 수 없었다. 할머니의 자녀인 아버지와 손녀인 딸의 갈등은 꽤 심각했다. 남은 가족 간의 갈등을 줄이기 위해서라도 사전의료지시서를 작성하는 것이 바람직하다.

가족들이 연명 치료를 중단하겠다고 결심하기는 쉽지 않다. 유교문화권에서는 부모가 살아계실 때까지 최선을 다해야 한다고 믿기 때문에, 이성적으로는 동의하지만 연명 치료 중단을 결심하고 실행하기가 쉽지 않다. 그래서 본인이 가족을 위해서 이런 결정을 미리 내려주는 것이 좋다.

앞의 글상자는 사전의료지시서의 기본 틀이다. 의지를 가지고 연명 치료 중단을 하겠다는 공식적인 문서이기 때문에 주민등록번호와 서명을 기입하고, 의료처치와 관련된 자신의 의견을 기록한다. 그리고 가족 증인, 증인의 공증이 법적 효과를 위해 필요하다.

3) 유언

유서나 유언을 남기는 것은 죽음을 준비하는 것이다. 그러나 한국인들은 죽으면서도 좀처럼 유언이나 유서를 남기지 않는다. 현재의 삶을 중시하는 한국인의 사생관 때문으로 여겨진다.

유언제도가 인정되는 이유로는 여러 가지 견해가 있으나, 상속제도를 인정하게 하는 사유재산제도가 그 근간을 이루고 있다. 유언은 공식문서로서의 형식이 필요하고, 17세 이상이면 누구나 유언서를 작성할 수 있다. 효력을 갖는 유언의 형식을 보면 사망자가 생전에 남기고 싶은 뜻이라면 어떤 내용이라도 유언이 된다. 하지만 유언은 사망과 동시에 일정한 법률효과를 발생시키는 것이어서, 가족과 화목하게 지내라 등의 유훈은 민법적으로는 유언으로 볼 수 없다. 미성년인 아들은 아버지의 유언에 증인이 될 수 없다. 유언은 언제든지 철회할 수 있고, 최종 유언만이 효력을 가진다.

유언의 형태는 다양한데, 자필증서에 의한 유언, 녹음에 의한 유언, 공증증서에 의한 유언, 비밀증서로 된 유언, 구술에 의한 유언 등이 있다. 유언장은 성명, 주민등록번호, 생년월일, 주소, 작성일, 작성장소 정보를 포함하고, 사랑하는 사람에게 남기는 말을 포함할 수 있다. 유언장에 관계정리, 남기고 싶은 말, 사망 후 행정적으로 해야 하는 것, 즉 장례식과 사후 유산처리 문제 등을 기재할 수 있다(고광애, 1999).

요즘은 죽음 학교 등이 생겨서 유언장뿐만 아니라 사망기를 쓰는 체험을 하기도 한다. 사망기를 쓰면서 나의 삶이 어떻게 정리될 것인가를 한번 생각해 보게 된다. 사망기는 흔히 부고라고 하는데 3인칭으로 쓴다. 사망기는 누구는 언제 몇 세의 일기로 세상을 떠났고, 사망원인은 무엇이었고, 남긴 가족은 누구인지를 기록한다. 장례식은 그의 유언에 따라 어떤 식으로 처리될 것인지를 기록한다.

나의 유언장

- 성명: (도장)
- 주민등록번호: (생년월일)
- 주소:
- 작성일: 년 월 일
- 작성장소:

사랑하는 사람들에게…

1. 배우자에게
2. 자식에게
3. 친구, 지인들에게

내가 떠난 후에…

1. 나의 장례식

   매장, 화장, 납골, 살골, 수목장 시신기증 등에 대한 생각을 밝힌다.

   장례식 장소 집례, 부르고 싶은 사람들, 불러주었으면 좋은 노래들,

   장례식에서 거절하고 싶은 사항 등을 기록한다.

2. 사후 유산 처리 문제

   기증, 분배, 남은 가족에게 처리 부탁 등을 한다.

사망기

1. ________는(은) ______년 ____월 ____일 ________세를 일기로 세상을 떠났다.

2. 그의 사망 원인은 ________________________이었다.

3. 그가 남긴 가족은 ______________________________________이며,

   그는 _______________________________의 구성원이었다.

4. 그는 사망한 그때에 ________________________를(을) 하고 있었다.

5. 그를 아는 사람들은 그를 __________________한(했던) 사람이었다고 기억할 것이다.

6. 그의 죽음을 가장 슬퍼할 사람은 _____________________일 것이다.

7. 그가 세상에 남긴 업적은 _______________________________이다.

8. 그의 시신은 ___________________ 처리될 것이며, 장례식은 그의 유언에 따라 _______________식으로 진행될 것이다.

장례식장에 모인 사람들은 대부분 그 사람을 어떻게 기억할 것인지를 나눈다. 유명한 소설가가 사망하면 작품을 통해서 알던 그의 모습을 여러 가지 기사들을 통해서, 그리고 지인의 회고를 통해 알게 된다.

관계를 정리할 때 미해결 과제가 있을 수 있다. 관계 속에서 해결되지 않은 부분을 정리하는 것이 좋다. 오랫동안 갈등을 묵히면 죽기 전에 갈등을 해결하기를 바라지만, 죽음에 당면했을 때는 죽음이라는 주제가 크기 때문에 미해결 과제를 정리할 만한 시간과 에너지가 부족한 경우가 많다.

3. 장례

장례는 산 자와 죽은 자를 분리해 내는 분리의례이다. 사망자의 임종을 함께한 살아 있는 사람들은 이 장례라는 통과의례를 통하여 죽음이라는 슬픔과 고통의 절정을 경험하고, 동시에 죽음에서 벗어나 다시 사회 속으로 재통합된다. 상중에 살아 있는 상주들과 망자는 특별한 집단을 이룬다. 장례과정 속에서 죽음의 영향을 받은 모든 사람들은 일상적인 삶을 중지하며, 그들은 산 자의 세계와 죽은 자의 세계 사이에 위치한다(김상우, 2005).

장례는 사람이 일생을 거치며 겪는 여러 의례들 가운데 마지막 단계의 의례이다. 그리고 이 장례는 노후의 통과의례 중 제일 큰 행사이다. 다른 통과의례는 당사자가 더 건강하고 다복하게 살기 위한 인생의 매듭으로서 스스로 목격하고 즐길 수 있는 절차이다. 하지만 장례식은 주인공이 이 세상의 삶을 마감하고 전혀 다른 세계로 진입하여 영면하도록, 남은 유가족이나 타인에 의해 행해지는 의례라는 데 큰 차이가 있다. 또한 일반적으로 장례식은 산 자와 죽은 자의 관계에 대한 기본적인 가정이 전제되기 때문에 다른 문화적 요소보다 더디게 변한다는 특징이 있다.

1) 전통장례 절차

전통 장례 절차는 조선 후기 유교적 의식으로 19단계로 구성되어 있다. 19단계는 1. 초종(初終), 2. 습(襲), 3. 소렴(小殮), 4. 대렴(大殮), 5. 성복(成服), 6. 조상(弔喪), 7. 문상(問喪), 8. 치장(治裝), 9. 천구(遷柩), 10. 발인(發靷), 11. 급묘(及墓), 12. 반곡(反哭), 13. 우제(虞祭), 14. 졸곡(卒哭), 15. 부제(祔祭), 16. 소상(小祥), 17. 대상(大祥), 18. 담제(禫祭), 19. 길제(吉祭)이다. 19단계들은 그 안에 각각 더 많은 절차가 있다.

초종(初終)은 장례에 있어서 시작 의례로 갑작스러운 죽음으로 인한 슬픔 속에서 행하는 의례이며, 의례 과정에서는 망자가 다시 소생하기 바라는 마음이 담겨져 있다. 죽음이 임박한 사람이 목숨이 다하여 진행하는 절차로 죽음을 확인하고 장례를 치르기 위한 준비를 하는 시작단계이다. 습(襲)은 시신을 정결하게 씻기고, 반함을 하고, 새옷으로 갈아입히는 의식이다. 소렴(小殮)은 운명 후 이틀째에 하는 절차로, 시신을 베로 싸서 묶어 관에 넣을 수 있도록 준비하는 절차이며, 대렴(大殮)은 죽은 지 사흘째 되는 날 시행하며, 염포로 시신을 싸서 관에 넣는 절차이다. 성복(成服)은 대렴의 다음 날, 즉 죽은 지 나흘째에 행하는 것으로 입관이 끝나면 상복으로 갈아입는 절차를 말한다. 망자와 친등(親等)의 관계에 따라 성복을 입되, 복인(服人)들도 각자 자신에게 해당되는 복을 입는다. 조상(弔喪)은 상주를 위로하고 망자에게 인사를 하는 일이다. 문상(問喪)은 상주가 부고를 들었을 때 하는 일, 해야 하는 일, 성복하는 일시 등의 절차로, 부고를 듣고 집까지 울면서 뛰어가 도중에 곡을 하고, 집에 도착하면 관 앞에서 재배하고 곡을 한다. 만약 문상을 하지 않은 경우에는 나흘째 날에 성복을 한다.

치장(治裝)은 장사할 시간과 장소를 정하는 절차, 장사일과 장지를 정하면 이를 알리는 고유제를 올리는 것이다. 천구(遷柩)는 죽은 자가 묘지로 향하기 앞서 마지막으로 조상을 뵙는 절차로, 사당에 명정, 혼백, 관을 모시고 가서 아뢴 후 본래의 자리로 돌아온다. 발인 하루 전 아침에 전을 올리고 관을 옮길 것을 고하고, 저녁에 노신에게 제사한다. 발인(發靷)은 관을 상여에 싣고 장지로 운반하는 절차이다. 급묘(及墓)는 상여가 도착하는 일이다. 반곡(反哭)은 장지에서 집으로 돌아와 곡을 하는 절차이다. 우제(虞祭)는 장사를 지내고 혼을 맞이하여 편안하게 위안하기 위해 지내는 제사로 세 번을 지낸다. 졸곡(卒哭)은 그동안 무시로 행하던 곡을 그치는 것으로 삼우제가 끝나고 돌아오는 첫 강일(剛日)에 지내는 제사다. 부제(祔祭)는 새 신주를 앞으로 사당에 모실 것이라고 고하는 제사이다.

소상(小祥)은 상을 치르고 만 1년이 되는 날로서 정확히는 13개월째를 말하는 것으로 기년을 맞아 망자를 추모하는 제사를 말한다. 대상(大祥)은 상을 치르고 만 2년이 되는 날로 정확히는 25개월째이며, 아침 일찍 제사를 지낸다. 담제(禫祭)는 대상 후 두 달이 되는 날 지내는 제사로, 이제는 마음이 어느 정도 담담해졌다는 것을 의미한다. 담제 후에 완전히 탈상하고 상을 당하기 이전으로 돌아간다. 길제(吉祭)는 조상의 위채를 모신 가정에서 모든 조상의 신주를 고쳐 쓰고 망자의 신주를 사당에 안치하기 위해 지내는 제사다.

2) 불교의 장례 절차

불교의 장례방식인 화장은 인도의 영향이 중국을 거쳐 한국까지 어어져 온 것이다. 하지만 화장 후 뼛가루를 봉안하는 납골문화는 여전히 매장의 기틀이 남아있다고 할 수 있다. 정통 불교의 화장은 뼛가루마저도 산, 강, 바다에 흩뿌려서 하나도 남김없이 산짐승, 고기들에게 나눠주는 보시회향 사상으로 이어진다고 볼 수 있다. 불교에서는 화장을 다비식(荼毘式)이라고 하는데, 연꽃모양으로 장식한 거대한 장작더미 속에 주검을 안치한 후 직접 불을 붙여 태우고 유골을 거두는 의식이다.

불교에서는 죽은 자를 위하여 염불과 설법을 하고 장례의식을 치루는 것을 시다림 의식이라고 한다. 시다림(尸荼林)은 죽은 이를 위해 화장 전에 행하는 의식이다. 원래 인도의 시타바나에서 연유한 말로, 시타바나는 인도사람들이 신체를 버리는 추운 숲이다. 한국에서는 뜻이 변하여 망자를 위하여 설법하는 것을 시다림이라고 한다.

장례절차에 의해 입관하기 전에 삭발과 목욕의식을 행한다. 삭발, 목욕, 세수, 세족으로 시신을 청결히 하고, 속옷과 겉옷을 입혀주는 착군, 착의와 복건을 쓰는 착관을 행한 후 입관한다. 이후 화장시설 또는 매장시설에 이르는 의식을 하고 납골당이나 산이나 혹은 강과 바다에 바로 흩뿌림으로써 시다림을 끝나게 된다.

불교의 장례과정은 단순히 망자를 저승으로 보내는 것이 아니라, 망자를 생사윤회를 벗어나기 위해 삭발을 하고 숲속으로 들어간 수행자와 동일시한다. 망자는 수행자의 신분으로 생사윤회를 벗어나기 위해 불타가 설한 경문을 듣기도 하고 또한 스스로 참회하여 깨달음을 얻으려고 한다. 불교 수행자들은 불가에 입문할 때 수행의 첫 걸음으로 의무적으로 삭발을 한다. 불가에서 삭발을 하는 이유는 머리털이 출가 수행자들의 수도에 장애가 되기 때문이다. 모든 불가 출가 수행자는 업장과 번뇌장을 벗어나기 위하여 삭발하고 승복을 입으며 계를 받는다. 이런 행위의 비유로써 시신한테도 일체의 업장을 소멸시키기 위해 삭발을 하는 것이다. 이 머리카락이 곧 무명을 제거하는 것이다.

죽음을 맞이한 후 49일에 이르기까지 매 7일마다 7번에 걸쳐 치르는 49재는 불교의 장례의식 중에서 핵심을 이루고 있다. 사람이 죽어서 새로운 몸을 받기 전까지는 49일간 중유(中有)에서 머무는 존재로 있게 되는데, 이 기간에 유족들이 망자를 위해 대중에게 보시를 하고 재를 올려서 공덕을 쌓으면 영가(망자)가 좋은 곳에 다시 태어날 수 있다고 보기 때문에 불가에서는 망자를 위해 49재를 지낸다.

불교에서는 현세에서 지은 업에 의해 죽은 후에 망자의 거처가 정해진다. 즉 현세에서 악업을 지으면 지옥으로 간다고 하며 삼악도(三惡道) 가운데 가장 피해야 할 세계를 지옥세계로 말하고 있다. 그리고 지옥의 모습을 말로 표현할 수 없을 정도로 무섭게 나타내어 사람들로 하여금 생전에 선업을 쌓아야 한다는 윤리사상을 강조하고 있다.

불교에서 죽은 자에 대한 극락왕생을 기원하는 천도의식에서도 불타에게 축원하는 상단불공의 경우, 망자축원의 내용을 보면 죽은 자의 극락왕생을 기원하는 내용 다음으로, 반드시 이 의식의 공덕으로 생자의 평안함이 지속되기를 기원하는 내용이 있다. 이 역시 죽음의 문제를 심각하게 생각하여 죽은 자의 명복을 기원하기보다는, 모든 것을 결국 현실에서의 강한 실용적 감각에 의해 생가 중심으로 생각하는 가치관 내지 세계관의 표현이라 할 수 있다(이창엽, 2018).

3) 기독교의 장례 절차

기독교의 장례 절차는 임종예식, 입관예식, 발인예식, 장례예식, 하관예식이 있다. 예식 대신에 예배라는 용어를 사용하는 경우도 있지만, 예배는 교리적으로는 하나님의 영광을 드높이려는 목적으로, 예식이라는 용어가 더 적합하다(하양옥, 2004).

현대사회에서 임종예식을 하기는 어렵지만, 가족과 소속 교회의 교역자들이 임종을 함께하면 좋다. 임종예식에서는 죄의 고백과 그리스도를 믿음으로 용서받음을 확신하게 해야 한다. 목회자가 현장에 없더라도 가족이나 인근에 사는 그리스도인을 불러서 간단한 예식을 갖도록 하는 것이 좋다. 임종 전후 본인이 애창하던 찬송이나 성구를 낭독함이 좋다. 임종 전후의 예식은 망자보다는 살아있는 이들을 위해 위로와 용기를 주는 예식이 되어야 한다.

운명 후에 이루어지는 시신 거두기는 교역자의 지도 아래 유족이나 교인의 도움을 받아 시신을 처리하되, 의사나 전문가의 도움을 받는 것이 바람직하다. 먼저 상주를 세우되 상주는 고인의 자녀 중 장남이 되며, 상주는 상례를 하는 동안 교인이나 친척 중에서 장사 일체를 총감독하며 보살필 호상을 선정한다. 주례는 소속한 교회의 목사로 세우는 것이 원칙이나 경우에 따라서는 상주들과 의논해서 조정할 수 있다.

그리고 장례일정을 계획한다. 사망진단서, 주민등록초본, 장의물품 등을 준비한다. 입관예식, 발인예식, 하관예식, 장례일자, 장소, 방법을 계획한다. 가까운 친척과 친지들에게 부고를 한다. 상가 표시 안내, 문상객을 맞을 준비를 한다.

교회 전통에는 입관예식이 없지만, 우리나라의 전통인 염습과 입관 의식에 기독교식 예식을 함께 한다. 입관이란 염습한 시신을 관속에 넣고 뚜껑을 덮어 함봉하는 것을 말한다. 임종 후 24시간이 경과한 후에 시신을 처리하는 것이 상례이다. 입관 후에 상복도 간소하고 정결한 옷으로 하되 가급적이면 검은 옷이나 흰옷으로 한다. 평상복에 상장을 패용할 수도 있다. 입관예식은 개식사, 기도, 찬송, 성경 봉독, 말씀, 기도, 찬송, 축도의 순으로 진행된다.

장례예식은 상례 중에 가장 중요한 예식이다. 죽은 자와 산 자가 결별하는 의식이기도 하다. 장례식은 죽음이 사람 앞에 놓여 있는 현실이고 또 사람이라면 누구나 직면하지 않을 수 없는 사실임을 증언하는 자리이며, 고인을 마지막으로 떠나보내야 하는 자리이므로 장중하고 엄숙해야 한다. 장례식 때에는 미리 순서를 맡은 분들을 정해서 알리고 가급적 순서지를 작성해서 조문객에게 제공하는 것이 좋다. 장례일은 보통 3일장으로 원칙으로 해 왔으며, 그리스도인의 장례일을 주일이 되지 않도록 2일 혹은 4일장으로 정하기도 한다. 장례예식 순서는 개식사, 찬송, 기도, 성경 봉독, 설교, 기도, 약력 보고, 호상의 인사, 찬송, 축도, 광고, 운구 순으로 이어진다. 운구할 사람도 미리 정해두고 질서 있는 운구가 되기 위해 사전 준비를 해야 한다. 영구가 장례식장으로 들어올 때 조객은 정중히 일어나 맞이해야 한다.

기독교에서는 죽음이 인간의 종말이 아니라 새로운 시작이다. 그래서 기독교의 장례예식은 고별식이나 영결식이라고 하지 않고 하나의 통과 의례로 간주한다. 장례예식은 첫째는 하나님을 예배하면서 예수 그리스도의 죽으심과 부활을 찬양하는 것이다. 둘째는 고인의 삶을 회고하면서 그의 죽음을 애도하는 것이다. 셋째는 가까운 사람과 잠시나마 이별하게 된 슬픔을 위로하기 위한 것이다. 넷째는 죽음은 누구나 직면하는 사건임을 증언하며 예식에 참석한 사람들로 하여금 하나님 앞에서 자신을 돌이켜 볼 수 있게 하는 것이다.

하관예식은 개식사, 찬송, 기도, 성경 봉독, 말씀, 취토, 고별 기도, 찬송, 축도, 인사 순으로 진행된다. 하관이란 매장할 때에 땅을 파고 관을 내려 흙으로 묻는 식을 말한다. 영구가 장지에 도착하면 묘역, 평평한 자리에 관을 내려놓고 유가족들은 관 옆에서 하관식을 기다려야 한다. 하관식 때 유족의 슬픔은 절정에 이르며, 이 때 목회자는 엄숙한 예식으로 유족의 슬픔을 달래주며 모든 슬픔을 함께 묻어버리고, 새로운 용기를 갖고 살아갈 수 있도록 격려한다. 또한 새롭고 확고한 신앙을 위한 결단을 하고 하산할 수 있도록 한다. 하관예식은 간결해야 한다.

매장 대신에 화장을 하는 경우 화장예식은 개식사, 찬송, 기도, 성경 봉독, 말씀 선포, 고별 기도, 찬송, 축도의 순으로 진행된다. 화장장은 많은 사람의 소음과 화장하려고 계속되는 행렬 때문에 화장예식을 간결하게 해야 한다.

위로예식은 하관예식 후에 진행된다. 위로예식은 묵도, 찬송, 기도, 성경 봉독, 말씀, 기도, 주기도문, 폐회 순으로 진행된다. 장례를 마친 후 상가에서는 장례 기간에 협력한 분, 장례식순을 맡았던 분이나 문상해 주신 분들에게 인사드리는 것이 좋다.

기독교에서는 일반적인 인사말을 대신하는 표현들이 있다. 소천하다는 하나님의 부르심을 받았다로, 고인의 명복을 빕니다는 하나님의 위로를 받으시길 바랍니다 혹은 부활의 소망을 가지시기 바랍니다로 표현한다.

4) 장례 후속 조치

장례를 다 치른 다음에 해야 하는 많은 행정 절차가 있다. 사망신고를 하고, 고인의 재산, 금융거래, 소유토지 여부를 조회한다. 재산을 조회하는 이유는 상속과 관련되기 때문이다. 상속으로 인한 소유권 이전, 협의분할, 상속으로 인한 소유권 이전 등기, 경정 등기, 재산상속 한정승인 포기 등이 있다.

재산은 상속하기도 하고 포기하기도 한다. 재산이 상속된다고 할 때 물질이 모여 있는 재산뿐만 아니라 빚도 상속된다. 상속을 포기하면 빚도 자연히 포기되어, 망자의 빚으로 남게 되고 자식들이 그것을 갚지 않아도 된다. 후속 조치로 취득세, 등록세, 상속세 세금 납부를 한다. 또 국민연금을 유족연금,

반환일시금, 사망일시금의 형태로 지급받을 수 있다.

예전에는 5일장을 많이 했었는데, 요즘은 3일장을 주로 한다. 장례 기간이 짧아지고 형식이 간소화되어서 부담이 줄어들고 있다. 하지만 한편으로는 애도의 시간이 짧아지고 애도를 할 수 있는 사람의 폭이 줄어들었다. 과거에는 부모의 3년상을 치르었다고 하는데, 부모님이 돌아가셨을 때 애도 작업이 끝나는 데 3~5년 정도 걸린다고 한다. 모호하지만 부모가 돌아가시고는 허전하고 내가 나인 것 같지 않은 그런 느낌이 지속되는데, 5년 정도 지나면 예전의 나로 회복되는 느낌이 든다고 한다. 그래서 3년상이라는 것은 제도적으로 애도할 수 있는 기간에 대한 배려일 수도 있겠다.

전통 상례는 이제 병원을 중심으로 현대적 상례로 변모되었다. 그럼에도 불구하고 부고를 보내는 것, 임종을 중시하는 것, 문상객의 수와 범위가 많고 넓으며, 상주와 가까운 친구나 친지들이 함께 밤을 새우는 것, 조화와 조의금을 내는 것, 장례의 절차를 중시하는 것, 상주와 죽은 자의 가까운 친족인 경우에 직장에서도 공식적으로 장기 휴가를 주는 것, 직장이나 지역에서 상조회가 주로 장례를 위한 모임으로 운영되는 것 등에서 볼 수 있듯이 상장례가 여전히 중시되고 있으며, 그러한 의례를 통해서 죽음을 대하는 전통적인 한국인의 태도가 현대에도 전수되고 있음을 알 수 있다.

성찰하기

나는 장례식장에는 찾아서 가는 편이다. 가지 않아도 크게 실례가 되지 않는 경우에도 가기 때문에 찾아서 간다는 표현을 해도 괜찮을 것이다. 장례식장에 가면 삶의 우선순위를 바로잡을 수 있기 때문에, 공부하는 마음으로 상담받는 마음으로 찾아서 간다.

나를 포함한 많은 사람들이 가슴이 답답할 정도로 많은 해야 할 일의 목록을 가지고 있을 것이다. 이 목록은 줄어들지 않는다. 정말이다. 분명히 해치운 일이 몇 가지 되니, 목록이 짧아져야 할 텐데, 그보다 더 많은 할 일들이 이미 목록을 차지하고 있다.

하루에 만나는 사람의 숫자도 줄어들지 않는다. 어떨 때는 좋은 인상을 주기 위한 표정을 오래 하고 있다 보니, 거울을 보면서 스스로의 얼굴을 낯설어 할 때도 있다. 크게 갈등을 드러내지 않아야 하고 그러면서도 내가 손해를 보기를 원치 않기 때문에 사람들을 만나면서 지속적으로 내 머리는 계산기를 두드리기도 한다.

그러나 이렇게 살아간다고 해서, 내가 어떤 미래를 가지게 될지는 명확하지 않다. 단지 좋은 방향이기를 바랄 뿐이다. 조금 더 돈이 많아질까? 조금 유능해질 수 있을까? 조금 더 유명해질 수 있을까?

하지만 내 미래에 확실한 것이 한 가지 있다. 나는 언젠가는 죽는다는 것이다. 다른 모든 사람들처럼. 다만 그 생각을 의식적으로는 거의 하지 않고 매 순간을 살아가고 있을 뿐이다.

내가 언젠가는 죽을 존재라는 것을 기억하기 위해서 장례식장에 간다. 마음을 짓누르던 많은 걱정거리가 내가 내일 삶을 마감한다고 가정하면 크게 문제가 되지 않는 일이라는 것을 알게 된다. 해야 할 일 목록을 검토해 보자. 내일 죽는다는 걸 안다면 그중에 지금 해야 할 일이 몇 가지나 될까? 갈등이 생기면 고민하는 대인관계, 그중에 내가 내일 죽는다면 아쉬울 대인관계는 얼마나 될까?

죽음을 준비하는 삶을 살아야 한다. 죽음을 준비하기 시작하면, 사전의료지시서, 법적 효력을 가진 유언 쓰기, 유언 공증 받는 방법, 장례 이후 후속 조치 사항 등 준비해야 할 항목들이 늘어난다.

죽음을 준비해야 할 일 목록과 만나야 하는 그리고 고민되는 사람들 목록을 다시 검토하자. 죽어서 입게 되는 수의에는 주머니가 없다. 사랑하는 가족, 돈, 명예, 이룩한 업적 등 아무것도 가지고 갈 수 없다. 죽음을 생각해도 오늘의 일상은 지속해야 한다. 다만 해야할 일 목록과 만나야 하는 사람 목록에 '내일 죽는다면'을 생각하면서 우선 순위를 바꾸어 보자. 그리고 내가 살아있다고 느낄 수 있는 일 그리고 사랑하는 사람과의 시간을 제일 앞에 써넣어 보자.

참고문헌

강예원(2024). 한국재혼가족 모녀관계에 대한 생애사 연구: 가족사회학적 접근. 경상국립대학교 대학원 석사학위논문.

강유나(2013). 헤아려 본 슬픔. 서울: 홍성사.

고광애(1999). 아름다운 노년을 위하여. 서울: 아침나라.

고동우(2002). 여가 동기와 체험의 이해: 이중추동 모형과 이중통로 여가체험 모형. 한국심리학회지: 소비자 · 광고, 3(2), 1-23.

고동우(2007). 여가학의 이해. 서울: 세림출판.

고동우(2013). 자연관광의 심리적 효과. 한국심리학회지: 소비자 · 광고, 14(3), 445-470.

고동우 · 김병국(2016). 진지성 여가경험과 긍정심리자본 및 삶의 질의 관계 구조. 한국심리학회지: 소비자 · 광고, 17(1), 179-198.

고용노동부. 한국고용정보원(2016). 톡톡튀는 이색학과 눈길끄는 이색직업. 서울: 진한엠앤비.

권석만(2018). 젊은이를 위한 인간관계의 심리학(3판). 서울: 학지사.

권호인 · 권정혜(2012). 우울증의 인지적 취약성: 반추와 기억편향을 중심으로. 한국심리학회지: 일반, 31(4), 975-1001.

기시미 이치로(2015). 아들러에게 인간관계를 묻다. 서울: 카시오페아.

김경은(2005). 부모님을 잃은 슬픔의 치유. 서울: 카톨릭출판사.

김경인 역(2004). 즐거운 불편: 소비사회를 넘어서기 위한 한 인간의 자발적 실천기록. 서울: 달팽이출판.

김경희 · 이희경(2013). 의미추구와 긍정정서가 의미발견에 미치는 영향. 한국심리학회지: 일반, 32(1), 107-124.

김기태(1998). 위기개입론. 서울: 대왕사.

김동수 · 박미형 · 정태연(2009). 배우자 선택과 만족에 대한 연구. 한국심리학회지: 여성, 14(3), 305-328.

김명식(2014). 결혼에 관한 7가지 거짓말. 서울: 학지사. (원저: Jacobs, J. W. All you need is love and other lies about marriage: how to save your marriage before it's too late. Harper Collines Publishers)

김문겸(2004). 여가의 사회학. 파주: 한울.

김미옥 · 천성문(2014). 재혼가족의 생활적응향상을 위한 부모교육 프로그램 개발 및 효과. 한국심리학회지: 상담 및 심리치료, 26(4), 903-928.

김미정 · 진민진 · 현명호(2016). 대학생의 시기심과 우울의 관계: 낙관성에 의해 조절된 후회의 매개효과. 한국심리학회지: 건강, 21(1), 91-106.

김민녀 · 채규만(2006). 가족생활주기에 따른 기혼자의 결혼만족도. 한국심리학회지: 건강, 1(4), 655-671.

김상우(2005). 죽음의 사회학. 부산: 부산대학교출판부.

김설(2022). 아직 이 죽음을 어떻게 다뤄야 할지 모릅니다. 파주: 위고.

김송이 · 엄진섭 · 노은여 · 유성은(2013). 개별정서척도의 개발과 타당화. 한국심리학회지: 일반, 32(1), 63-79.

김수미(2007). 내 월급으로 행복하기. 서울: 더난출판.

김수임 · 김창대(2009). 애착과 심리적 독립이 진로발달 및 선택에 미치는 영향에 관한 국내 연구의 동향. 상담학연구, 10(3), 1573-1591.

김순남(2016). 이성애 비혼여성으로 살아가기: 지속가능한 비혼, 젠더, 친밀성. 한국여성학, 32(1), 181-217.

김승주 · 정영숙(2014). 중년기 부부의 배려 정도와 결혼만족도 및 삶의 만족감과의 관계. 한국심리학회지: 발달, 27(4), 27-49.

김열규(2001). 한국인의 죽음과 삶. 서울: 철학과 현실사.

김영미 · 윤 진(1990). 친애 동기와 권한이 협동행동에 미치는 영향. 한국심리학회지: 사회, 5(1), 106-111.

김영혜 · 안현의(2012). 사회인지진로이론적 관점에 근거한 국내 진로발달연구의 동향분석: 대학생 연구를 중심으로. 진로교육연구, 25(4), 1-18.

김용진(2009). 20대, 위풍당당 개인경제학. 서울: 좋은책만들기.

김유선 · 김명소 · 한영석(2013). 직장인의 직무소진에 대한 남녀 차이 분석. 한국심리학회지: 여성, 18(2), 317-337.

김정덕 · 모경환(2011). 문화성향과 다문화 감수성 관계 연구. 교육문화연구, 17(3), 193-226.

김정옥 외(2000). 새로 보는 결혼과 가족. 서울: 학지사.

김종운(2017). 인간관계 심리학. 서울: 학지사.
김주환(2019). 회복탄력성. 서울: 위즈덤하우스.
김찬호(2011). 돈의 인문학. 서울: 문학과 지성사.
김충기 · 황인호 · 장성화 · 김순자 · 윤향숙(2011). 진로상담과 진로교육. 서울: 동문사.
김태곤(1993). 무속과 영의 세계. 파주: 한울.
김태형(2010). 불안증폭사회: 벼랑 끝에 선 한국인의 새로운 희망 찾기. 서울: 위즈덤하우스.
김현정(2001). 부모의 훈육 방식과 아동기 문제 행동에서의 성차. 한국심리학회지: 여성, 6(2), 81-95.
김혜경 · 배은경(2019). 반사회적 가족. 서울: 나름북스.
김혜경 · 서현경(2016). 도시거주 여성 독거노인의 삶에 대한 건강심리학적 차원의 질적 연구. 한국심리학회지: 건강, 21(2), 431-460.
김호영(2015). 노년기 사회적 삶과 인지기능. 한국심리학회지: 일반, 34(1), 225-251.
김홍렬(2011). 여가활동 동기가 여가만족 및 생활만족에 미치는 영향관계. 관광연구, 26(1), 115-130.
김희수(2012). 대학의 교과목을 통한 진로교육 프로그램이 직업기초능력 향상에 미치는 효과 연구. 진로교육연구, 25(1), 73-89.
남민이(2001). 장례의 이론과 실제. 서울: 학문사.
남순현(2004). 가족 내 세대갈등과 통합. 한국심리학회지: 사회문제, 10(2), 1-15.
노경란 · 변정현(2016). 특성화고 졸업자의 입직 및 초기 직장적응에 대한 질적 연구. 직업교육연구, 35(1), 21-43.
노정진(2011). 한국폴리텍대학의 직업기초능력에 대한 교수 및 학생의 인식과 학생특성별 차이 연구. HRD연구, 13(2), 105-125.
노진섭(2014). 한국의 월세 부자들. 서울: 비즈니스북스.
문국진(1998). 최신법의학. 서울: 일조각.
박성미(1999). 직업적응이론의 성격구인에 대한 고찰. 한국진로상담학회지, 4(1), 185-198.
박성희(2010). 공주를 키워주는 회사는 없다. 서울: 민음사.
박영숙(2018). 교통사고로 가족을 잃은 유가족의 경험과 회복과정에 관한 질적 연구. 한양대학교 대학원 박사학위논문.
박우순(2006). 조직 생활의 이해. 경기: 금정.
박윤 · 심형인 · 이숙종(2014). 한국인 인간관계의 문화적 특성과 척도개발-온정적 인간관계. 한국심리학회지: 문화 및 사회문제, 20(4), 415-441.
박수민(2018). 비혼을 통해 본 결혼의 탈제도화와 문화적 영향력의 지속. 가족과 문화, 29(4), 94-121.

반신환 · 유 옥(2011). 결혼과 가족. 서울: 동문사.
박은선 · 손은영 · 임지숙(2016). 맞벌이 남성의 일-가정 양립 경험에 대한 개념도 연구. 한국심리학회지: 상담 및 심리치료, 28(4), 1193 -1216.
박진영(2001). 결손가정 청소년의 학교적응에 영향을 미치는 요인에 관한 연구: 임파워먼트 요인 중심으로. 경성대학교 대학원 석사학위논문.
베레나 카스트(2015). 애도: 상실과 마주하고 상실과 더불어 살아가기. 서울: 궁리출판.
변복수 · 박승민(2015). 재혼 가정 성인 자녀들의 적응 과정. 한국심리학회: 상담 및 심리치료, 27(3), 721-748.
서수균(2007). 한국판 적대적 자동적 사고 척도의 타당화 연구. 한국심리학회지: 임상, 26(3), 533-544.
서수균 · 이윤희 · 안정신 · 정영숙(2013). 한국 노인이 지각한 부부 및 성인자녀 갈등에 관한 탐색적 연구. 한국심리학회지: 일반, 32(2), 389-409.
서숙경(2011). 감정코칭 부모교육이 어머니의 정서반응 태도에 미치는 효과. 대구대학교 대학원 석사학위논문.
서혜경(2009). 노인죽음학 개론. 서울: 경춘사.
성영신 · 고동우 · 정준호(1996). 여가의 심리적 의미. 한국심리학회지: 산업 및 조직, 9(2), 17-40.
손영화(2016). 인간관계 심리학. 서울: 학지사.
손은령(2012). 직업성취 과정에 미치는 우연 혹은 기회의 영향-40대 여성 진로상담전문가를 중심으로. 상담학연구, 13(2), 437-453.
송병국 · 박정배(2006). 청소년의 활동경험과 진로선택준비도와의 관계 분석. 진로교육연구, 19(2), 33-50.
수잔 캐벌러-애들러(2009). 애도: 대상관계 정신분석의 관점. 서울: 한국심리치료연구소.
신영호(2016). 왜 우리는 늘 다투는 걸까?. 서울: 시그마북스.
신홍임 · 김민식(2012). 사랑의 점화와 지각 편향. 한국심리학회지: 사회 및 성격, 26(4), 1-13.
신희천 외 공역(2009). 부부: 연인보다 아름답게 사는 법. 서울: 학지사.
심경옥 · 전우영(2015). 지위 달성을 위해 사용하는 위계협상전략은 개인의 특성에 따라 다르게 조정된다. 한국심리학회지: 사회 및 성격, 29(2), 15-40.
심미혜 · Endo Yumi(2013). 한국인의 성역할고정관념과 성차별의식 및 군복무에 대한 태도. 한국심리학회: 여성, 18(3), 365-385.
안미영(1996). 대인관계에서의 오해 과정에 관한 모형. 한국심리학회지, 15(1), 54-76.
안직수(2009). 아름다운 인생. 서울: 아름다운 인연.
안진환 역(2005). 미운 오리새끼의 출근. 서울: 생각의 나무.

안창규(2003). 진로탐색 상담자 전문교육(초급, 중급). 서울: 한국가이던스.
어유경 · 정안숙 · 박수현(2015). 여자 대학생의 일상 스트레스가 정신건강에 미치는 영향: 사회적 지지의 매개 효과 및 부모-자녀 의사소통의 조절효과를 중심으로. 한국심리학회지: 여성, 20(4), 571 -589.
원성두 · 김임렬 · 이민규(2015). 자기조절 연구 현황 및 발전 방향. 한국심리학회지: 일반, 34(1), 279-303.
유경(2008). 유경의 죽음 준비학교. 서울: 궁리출판.
유경희 · 김기중(2004). 여성주의 집단상담이 이혼(별거)여성의 심리적 적응에 미치는 효과. 한국심리학회지: 여성, 9(1), 103-119.
유정이 · 금명자 · 이지은 · 이호준 · 김수리(2006). 이혼경험에 대한 질적 분석-부모의 경험과 부모자녀 관계를 중심으로. 한국심리학회지: 상담 및 심리치료, 18(1), 157 -176.
윤영선(2016). 은퇴의 심리학. 남양주: 눈출판그룹.
윤지연 · 최승혁 · 허태균(2013). 여가강박 척도의 개발 및 타당화 연구. 한국심리학회지: 문화 및 사회문제, 19(2), 235-257.
윤진(1983). 발달단계와 의존동기의 변화. 사회심리학연구, 1(2), 204-233.
윤호열 · 김형구 · 이승희 · 김영숙(2014). 새롭게 보는 부모교육. 파주: 교육과학사.
이경림 · 권정혜(2012). 이혼 가정 아동을 위한 심리 개입 프로그램의 효과 검증. 한국심리학회지: 임상, 31(1), 187-202.
이경성(2001). 이혼의도, 시도 및 계획에 영향을 미치는 요인들. 한국심리학회지: 여성, 6(2), 97-119.
이경자(2014). 아이의 엉킨 마음을 풀어주는 법. 경기: 아우름.
이기복(2010). 결혼코칭. 서울: 두란노.
이나미(2014). 행복한 부모가 세상을 바꾼다. 서울: 이랑.
이선배(2016). 선택하지 않을 자유. 서울: 허밍버드.
이성은(2015). 비혼 여성의 생활세계 분석을 통한 새로운 가족형태의 탐색. 이화젠더법, 7(2), 73-112.
이영대(2004). 난 앞으로 뭘 해먹고 살지?. 서울: 휘닉스
이윤성(2003). 법의학의 세계. 서울: 살림.
이윤희 · 김지연(2016). 가족 사별을 경험한 대학생의 애도과정 연구. 상담학연구, 17(4), 225-250.
이은봉(2001). 한국인의 죽음관. 서울: 서울대학교출판부.
이인수 · 최대헌 · 최명구(2007). 부부의 심리학. 서울: 학지사. [원저: Michele Weiner-Davis (1992). Divorce Busting. International Creative Management, Inc.]
이재림 · 강혜영(2008). 학교부적응 청소년의 희망진로 변천과정에 관한 질적사례연구. 진

로교육연구, 21(4), 121-142.

이종한(1994). 연고주의가 한국사회의 발전에 미치는 부정적 영향과 이에 대한 대안의 모색. 한국심리학회지: 사회문제, 1(1), 83-94.

이종한 · 이윤희(2000). 이혼제도와 실태. 한국심리학회지: 여성, 5(2), 59-83.

이창순(2012). 한국사회 비혼의 인구사회학적 특성. 경희대학교 사회과학연구원: 사회과학연구, 38(3), 49-71.

이호철(2009). 감동을 주는 부모 되기. 경기: 보리.

임경수(2013). 인간관계 심리. 서울: 시그마프레스.

임선희(2013). 중년기 배우자 사별 여성을 위한 애도 인지행동치료 프로그램 개발 및 효과. 명지대학교 대학원 박사학위논문.

임재연 · 김지현(2014). 중년기 성인의 부부친밀감과 노화불안과의 관계에서 자녀애착의 매개효과. 한국심리학회지: 상담 및 심리치료, 26(4), 1131-1149.

임지준 · 권석만(2014). 성인애착과 실연 스트레스 및 실연 후 성장의 관계: 자기가치감 수반성의 조절 효과. 한국심리학회지: 건강, 19(1), 321-351.

이창엽(2018). 한국불교 장례의례에 나타난 죽음에 관한 고찰. 부산대학교 대학원 석사학위논문.

장영광 · 정기만(2003). 생활 속의 경영학. 서울: 신영사.

장화경, 정영애(2010). 가족과 젠더. 파주: 교문사.

전겸구 · 황의완 · 김종우 · 박훈기(1997). 홧병과 정서적 스트레스 간의 관계 연구. 한국심리학회지: 건강, 2(1), 170-187.

전명희(2011). 기독 대학생들의 순결서약교육 참여효과에 대한 연구. 기독교교육정보, 30, 243-271.

전우영(2008). 부정성 편파와 긍정성 편파가 집단에 대한 인상형성에 미치는 영향: 정보량의 역할을 중심으로. 한국심리학회지: 사회 및 성격, 22(4), 1-14.

전중환(2012). 현대 사회의 저출산에 대한 진화적 분석. 한국심리학회지: 문화 및 사회문제, 18(1), 97-110.

정방자(1985). 정신역동적 상담과정에서 상담자와 내담자의 언어반응 변화 분석. 서울대학교 대학원 박사학위논문.

정선화 · 탁진국(2013). 리더의 임파워링 행동이 혁신행동과 직무열의에 미치는 영향: 상사신뢰 및 학습조직의 조절효과. 한국심리학회지: 산업 및 조직, 26(4), 533-553.

정영목(2013). 감정과 이성. 서울: 문예출판사.

정진선 · 문미란(2015). 인간관계의 심리: 이론과 실제. 서울: 시그마프레스.

정철영 · 나승일 · 서우석 · 송병국 · 이종성(1998). 직업기초능력에 관한 국민공통 기본 교육과정 분석. 서울: 한국직업능력개발원.

정태연 · 김종대(2004). 가상공간에서의 대인 지각: 면대면 조건과의 비교 및 성차를 중심으로. 한국심리학회지: 사회문제, 10(1), 1-30.

정현숙 · 유계숙 · 최연실(2002). 결혼학. 서울: 신정출판사.

정홍기(2016). 부부, 그 일곱 빛깔 무지개. 경기: 좋은 땅.

제석봉(2001). 사랑만으로는 살 수 없다. 서울: 학지사. [원저: Beck, A. T. (1988). Love is never enough. Arthur Pine Association]

조긍호(2007). 동아시아 집단주의와 유학 사상: 그 관련성의 심리학적 탐색. 한국심리학회지: 사회 및 성격, 21(4), 21-53.

조지희(2016). 결혼공부. 서울: 라온북.

주현덕(2006). 애정관계에서의 연인으로서의 나 척도의 개발. 한국심리학회지: 여성, 11(1), 63-81.

진영선(2014). 노년: 인생 제2막의 삶. 대구: 경북대학교출판부.

천주희(2016). 우리는 왜 공부할수록 가난해지는가. 경기: 사이행성.

최명식 · 윤아랑 · 이기학(2005). 대인관계 패턴의 자기이해 척도의 신뢰도 및 타당도 연구. 한국심리학회지: 학교, 2(1), 59-77.

최상진 · 김은미 · 차영란(2006). 이혼 사유의 사회적 구성: 사회적 통계와 언론보도 내용의 분석을 중심으로. 한국심리학회지: 여성, 11(2), 227-244.

최성애(2014). 부부감정 치유. 서울: 을유문화사.

최성애 · 조벽(2008). 부부사랑의 기술. 서울: 해냄.

최성애 · 조벽(2011). 내 아이를 위한 감정코칭. 서울: 한국경제신문사.

최윤정(2008). 미혼여성의 이성 교제 종결 후 반응. 서울대학교 대학원 석사학위논문.

최정윤(2002). 심리검사의 이해. 서울: 시그마프레스.

최준식(1996). 한국종교이야기-한국인의 마음을 빚은 巫, 儒, 佛, 道. 서울: 한울.

최현숙(2004). 결손가정환경이 청소년의 심리적응 및 가족기능에 미치는 영향. 경성대학교 교육대학원 석사학위논문.

하양옥(2004). 한국기독교 상장례 연구. 호남신학대학교 신학대학원 석사학위논문.

홍서연 · 정태연(2013). 군대경험이 갖는 삶의 의미. 한국심리학회 학술대회 자료집, 2013(1), 147.

황매향(2005). 진로탐색과 생애설계. 서울: 학지사.

Ainsworth, M. D. S. (1978). The Bowlby-Ainsworth attachment theory. Behavioral and Brain Sciences, 1, 436-438.

Anderson, M. L., Goodman, J., & Schlossberg, N. K. (2012). Counseling adults in transition (4th ed.). New York, NY: Springer.

Berman, W. H., & Sperling, M. B. (1994). The structure and function of adult attachment. New York: Guilford Press.

Bowlby, J. (1982). Attachment and loss: Retrospect and prospect. American Journal of Orthopsychiatry, 52, 664-678.

Crawford, D. W., & Godbey, G. (1987). Reconceptualizing barriers to family leisure. Leisure Sciences, 9, 119-127.

Dawis, R., & Lofquist, L. H. (1984). A psychological theory of work adjustment. Minneapolis: University of Minnesota Press.

Dawis, R. V. (2002). person-environment-correspondence theory. In D. Brown & Associates, Career choice and Development (4th ed., pp. 427-464). San Fran cisco, CA: Jossey- Bass.

Denham, S. A. (1998). Emotional development in young children. New York: Guilford Press

Gottman, J. M. (1997). Raising an emotionally intelligent child. New York: Simon & Schuster Paperbacks.

Harren, V. A. (1979). A model of career decision making for college students. Journal of Vocational Behavior, 14(2), 119-133.

Hendrick, C., & Hendrick, S. (1989). Research on love: Does it measure up? Journal of Personality and Social Psychology, 56, 784-794.

Lazarus, A. (1971). Behavior therapy and beyond. New York: McGraw-Hill.

Lazarus, R. S. (1991). Emotion and adaptation. New York: Oxford University Press.

Schlossberg, N. K. (1984). Counseling adults in transition: Linking practice with theory. New York, NY: Springer.

Sternberg, R. J. (1986). A triangular theory of love. Psychological Review, 93, 119-213.

Thierry, B. (2009). On Freud's mourning and melancholia. London: Karmac Books.

Walsh, F. (1998). Strengthening family resilience. New York: Guilford Press.

Walsh, F. (2002). Family resilience framework: Innovative practice applications. Family Relations, 51(2), 130-137.

찾아보기

ㅂ

ㅅ

ㅇ

ㅈ

저자 소개

방기연

연세대학교 교육학과 학사 · 석사
아이오와주립대학교 상담자교육 및 수퍼비전 전공 박사
현 고려사이버대학교 상담심리학과 교수

〈주요 저서〉
용서심리학: 내담자의 분노 해결하기(2011, 시그마프레스)
상담 수퍼비전에서 만나게 되는 윤리적 주제들(2014, 양서원)
집단상담의 이론과 실제(2015, 학지사)
상담수퍼비전의 이론과 실제(2016, 양서원)
다문화상담(2019, 공동체)
상담심리학(2020, 교육과학사)
청소년 심리와 상담(2021, 공동체)
학교상담 사례개념화(2024, 박영스토리)

〈2판〉
생애주기상담학

2021년 9월 5일 1판 1쇄 발행
2026년 1월 20일 2판 1쇄 인쇄
2026년 1월 25일 2판 1쇄 발행

저 자 • 방기연
발행자 • 한정주
발행처 • 교육과학사

경기도 파주시 광인사길 71
전화 • 031)955-6956~8 / 팩스 031)955-6037
Home-page • http://www.kyoyookbook.co.kr
E-mail • kyoyookbook@daum.net
등록 • 1970년 5월 18일 제2-73호

정가 21,000원

ISBN 978-89-254-1935-0